U0601856

"道南"中华文明讲坛丛书

丛书总主编：
林尚立　袁超洪　庄祥生

生生之道

中华文明宇宙观

主编　中华文明武夷研究院

中国人民大学出版社
·北京·

中华优秀传统文化源远流长、博大精深，是中华文明的智慧结晶，其中蕴含的天下为公、民为邦本、为政以德、革故鼎新、任人唯贤、天人合一、自强不息、厚德载物、讲信修睦、亲仁善邻等，是中国人民在长期生产生活中积累的宇宙观、天下观、社会观、道德观的重要体现，同科学社会主义价值观主张具有高度契合性。

　　我们必须坚定历史自信、文化自信，坚持古为今用、推陈出新，把马克思主义思想精髓同中华优秀传统文化精华贯通起来、同人民群众日用而不觉的共同价值观念融通起来，不断赋予科学理论鲜明的中国特色，不断夯实马克思主义中国化时代化的历史基础和群众基础，让马克思主义在中国牢牢扎根。

编委及审校人员名单

　　中华文明是世界上唯一绵延不断且以国家形态发展至今的伟大文明。今天，我们正在全面推进的中国式现代化，是赓续古老文明的现代化，是从中国大地长出来的现代化，是文明更新的成果。毫无疑问，这是人类文明传承创新的伟大奇迹。这一文明实践充分证明，中华五千年文明与中国特色社会主义具有深刻、系统的内在关联。"如果没有中华五千年文明，哪里有什么中国特色？如果不是中国特色，哪有我们今天这么成功的中国特色社会主义道路？"习近平总书记早在 2021 年 3 月 22 日考察朱熹园时就已铿锵有力地指出这一人类文明的伟大实践及文明学的重大课题。只有立足波澜壮阔的中华五千多年文明史，才能真正理解中国道路的历史必然、文化内涵与独特优势。

也是在这次考察中，习近平总书记还提出中华优秀传统文化与马克思主义立场观点方法相结合的重大时代议题。在这一意义上，朱熹园可谓是"第二个结合"思想的首提地。因此，把马克思主义基本原理同中国具体实际、同中华优秀传统文化相结合，在五千多年中华文明的深厚基础上不断开辟和发展中国特色社会主义，是新时代中华民族强国建设与民族复兴的必由之路。基于这一使命和定位，2023 年 3 月 22 日，中国人民大学、南平市人民政府、武夷学院三方共同签订《联合共建中华文明武夷研究院合作协议》，共建中华文明武夷研究院，并且在朱熹园举办以"'两个结合'：中华五千年文明与中国特色社会主义"为题的首届武夷论坛，从马克思主义中国化进程、中华文明史、全球文明史等维度跨学科讨论中华五千年文明与中国特色社会主义的内在关联。

中华文明武夷研究院是集学术研究、阐释、转化为一体的机构，致力于集聚海内外优质学术资源，深入挖掘南平传统文化资源，从整体上研究中华文明，阐释五千年中华文明与中国特色社会主义的关系，挖掘提炼中华优秀传统文化核心理念的当代价值，在传承中华文明中推动文化进步，向海外讲好中华文明故事，促进文明互知、互通、互鉴。

除了聚焦"两个结合"的武夷论坛，中华文明武夷研究院另一个倾力打造的学术文化品牌活动是在朱熹园举办的"道南"中华文明讲坛。2023年6月2日，习近平总书记在文化传承发展座谈会上指出，中华文明具有突出的连续性、创新性、统一性、包容性、和平性；总书记同时还强调，天下为公、天下大同的社会理想，民为邦本、为政以德的治理思想，九州共贯、多元一体的大一统传统，修齐治平、兴亡有责的家国情怀，厚德载物、明德弘道的精神追求，富民厚生、义利兼顾的经济伦理，天人合一、万物并育的生态理念，实事求是、知行合一的哲学思想，执两用中、守中致和的思维方法，讲信修睦、亲仁善邻的交往之道等，共同塑造出中华文明的突出特性。这些突出特性生动展现了中华文明的宇宙观、天下观、社会观、道德观，也正是"道南"中华文明讲坛所具体呈现的中国理念和中国价值。这些理念和价值之间又存在有机联系，融为一体，共同铸就了具有恢廓胸怀、精严选择因而不断推陈出新、生生不息的中华文明。

"道南"中华文明讲坛计划邀请历史学、考古学、文学、语言学、哲学、宗教学、社会学、政治学、艺术学、建筑学、天文学、医学等学科的知名学者来演讲，分两个阶段实施：第一阶段依次围绕中华文明的宇宙观、天下观、社会观、道德观展开，一年一"观"，一"观"十二讲；第二阶段从第五年开始，将从"中""通""一""道""性""命""仁""义""礼""政""学""民"等中华文明的重大概念切入，贯通中华文明的宇宙观、天下观、社会观、道德观，并加强与其他人类文明核心概念的比较。每一年的讲演都会结集出版，以飨读者。

目前，第一年的中华文明讲坛已完成，围绕中华文明宇宙观，或探讨中华传统建筑格局蕴含的"仁义"文德光华，或从文人山水画入手体认古典艺术浸染的自然与人文关系之精义，或从典籍与铭文中追寻文明之初的德性与天命，或从形而上的角度思考中国哲学的特征与本质，要之皆归于天人之际、生生之道。第二年的讲坛拟围绕中华文明天下观展开，核心议题是"中国""大一统""天下"的关系，包含人文学科与政治学、经济学的深度对话，必将带来更加综合而又深刻的理解。第三年的讲坛拟围绕中华文明社会观展开，己与群、家与国、国家与社会、中央与地方、乡村与城镇、治理与教化是重点阐释的议题。第四年的讲坛则聚焦中华文明道德观，着重从历史长时段讨论道与德、义与利、身与心、知与行、德与法、自然与人为、命运与境界、道德与伦理、公德与私德等基本关系。

人者，天地之心；理者，人所共通。希望这套丛书能综合阐释与生动传播中华文明的思想精髓和价值精华，助力中华优秀传统文化的创造性转化、创新性发展，让中华文明之真、之善、之美，同大众日用而不觉的共同价值观念融通起来，走进心里，落为行动。

林尚立

2025 年 1 月 18 日

序

日月递炤，四时代御，中华文明源远流长。居住在"中央之国"的先民们观天察地，逐步形成了自己的宇宙视野，哲学的宇宙观或天道观由此起源。"观"是人与天地相参的产物，但天地又是人"开"出来的，伏羲的"一画开天"引领了中华文明的走向，所以《周易·说卦》并立天地人讲"三才"之道。天道不是被顶礼膜拜，而是与人道相向而生的，这构成了我们文明发展的基础性的内容。

文明有广狭之分：广义的文明，述说的是因"人猿相揖别"而兴起的人类发展史，人类创制的第一把石斧标志着广义文明的诞生；狭义的文明，则始自金属工具的出现，民族特色和地域属性逐渐显露，私有制和国家相随而成。

作为人类文明的重要组成部分，中华文明是适应于中国社会和中华民族在地理环境、经济结构、民族心理、语言文字、思维方式等方面的特殊地位和特殊需要而产生和逐步发展起来的，最终形成独具特色的文明形态。

面对远古时代严酷的生存环境，生活在中华大地上的原始人类构木为巢，钻燧取火，开始了为自身争取生存权而同大自然进行的斗争。如此的斗争不仅为先民们提供了生产生活资料，保证了种族的延续，也触发和启迪了他们的心灵智慧，使他们开始思考人同周围世界的关系，并不断地积累起对大自然和人本身的认识。就后者而言，人们在对前生和来世感到不可捉摸而迷惘的同时，也逐渐萌发了想要了解自身命运的渴望。人的心灵与肉体的关系开始为先民们所思考；对死者的怀念和对来者及未来生活前景的某种寄托，促进了原始宗教与伦理观念的形成；而氏族图腾作为氏族血缘和神秘莫测的自然力相结合的产物，明里暗里支配着人们的生产和生活。

三皇五帝这些传说中的半人半神、亦人亦神的先民始祖，成为远古时代中华文明和智慧的象征。他们对天地万物相状的认识，后来被归结为以《易经》八卦为代表的中华民族的原始理论思维。从伏羲、神农（炎帝）、黄帝、唐尧、虞舜的"观象制器"，到夏、商、周"三代"的制礼作乐，中华民族造就了自己光辉灿烂的历史，中国社会也相应进入文采德行彰明——"文明"的时代。在这条宽广深厚的历史长河中，我们的先辈们创造了多姿多彩、绚丽壮观的具有浓郁东方文明特征与民族情结的优秀传统文化。正因为如此，中华文明从其形成时期开始，就与西方文明走上了各自有别的独立发展道路。

表现在社会组织及其形态上，以血缘关系为纽带的宗法等级制构成了中国古代社会纵横交错的关系网络，它的经济基础则是分散的小农业和家庭手工业相结合的自给自足的自然经济，与以古希腊为代表的地中海沿岸国家工商业和贸易兴旺发达的情形迥然有别。自氏族社会解体，人类进入私有制和阶级社会以后，中国虽也出现了类似于奴隶制的劳作和管理制度，但这一制度的发展却是以"家国同构"的社会组织形式来实现的，天下为"公"与天下为"私"反映的是同一的历史事实。即使在春秋战国以后，土地的国有和私有共存也始终是古代社会的基本状貌。

随着分封制解体，"天下共主"转变为皇帝独尊，君主专制制度在中国发展得十分完善和稳固。相比之下，西方文明走过的道路却完全是"背道而驰"。古希腊罗马的城邦奴隶制成为奴隶制社会的典型形态，而欧洲君主专制政体又十分晚熟，乃至后来成为资本主义新经济形式的庇护所和支持者。故在西方文明的主要奠基者柏拉图、亚里士多德等在古希腊城邦奴隶制稳步发展的基础上建构他们的"理想国"体系并最终奠定其文明发展基调的同一历史时期，中国已开始了由分封的诸侯国走向"天下"一统的中央集权制国家的进程。以老子、孔子等为代表的中国思想家群体的出现和诸子百家的学术争鸣、思想交锋，与旧的分封制的瓦解、新的社会阶级关系的形成和"大一统"封建制国家的建立过程相伴随。

从"中国人的宇宙观、天下观、社会观、道德观"到"讲仁爱、重民本、守诚信、崇正义、尚和合、求大同"的文明特质，承载的都是中华民族的基因和血脉，并与社会现实生活密切联系。学术研究的必要性，不仅在于理论本身的价值，也在于满足社会和国家的需要。天人之际所以贯穿中国文化的方方面面，正是因为可以通过它来探索人类社会发展的成败兴衰之理，学者的学术研究和社会政治抱负往往融合在一起。

"一阴一阳之谓道"，"道"是中国人理论思维最根本的范畴，而"阴阳"则具有天地间最大的通约性，天地、男女、夫妇等众生百态都可以阴阳论。伏羲氏"俯仰远近，所取不一，然不过以验阴阳消息两端而已"（朱熹《周易本义》）。西周成王时设立三公，规定他们的任务是"论道经邦，燮理阴阳"，即研究讨论道的目的在于辅佐君王治理天下国家，为此而调和理顺阴阳关系，并讲明社会的治乱变迁之理。道有天道，有人道；天道的阴阳，在人道就是仁义，并构成人的内在本性，治国理政于是落实到个人修身。"故为政在人，取人以身，修身以道，修道以仁"（《礼记·中庸》），从而推出儒家的"王道"政治，"明仁、爱、德、让，王道之本也"（《汉书·刑法志》）。尽管中华文明和中华优秀传统文化的内容博大厚重，充满了中国先民的智慧，但其中最为核心的成分还是最具中华文明特色的思想体系——仁学。

不论是公平和谐的制度建设，还是爱人爱物和民生权利，仁学为传统中国的民本政治、伦理规范、社会稳定、民族和谐与对外交流，赋予了良善的价值引领。它不仅具有理论价值并引导精神走向，而且具有良好的社会功能和实践效用，适应了人类的一般需要与中国社会发展的特殊要求。其所铸成的文化基因，促成了中华民族大家庭的凝聚，影响了中华文明发展的整个历史进程，在最终意义上为中华文明的发展定向。

《礼记·礼运》告诉我们，当年子游向老师请教礼之运转事，孔子就五帝三王相变易和阴阳转旋之道作了长篇回答，其中出现的重要观念，就是"以天下为一家，以中国为一人"。"天下一家"针对的是不同地域、部落、氏族的和睦相处和民心凝聚的问题，关注的是"群"的关系；"中国一人"则侧重于君王个体对所治地域的主管、引导和教化，突出的是"己（我）"应担负的责任。但二者其实又密切关联。从"为仁由己"出发，天下有一人不被爱，都可以说是"我"的责任，问题集中在"我"（执政者）如何能以民众之感受为感受而不抛弃任何一人。整体宇宙的情怀是天下一家、中国一人最根本的出发点。

《礼运》讲"一家""一人"虽然是并行的，但就古代社会的实际来说，"一人"的自我责任往往建立在天下观的基础之上，重心在"我"与周围世界（主要是不同的人伦关系）所构成的群体环境，处理的是亲疏长幼的关系，从而使"天下"与"一家"直接关联起来。如此的"天下"观，可以说就是古代中国人的宇宙观或世界观，这与其他民族立足于各自的视野而提出自己的"世界"观，在立场方法上并没有根本性的不同。但中华天下观的特点或重点，不在这个世界是什么，而在如何面对这个世界，从而形成了中国人特有的家国情怀下的天下观。

尽管人类社会在"大道既隐"之后，形成的是"天下为家"而非"天下一家"的状态，但在儒家的理想政治中，"天下一家"可以通过圣人的仁爱教化予以实现。《尚书·舜典》载舜为改变当时百姓不亲睦而伦常不顺的局面，命契为司徒，"敬敷五教"，《左传·文公十八年》将此具体化为"使布五教于四方，父义、母慈、兄友、弟共、子孝，内平外成"。"五教"的基点是一个小家庭内部的关系，但至"内平外成"的"内外"，按杜预注是"内诸夏，外夷狄"，实际上已扩展到整个天下。既然诸夏、夷狄皆遵从其教，整个天下无别，那么，在五教之友爱关系氛围下，人们如果都依循连通小家和大家的普遍性的人伦道德规范，天下虽大，却与一个家庭无异，天下一家的前景也就可以期待。

中华文明与世界其他国家和民族的文明无疑具有共性，在整个人类文明发展的路向上相互关联，在她的身上，鲜明地体现了文明的世界性和民族性的有机统一，因而我们需要文明互鉴。但文明互鉴又是建立在各不同文明发展的个性的基础上的。习近平总书记指出：我们应当"以宽广胸怀理解不同文明对价值内涵的认识，尊重不同国家人民对自身发展道路的探索，以文明交流超越文明隔阂，以文明互鉴超越文明冲突，以文明共存超越文明优越，弘扬中华文明蕴含的全人类共同价值，推动构建人类命运共同体"。为此，就必须"立足中国大地，讲好中华文明故事，向世界展现可信、可爱、可敬的中国形象。要讲清楚中国是什么样的文明和什么样的国家,讲清楚中国人的宇宙观、天下观、社会观、道德观,展现中华文明的悠久历史和人文底蕴"①。要不断推动和促进人类文明的交流互鉴。一方面,既要反对西方中心论,又要有开放的胸襟。人类社会创造的各种文明,都闪烁着璀璨光芒,中华文明自古就有开放包容的博大胸怀,正是在同其他文明的交流互鉴中,不断焕发出新的活力,真正做到取长补短,推陈出新,为人类文明的发展做出自身的贡献。另一方面,又须在展示中华文明开放包容的胸襟和构建人类文明新形态的强国建设、民族复兴进程之中,讲清楚"我们从哪里来"的中华五千年文明和建立在这一基础上并使我们赖以自豪的"中国特色",赓续我们的历史文脉,弘扬中华文化的优良传统和中华文明的精神价值,坚定文化自信,提升文化主体性,推进物质文明和精神文明相协调的中国式现代化事业。

向世陵

2025 年 1 月 15 日

---

① 习近平．把中国文明历史研究引向深入 增强历史自觉坚定文化自信．求是,2022(14):8.

目录

1 中华文明的宇宙观

> 人与天地合一，既是一种生命感受，也体现了人的生活实境。这种感知也体现了作为万物之灵长的人的精神特质。天地浩瀚而宽和，人的存在彰显了乾坤生成万物的易简之性，人的"吉凶悔吝"都源自宇宙的"生乎动者"，以宇宙的法则为遵循。

作者简介

臧峰宇，中国人民大学哲学院院长、教授，国家高层次人才特殊支持计划哲学社会科学领军人才、文化名家暨"四个一批"人才、中国人民大学吴玉章讲席教授。出版专著《马克思主义哲学的时代阐释》《马克思政治哲学引论》等。

我们知道，地球已经存在 45 亿多年了，关于宇宙如何形成的科学研究如今日益精细，有很多数据和科学论证告诉我们宇宙演变的历程。这个问题可谓经历了人类数千年的思考，夏商周三代时期的"神话"就体现了中华先民关于宇宙的很多遐想。"轴心时代"的人类精神生活形成了春秋战国文明与古希腊文明双峰并峙的样态，开启了东西方文明的源头。对宇宙的理解，不同民族既有相似之处，也体现为各自独特的思维方式和价值观念。其中，中华文明的宇宙观体现为一种有机的整体。古代先贤将宇宙看作有条理和运行规则的，体现为新生与旧生、此生与彼生交织而成的生命网络。习近平主席指出："中华文化崇尚和谐，中国'和'文化源远流长，蕴涵着天人合一的宇宙观、协和万邦的国际观、和而不同的社会观、人心和善的道德观。"① 今天，实现马克思主义基本原理同中华优秀传统文化相结合，不断实现中华优秀传统文化创造性转化、创新性发展，要深刻理解中华文明的特质。为此，首先要深刻理解中华文明的宇宙观，因为宇宙观是中华文明创生与发展的观念前提。

---

① 习近平 . 在中国国际友好大会暨中国人民对外友好协会成立 60 周年纪念活动上的讲话 . 人民日报，2014 - 05 - 16（2）.

中国古代典籍中有关宇宙的认知

早在蛮荒时代，中华先民就开始思考人与世界的关系。我们可以在《山海经》等早期神话文本中看到先民对宇宙的最初认知。在古代的神话世界，民智未开，先贤仰观天象、俯察地理，既赞叹万物之神奇，又想探求宇宙之奥秘，解释万事万物的生成变化。

在《山海经·海外南经》开篇，禹说了这样一段话："地之所载，六合之间，四海之内，照之以日月，经之以星辰，纪之以四时，要之以太岁，神灵所生，其物异形，或夭或寿，唯圣人能通其道。"可见，人们生活在"六合之间，四海之内"。在《山海经·中山经》中，禹又说道："天地之东西二万八千里，南北二万六千里。"日月星辰遥不可及。在古国时代，城邦、万国林立，先民认识到时空无穷，万物循环往复，"寿，不死"。宇宙中天地人共存，"乾知大始，坤作成物"（《周易·系辞上》）。天对地和世间万物都发挥作用，赋予万物光和热，"坤道其顺乎，承天而时行"（《周易·坤》）。天为阳，地为阴。天行健，地势坤。覆盖人类为天，承载人类为地，人在天地之间。时间四季交替，寒来暑往，空间四方循环。天界二十八星宿，四方神掌管四季，天上百神"星土"与其地界氏族封域一致。正如

《周礼·春官·保章氏》所云："以星土辨九州之地，所封封域皆有分星。"昔时，禹召集古代氏族酋长会于"会稽之山"，是谓"群身"，部落的"王"就是神，最高的神是黄帝，也是人王。炎黄子孙奉黄帝为最高神，在宇宙中心主宰万民。古代先民对人与宇宙之间关系的这些看法在今天看来并不都与事实相符，其中包括古人在观察天象时的很多想象，但这些观念体现的思维方式对后世影响颇深。

及至中华文明逐渐形成，古代先贤回顾远古的蛮荒时代，在《周易·系辞下》中有这样一段记述："古者包牺氏之王天下也，仰则观象于天，俯则观法于地，观鸟兽之文，与地之宜，近取诸身，远取诸物，于是始作八卦，以通神明之德，以类万物之情。作结绳而为网罟，以佃以渔，盖取诸离。包牺氏没，神农氏作，斫木为耜，揉木为耒，耒耨之利，以教天下，盖取诸益。日中为市，致天下之民，聚天下之货，交易而退，各得其所，盖取诸噬嗑。神农氏没，黄帝、尧、舜氏作，通其变，使民不倦，神而化之，使民宜之。易，穷则变，变则通，通则久。是以自天佑之，吉无不利。黄帝、尧、舜，垂衣裳而天下治，盖取诸乾坤。"在这样的时代，人们凿井而饮，耕田而食，举贤任能，"通神明之德"，"类万物之情"，观察世界，了解宇宙的奥秘。炎帝尝百草、黄帝播百谷、嫘祖养蚕缫丝、伏羲创画八卦，在祭祀等典礼仪式中沟通人神关系，了解"天下之动""天下之志"，以心性修养通达天意，从而"与天地参"，从中可见中华民族早期的一种文明观念。

据考证，至少在新石器时代晚期，中华民族就形成了"天圆地方"的宇宙图式。及至周代，与神相通和亨有财富的权力属干王者，"溥天之下，莫非王十，率土之滨，莫非王臣"（《诗经》），天命观由此产生。《诗经》有云："天命玄鸟，降而生商。""天监有周，昭假于下。保兹天子，生仲山甫。"《尚书》亦言："先王有服，恪谨天命。"在古人看来，敬德保天，方能命如人意，人们"以天为宗，以德为本"（《庄子》）。"天有精，地有形，天有八纪，地有五里，故能为万物之父母。"（《黄帝内经》）在此基础上，古代先贤探知四时变化的规律，力图穷究万事万物之理。这时，掌握"天""地"知识的人主导礼仪，"故圣人作则，必以天地为本，以阴阳为端，以四时为柄，以日星为纪，月以为量，鬼神以为徒，五行以为质，礼义以为器，人情以为田，四灵以为畜"（《礼记》）。我们在《道德经》《周易》《庄子》《黄帝内经》等古籍中也可以看到很多这方面的论述，中国哲学思想也是在这个过程中逐渐产生和发展的。中国古代思想家用阴阳太极观念解析宇宙的基本存在形式，理解人在时空中的位置。关于阴阳的界定与阳光直接相关，山南为阳，山北为阴；向日者阳，背日者阴。阳光下的生命都有阴阳两面，都是阴阳和合而成的，也都能体验到以阴阳表现的彼此对立或相互消长。

《道德经》有言："万物负阴而抱阳。"《周易》亦言："一阴一阳之谓道。"以阴的浊气凝结成地，以阳的清气上升为天，由此形成的太极阴阳图在湖北罗家柏岭遗址发掘的距今 4 000 多年的彩陶纺轮中就出现了。阴阳亦指乾坤，阴阳交替有序乃吉祥，阴阳错乱无序即不祥。《荀子·天论》曰："列星随旋，日月递炤，四时代御，阴阳大化，风雨博施，万物各得其和以生，各得其养以成。"强调阴阳调和，体现了中国人宇宙观的初始样态，这种思维方式影响深远，在诸子百家中几乎得到普遍认同。关于宇宙的图式，"中国人总认为宇宙秩序有条有理，时间从零点开始，而宇宙结构是一层层的同心圆"①。这反映在城市建筑格局中，大致体现为以都城为中心，外围五百里是甸服，再向外五百里是侯服，然后依次是绥服、要服和荒服，体现为一种以亲疏远近为标准的分布。

---

① 许倬云.中国古代文化的特质.厦门：鹭江出版社，2016：108.

中华文明的宇宙观来自古人对外部世界的观察，如昼夜、男女、日月、寒暑、凹凸、方圆、生死，"天地生阴阳"。这种中国辩证法在古代体现为一种朴素的形式，不是一种正反合的思辨过程，而是一种富于实际精神的矛盾运动。其中蕴含着历史的具体，强调对立面的相互转化，由此形成的"居安思危""满而不溢""知白守黑"等观念体现了辩证智慧。在古代社会，中国人在天地人的时空结构中理解"宇宙万物之道"，从其起源、演化、要素、运转法则中提炼知识体系。

在夏商周三代，天人感应观即已出现。殷商以后，人们常观星取象，以占验吉凶，通过占卜的方式判断战和、胜败、生死、婚嫁、吉凶，以天人感应之术释梦、择日、祈雨、避凶、治病。由此逐渐形成了一种根深蒂固的仪式，形成了以中央为核心、众星拱北辰、东西南北四方环绕中央的"天地差序格局"。古代思想家从天人感应的角度认为这种"天地差序格局"合乎自然之理。基于这种宇宙天地秩序，人们形成了一种观念图式，即世间万物来自天地，人与天地同构，其间有一种神秘的感应关系，构成五行观念的核心内容，阴阳互感、五行生克，人们从天理中获得处事的依据。可以说，中国古代先贤的宇宙观具有系统性和规律性特征，《礼记》《春秋繁露》《史记》《盐铁论》等典籍中均可见相关论述，渐而成为人们普遍持有的思维习惯。对此，方东美先生曾经谈道：宇宙是一个包罗万象的广大生机，是一个普遍弥漫的生命活力，无一刻不在发育创造，无一处不在流动贯通。

从阴阳观念出发，古代先贤提出了太极观念，这是古人在仰则观象于天、俯则观法于地的过程中形成的。太极观念强调一分为二与合二而一，表明阳极生阴与阴极生阳，显示合久必分与分久必合，阴阳演化体现了朴素的辩证思维，表明宇宙产生于阴阳未分的混沌之气，"万物负阴而抱阳，冲气以为和"（《道德经》），形成了"气本论"或"阴阳气化论"。气是无形的，摸不着，看不见，但气聚在一起就是有形的，可谓寓有形于无形之中。从中可见一种符合对立统一规律、质量互变规律与否定之否定规律的自然律，这种自然律循环演化、无穷无尽，映现万象，使人有"道法自然"之谓。"道生一，一生二，二生三，三生万物"，"人法地，地法天，天法道，道法自然"，"故道大，天大，地大，人亦大。域中有四大，而人居其一焉"（《道德经》）。"道"以"自然"为"法"，有生于无，体现万事万物存在和演化的普遍法则与规律。"无"是天地之始，"有"是万物之母，由此而知宇宙化生之道。道者一也，"天地之道，可一言而尽也：其为物不贰，则其生物不测"（《中庸》）。老子以"气"表明无中之有，无形之气产生于"太初"，及至有形而进入"太始"，凝结而成星体。起初为混沌，当阴阳二分，构成两种不同的物质，复又结合，生成宇宙万物。可见，太极生阴阳，阴阳和合而新生，使"四海"和"天下"的生命律动，宇宙大化流行，然后生生不息。

关于这个说法，最著名者莫过于《周易·系辞上》中的这句话："是故易有太极，是生两仪，两仪生四象，四象生八卦。"由阴阳两仪生成四象八卦，"一阴一阳之谓道"，由此形成五行观念。中国古代典籍中关于阴阳五行观的最初记载，通常被认为是《尚书·洪范》。武王向箕子问天道与政道，箕子讲了治国理政的"洪范九畴"，开始说的就是五行："一、五行：一曰水，二曰火，三曰木，四曰金，五曰土。水曰润下，火曰炎上，木曰曲直，金曰从革，土爰稼穑。润下作咸，炎上作苦，曲直作酸，从革作辛，稼穑作甘。"由五行而辨识五味、五色，从五行同质不应、异质相克相生的角度理解宇宙的生成，由此预测社会人事、国家兴衰的征兆。《黄帝内经·素问》中也说："阴阳者，天地之道也，万物之纲纪，变化之父母，生杀之本始，神明之府也。"这些观念对人们的生活世界产生了深远的影响。

及至孔子所处的时代，礼崩乐坏，世道衰微，礼失求诸野。"天不生仲尼，万古如长夜。"这是一个产生思想巨擘的时代，有识之士"穷则独善其身，达则兼善天下"。或如孟子所言，"得志，与民由之，不得志，独行其道"，"万物皆备于我"，尽心知性，可知天，其前提是"居天下之广居，立天下之正位，行天下之大道"。然而，无论是"独行其道"，还是"与民由之"，都是"乐以天下，忧以天下"，由此形成家国情怀和以天下为己任的责任担当意识。周武王伐纣时说："天视自我民视，天听自我民听。"（《尚书·泰誓中》）这就将天命的合理性转向是否符合民心，民心所向即天命所在，强调政德在天人关系中的重要性。孔子也说："为政以德，譬如北辰，居其所而众星共之。"（《论语·为政》）

当周室东迁，王官之学因典籍散佚等原因转为诸子之学，开启了诸子百家争鸣的局面。在庄子看来，"古之人""和天下"，因其"配神明，醇天地，育万物"，"泽及百姓"，"以天下观天下"。从"欲明明德于天下"，到"修身、齐家、治国、平天下"，力图"道济天下"，可见古人在人与世界的关系中安顿自己的物质生活和精神生命。在这种关系格局中，我们可见"协同创造"的观念和实践，天、地、人各安其位，世间万物都是相互依赖的，"海内""万国""世界"等既是一种地理概念，也是一种文化观念，后来成为顾炎武所言的"生无一锥土，常有四海心"的爱国主义精神。

关于阴阳五行说的流变时间素有争议，或认为倡自子思，或认为论于《管子》。一般认为战国后期邹衍推广说最为有力，他将阴阳消息说和五德终始说结合起来，发展出一种宇宙论。随后，经《吕氏春秋》、董仲舒和宋儒诸家发展，在周敦颐《太极图》与《太极图说》中得到了一种本体论的发挥。其中核心观点可以从这段话中得到理解："无极而太极。太极动而生阳，动极而静，静而生阴，静极复动。一动一静，互为其根。分阴分阳，两仪立焉。阳变阴合，而生水火木金土。五气顺布，四时行焉。五行一阴阳也，阴阳一太极也，太极本无极也。五行之生也，各一其性。无极之真，二五之精，妙合而凝。乾道成男，坤道成女。二气交感，化生万物。万物生生，而变化无穷焉。"（《太极图说》）阴阳观念可谓中国最早的形上学范畴，正如宗白华先生所说，"中国人最根本的宇宙观是《易传》上所说的'一阴一阳之谓道'"①。"一阴一阳"体现为万物自身的消长及其外化的过程，世间的寒暑、动静、盛衰、枯荣都是有其节律的，因而要"待时""趣时""审时""时中"

---

① 宗白华全集：第2卷.2版.合肥：安徽教育出版社，2008：434.

"与四时合其序"，从中可见中国人独特的时间意识。

天人合一的宇宙观的基本内涵

习近平总书记指出："在漫长的历史进程中，中华民族以自强不息的决心和意志，筚路蓝缕，跋山涉水，走过了不同于世界其他文明体的发展历程。"[①] 这体现了中华民族的文化意识，并在其实践转化中成为独特的文明创造。古代先贤认为，宇宙广阔无垠，虽千变万化，然天行有常、循环有序；宇宙承载世间万物，万物禀性各异、生生不息；人居于宇宙的中心，"圣人"明道，引导世人合宜处事，由此形成一种宏大的抱负，这在张载"横渠四句"中得到鲜明的体现："为天地立心，为生民立命，为往圣继绝学，为万世开太平。"人应当"参天地之化育"，效法天地，"自强不息""厚德载物"，由"内圣"而"外王"。正如陆九渊所言，"宇宙便是吾心，吾心即是宇宙"。这种天人合一的宇宙观主张人与自然和谐共存，体现了天时、地利对农耕文明的重要影响，强调人与自然是休戚相关的整体，道法自然，按自然的规律生产生活是其中应有之义。

---

① 习近平．把中国文明历史研究引向深入 增强历史自觉坚定文化自信．求是，2022（14）：4．

这种宇宙观在古代社会非常流行，如顾炎武所言，"三代以上，人人皆知天文。'七月流火'，农夫之辞也；'三星在天'，妇人之语也；'月离于毕'，戍卒之作也；'龙尾伏辰'，儿童之谣也"。古代先贤认为天界有"三垣、四象、二十八宿"，这反映在园林庭院建设中，就是前朱雀（水池）、后玄武（假山）、左青龙（河）、右白虎（路）的设计，强调中轴线的对称意识，从中可见对宇宙秩序的理解和文化再现。正如张载在《正蒙·乾称》中说的，"乾称父，坤称母，予兹藐焉，乃混然中处。故天地之塞，吾其体；天地之帅，吾其性。民，吾同胞；物，吾与也"。王阳明也认为，人心与万物一体相通，"明明德者，立其天地万物一体之体也；亲民者，达其天地万物一体之用也"（《大学问》）。也就是说，人由乾坤所造化，以心性为万物之帅，明明德，方能彰显天地万物一体之境界。

佛教传入中国后，人们更加了解并经常运用"宇宙"概念，"宇"指上下四方的"无限空间"，"宙"指古往今来的"无限时间"，宇宙即无穷尽的时空。在这种宇宙观中，时空是合一的，没有时间之外的空间，也没有脱离空间的时间。其实，这在先秦思想家的论述中亦可见其踪迹，例如，《文子·自然》有云："往古来今谓之宙，四方上下谓之宇。"宇宙是由时空构成的。《庄子》亦言："有实而无乎处者，宇也；有长而无本剽者，宙也。""宇"是在空间上没有止境的四方；"宙"是在时间上没有始终的过去、现在和未来。"宇中有宙，宙中有宇。"后来，王夫之指出："天地之可大，天地之可久也。久以持大，大以成久。若其让天地之大，则终不及天地之久。"（《周易外传》）相比而言，时间比空间更重要，是所谓"宙合"。时间体现世间万物的孕育、化生、成长和变化的过程，世间万物以生命来体现时间之流。就像如今一首歌中所唱的，"门前老树长新芽/院里枯木又开花/半生存了好多话/藏进了满头白发//记忆中的小脚丫/肉嘟嘟的小嘴巴/一生把爱交给他/只为那一声爸妈//时间都去哪儿了/还没好好感受年轻就老了/生儿养女一辈子/满脑子都是孩子哭了笑了/时间都去哪儿了/还没好好看看你眼睛就花了/柴米油盐半辈子/转眼就只剩下满脸的皱纹了"。我们与天地共在的有限生命都是在时间中度过的，生命是一场场接力，时间在根本上改变了我们的存在境遇。

这种"与时偕行"的宇宙观后来被广泛用于农耕、教化、社会治理、中医和生活习俗之中，发展为不违农时、顺时而为、适时而行的观念。了解时令、物候，方知人情、世故。所以，人们熟知二十四节气："春雨惊春清谷天，夏满芒夏暑相连。秋处露秋寒霜降，冬雪雪冬小大寒。"春夏秋冬，寒暑交替。冬天已经来了，春天就不会远。"每月两节不变更，最多相差一两天"，"立春花开，雨水来淋"，节气的变化是自然而然的。其中也蕴含着一些朴素的道理，例如，节气中有大暑、小暑，有大雪、小雪，也有大寒、小寒，唯有小满而无大满。小满指的是夏熟作物的籽粒开始灌浆饱满，但还没有成熟，"物致于此小得盈满"。大满即将走向其反面，须知"水满则溢，月满则亏"，过犹不及，小满即是一种可得的圆满。这里蕴含着万事万物的运化变迁，春生夏长秋收冬藏，都体现了天地时空阴阳变化的规律。

在周敦颐提出的"万物生化图"中，太极为阴阳未分的混沌状态，阴阳二气处于动静之间，动极而静，静极而动，动静互为条件。金木水火土都是在阴阳变化中生成的，按照规律运行且生成万物，人是其中最聪慧的存在。关于宇宙万物的生成变化，邵雍在"八卦序图"中也提出了一种理解图式：太极即一，有动静之二性，动则分阴阳，阴阳分"太阳、太阴、少阳、少阴"四象，四象分"乾、坤、震、巽、坎、离、艮、兑"八卦。天生于动，地生于静，静则分柔刚，又分为"太柔、太刚、少柔、少刚"四体。天生暑、寒、昼、夜，地有水、火、砂、石，由此生成世间万物。对此，朱熹提出了一种"大循环"的宇宙观："动静无端，阴阳无始。说道有，有无底在前；说道无，有有底在前。"宇宙运行就是阴阳二气循环始终、流转无穷的过程，其间或有顿变和渐化，总是生生不息，"无往不复""原始反终""往来无穷"。即《道德经》所言，"周行而不殆"。亦如《周易·系辞上》所载，"夫乾，其静也专，其动也直，是以大生焉。夫坤，其静也翕，其动也辟，是以广生焉"。所以，为人处世要"顺之以天理，应之以自然"，要恰如其分，而非过犹不及，一切都在运动变化之中，就如同太极图所示的变化之理。

宇宙是浩渺无边的，人的观念也是浩瀚无穷的，"道之出口，淡乎其无味，视之不足见，听之不足闻，用之不足既"（《道德经》），却是万物生成的本源，是有形之上的无形所在。《周易·系辞上》有言："形而上者谓之道，形而下者谓之器，化而裁之谓之变，推而行之谓之通。"金、木、水、火、土五行反映了事物生、长、化、收、藏的过程，体现了阴阳的属性，表明事物凡有终点就必有起点。五行之间，相生相克，通常用来解释自然运化和中医理论，身体以处于阴阳平衡状态为好，阴阳失衡，就会导致身体的疾病。中医"治未病"，就是要避免失衡，注重保持身体中冷热、燥湿等的平衡。五行之理也常用于说明社会治理之道。例如，《黄帝内经》说："有德有化，有政有令，有变有灾，而物由之，而人应之也。"其中最形象的说法是："天有日月，人有两目。地有九州，人有九窍。天有风雨，人有喜怒。天有雷电，人有音声。天有四时，人有四肢。天有五音，人有五藏。天有六律，人有六腑"，"地有十二经水，人有十二经脉"，"岁有三百六十五日，人有三百六十五节"。从天人关系理解宇宙的运行，可以看到一个生生不息的循环，世界万物都要保持和谐平衡，这些观念流传至今。

人们遵循宇宙之道，注重阴阳平衡，认识到虚实相间，时通而静，阴阳、虚实都是相对而言的。阴气渐减，阳气渐增。阴阳之间相互作用，是宇宙生成的根本因素。"生生""变易"，实中有虚，虚中有实。天为虚，地为实；空间为虚，物质为实。"动静有常，刚柔断矣。""乾道变化，各正性命。""一阖一辟谓之变，往来不穷谓之通。"否则陷入"穷"境、"困"境乃至"危"境，非君子所当为。处此境遇必须求变，"穷则变，变则通，通则久"。阴阳之间不仅相互作用，还相互转化，刚柔相易，"唯变所适"，因而要"知微知彰，知柔知刚"，居安思危。四季的阴阳消长，都是在动静之间变通。从中可见，处于宇宙中的人是万物的中心，天主地从。"有天地，然后万物生焉""有万物，然后有男女"（《周易·序卦》）。社会秩序是宇宙法则的反映。阴阳平衡，动静变通，由此改变世界。后来张载说"一物两体"，"有象斯有对，对必反其为"，强调的正是事物的两面。阴阳相互作用、相互转化，事物是运动的、变化的、发展的，宇宙呈现为一种过程性的状态。"生生之谓易"，人在创造性的实践活动中"与天地参"。

人与天地合一，既是一种生命感受，也体现了人的生活实境。这种感知也体现了作为万物之灵长的人的精神特质。《礼记·礼运》有云："人者，天地之心也。"王阳明也说过："盖天地万物与人原是一体，其发窍之最精处，是人心一点灵明。"天心就是人心，人性本自于天。人是小宇宙，宇宙是大写的人。"人法地，地法天，天法道，道法自然"，世事的变迁自然而然，此规律也。但每个生命的个体均有其特质，是不可复制的。所以，邵雍说"万物各有太极"，朱熹也说"人人有一太极，物物有一太极"。既要遵循规律，又要发挥主观能动性，因为事在人为。"天地之性，人为贵"，人要"敬道慎为""顺应天时"，不可肆意妄行，由此方能遇到"天时、地利、人和"相协调之境。遵从天时，就是顺应自然，"四时行焉，百物生焉"。所以，孟子曰："虽有智慧，不如乘势，虽有镃基，不如待时。"处理好人与自然的关系，"谨其时禁"，"钓而不纲，弋不射宿"，不涸泽而渔，"树木以时伐焉，禽兽以时杀焉"，与自然和谐相处，才是一种映现天地境界的生命智慧。

天地浩瀚而宽和，人的存在彰显了乾坤生成万物的易简之性，人的"吉凶悔吝"都源自宇宙的"生乎动者"，以宇宙的法则为遵循。所以，六十四卦，乾坤之后，世间万物始生为"屯"卦，"屯"乃初生之道，然后是"蒙"卦，从中学习生存必需之道，了解万物生长的规律，进而成为宇宙精神的人格化身，这种宇宙观因而具有本体论特征。圣人自觉体认宇宙精神，"穷神知化，德之盛也"，从而认识宇宙运行的内在机理并自觉遵循君子的人格操守，成为衡量"仁"的一种标准。由此，自然与人文相互印证，"天人合一"，体现了人与自然和谐共生的理念。古代先贤强调"道法自然""参赞化育""敬畏生命"。六十四卦，就是人受天地雷风水火山泽八种自然现象的影响，形成六十四种时空状态。其中既有"不易"之道，也体现万事万物遵循规律的不断变化。

人以心感知天地的规律，用心处事，使自然按照人的愿望变化，以更好地助益于人的生活。因此，朱熹有言："盖人生天地之间，禀天地之气，其体即天地之体，其心即天地之心。"（《中庸或问》）《春秋繁露·天地阴阳》中也记载："人之超然万物之上，而最为天下贵也。人，下长万物，上参天地。"这种运动变化之理在古代思想家看来实乃天道，正如董仲舒所说，"天之道，有序而时，有度而节，变而有常"。宇宙万物生长终而复始，相互制衡，无往不复。董仲舒在春秋时代天人观的基础上发展了一种以"天人感应"为主导思路、以阴阳五行为基本结构的宇宙观。董仲舒对人的"小宇宙"作出天人关系式的解析："天以终岁之数，成人之身，故小节三百六十六，副日数也；大节十二分，副月数也；内有五脏，副五行数也；外有四肢，副四时数也；乍视乍暝，副昼夜也；乍刚乍柔，副冬夏也；乍哀乍乐，副阴阳也；心有计虑，副度数也；行有伦理，副天地也。"以人体结构映现天地的运化，越来越成为人们日用而不觉的观念。

除了阴阳太极观念之外，中国古代思想家对宇宙还有多种理解，其中比较著名的是盖天说和浑天说。盖天说至少可追溯至西周时期，强调"天圆如张盖，地方如棋局"。天空是半球形的，如盖子一般扣在大地上，可见天圆地方。《周易·系辞上》认为："在天成象，在地成形。"这在我国很多考古发掘中都得到了实证。及至晋代，虞耸在《穹天论》中指出："天形穹隆如鸡子，幕其际，周接四海之表，浮于元气之上，譬如覆奁。"《周髀算经》对此也作出比较清晰的阐释。据《晋书·天文志》记载："其言天似盖笠，地法覆盘，天地各中高外下。北极之下为天地之中，其地最高，而滂沱四隤，三光隐映，以为昼夜。天中高于外衡冬至日之所在六万里。北极下地高于外衡下地亦六万里，外衡高于北极下地二万里。天地隆高相从，日去地恒八万里。"这在后来的一首诗中体现得更为形象："天似穹庐，笼盖四野，天苍苍，野茫茫，风吹草低见牛羊。"但是，这种"天圆地方"的宇宙观不能解释很多自然现象，到了汉代，就为浑天说所取代。

浑天说将大地看作一个完整的球体，认为地球浮于水上，地面上的一半是可见的，地面下的一半是不可见的，"天球"之外还有别的世界。大地包括陆地和海洋，陆地就是九州，周围都是海洋，地中是夏代的都城——阳城。这个看法可见于东汉经学家郑众以下说法："土圭之长，尺有五寸。以夏至之日，立八尺之表，其景适与土圭等，谓之地中。今颍川阳城地为然。"张衡《灵宪》亦云："自地至天，半于八极，则地之深亦如之。"正如张衡在《浑天仪注》中所说，"浑天如鸡子，天体圆如弹丸，地如鸡子中黄，孤居于内。天大而地小。天表里有水。天之包地，犹壳之裹黄。天地各乘气而立，载水而浮"。浑天说以当时人们用浑天仪观测的天象为根据，利用这些观测制定的历法精确度比较高，用浑象演示天地的运行状态。梁武帝时期，祖冲之的儿子祖暅曾在长春殿"排浑天之论"，动摇了以阳城为地中的说法。此外，浑天说中关于天地相连和北极出地三十六度的观点也遭到人们的质疑，但其中关于陆地和海洋的看法对后世影响还是很大的。

盖天说和浑天说体现的天人合一的宇宙观在中国古典哲学中多有体现。在杜维明先生看来，中国古典哲学以存在的连续、有机的整体、辩证的发展为"基调"，"把无生物、植物、动物、人类和灵魂统统视为在宇宙巨流中息息相关乃至相互交融的实体"，"自然和超自然环境中的各种现象乃是'化生'的结果"，"环境中所有现象都由一种生命之气或灵魂赋予活力"，"它的宇宙是分层的，主要有下层世界、上层世界和中间层。宇宙的层次之间以'大地之柱'加以连接"。① 又如张岱年先生指出的，"天人相通的学说，认为天之根本性德，即含于人之心性之中；天道与人道，实一以贯之"②。如此，方能以德怀远，以文化人。

随着近代自然科学的发展，西方科学家的宇宙观在16世纪后期传入中国，影响较大的是利玛窦1584年制作的《山海舆地图》，其中表明"地与海本是圆形，而

---

① 以上为杜维明观点，参见张光直．考古人类学随笔．北京：生活·读书·新知三联书店，1999：59—61.

② 张岱年．中国哲学大纲．北京：中国社会科学出版社，1982：173.

合为一球，诚如鸡子，黄在清内，有谓地为方者，乃语其定而不移之性，非语其形体也"。十多年后，他与中国学者李应试合绘的《两仪玄览图》内容更详尽。强调日心说、大地球体的宇宙观更新了中国人的观念，也使人们从比较视野理解不同文明的宇宙观。

比较中西宇宙观可见，有些西方古代思想家也有关于天人关系的阐述，他们将宇宙看作一个神秘的有机整体。例如，古希腊思想家阿尔克迈翁认为，作为小宇宙的人是大宇宙的缩影，人体结构是世界构造的一种反映。这在柏拉图的思想中也得到印证，并影响了古罗马时期的新柏拉图派。毕达哥拉斯更是把人的灵魂看成天体的摹本。这种整体性思维后来被西方思想家转变为以上帝为主宰的宇宙观，人与神的关系体现为服从被神安排的命运。对天人关系的演绎在欧洲长期流行的星相学中更为常见。李约瑟也指出："如欧洲思想有与中国古代和中古时代的思想有任何相似者，那么便是这种有关大宇宙与小宇宙的学说，虽然它不曾支配西方的观念到同样的程度。""这种看法弥漫了整个欧洲的上古时代末期及中古时代。其流行之广，已达处处可见的程度。"[1] 这种宇宙观在文艺复兴以

---

① 李约瑟. 中国古代科学思想史. 2 版. 陈立夫，等译. 南昌：江西人民出版社，1999：368-370.

后逐渐转向分析的、解剖式的思维方式，体现为天人二分的观念结构，后来形成了现代宇宙学，其中影响比较大的是热大爆炸宇宙学说，表明不仅世间万物在变化，宇宙也是不断演化的主体。

中华文明独特的宇宙观影响深远，从"天命"观到自然观，古代思想家的相关阐述丰富了人们理解宇宙运行法则的想象力和判断力。美国政治家基辛格在《论中国》开篇就谈道："中华文明的一个特点是，它似乎没有起点。中华文明不是作为一个传统意义上的民族国家，而是作为一种永恒的自然现象在历史上出现。"[①] 宇宙的生成从无形而至有形，其中又有诸般变化，列子认为："夫有形者生于无形，则天地安从生？故曰：有太易，有太初，有太始，有太素。太易者，未见气也；太初者，气之始也；太始者，形之始也；太素者，质之始也。气形质具而未相离，故曰浑沦。浑沦者，言万物相浑沦而未相离也。视之不见，听之不闻，循之不得，故曰易也。"（《列子·天瑞》）这种万物化生的状况是历史的、具体的，如《道德经》所述，"道生之，德畜之，物形之，势成之"。只有理解世间万物生

---

① 基辛格. 论中国.2版. 胡利平，林华，杨韵琴，等译. 北京：中信出版社，2015：1-2.

成演化的基本规律，人们才能更好地改变世界。

中华文明的宇宙观与马克思主义世界观

马克思主义揭示了自然、社会和思维发展的普遍规律，认为世界统一于物质性，世间万物都是物质运动的不同表现形式。物质对精神具有决定作用，精神是物质世界在人们头脑中的反映，对物质世界发生反作用。从人类社会历史发展角度看，社会存在决定社会意识，经济基础决定上层建筑。马克思主义宇宙观即世界观，包括对自然和人类社会的总体的根本的看法。在《德谟克利特的自然哲学和伊壁鸠鲁的自然哲学的差别》中，马克思研究了古希腊思想家的天象观。在马克思看来，"哲学不是在世界之外"①，哲学关注人和人的世界，人们在实践中认识世界和改变世界。自然界在人类社会的形成过程中"生成着和消逝着"②，各种物质运动形式遵循规律且相互转化，人与自然共生，人们在实践中创造人化自然，要运用联系的和发展的观点认识与改变自然。

马克思主义哲学家对以往存在的两种宇宙观进行比

---

① 马克思恩格斯全集：第1卷.2版.北京：人民出版社，1995：220.
② 马克思恩格斯全集：第26卷.2版.北京：人民出版社，2014：472.

较，正如毛泽东在《矛盾论》中所指出的，"在人类的认识史中，从来就有关于宇宙发展法则的两种见解，一种是形而上学的见解，一种是辩证法的见解，形成了互相对立的两种宇宙观"①。从辩证哲学角度理解宇宙的运行规律，构成了马克思主义宇宙观的核心要义，其中的自然观与中华文明的宇宙观有颇多契合之处。

第一，在马克思主义和中华优秀传统文化视域中，自然对人具有本原的意义，人类是自然界长期发展的产物。例如，马克思认为"人靠自然界生活。……人是自然界的一部分"②。"人直接地是自然存在物"③，"动物只生产自身，而人再生产整个自然界"④，"人不仅仅是自然存在物，而且是人的自然存在物，就是说，是自为地存在着的存在物，因而是类存在物"⑤。在中国古代先贤看来，"天地养万物"，"苟得其养，无物不长，苟失其养，无物不消"（《孟子·告子上》）。在古代诗词中可见难以计数的描述人们喜居自然之境的佳句，例如，陶渊明诗曰："结庐在人境，而无车马喧。问君何能尔，心

---

① 毛泽东选集：第 1 卷 . 2 版 . 北京：人民出版社，1991：300.
② 马克思恩格斯全集：第 3 卷 . 2 版 . 北京：人民出版社，2002：272.
③ 同②324.
④ 同②273 - 274.
⑤ 同②326.

远地自偏。"又如，王维诗曰："空山新雨后，天气晚来秋。明月松间照，清泉石上流。"大自然是人类无机的身体，人在自然之境时常能感到物我两忘，流连忘返。

第二，马克思主义和中华优秀传统文化都强调自然界的运动和变化，万事万物在其中生成，草木枯荣反映了自然规律。马克思主义哲学认为，物质世界是绝对运动和相对静止的统一，运动是物质的根本属性和存在方式，时间和空间是物质运动的存在形式，运动和静止是相互依存且相互转化的。中华优秀传统文化强调"天行有常"，《列子·天瑞》云："易变而为一，一变而为七，七变而为九，九变者，究也。乃复变而为一，一者，形变之始也。清轻者上为天，浊重者下为地，冲和气者为人，故天地含精，万物化生。"把握宇宙运化的规律，"上得天时，下得地利，中得人和"，就可以"制天命而用之"。在改变世界中创造更好的人化自然，要了解世间万物的运行规律，更好地实现合规律性与合目的性的统一。

第三，马克思主义和中华优秀传统文化在对系统思维方式的运用方面内在契合。马克思主义哲学强调事物之间以及事物内部各要素之间的相互联系、相互依赖、相互影响、相互作用和相互转化，认为普遍联系体现在一切事物、现象和发展过程中，世间万物是相互联系的统一体。中国古代思想家阐释了事物的整体性及其无穷的层次关系，例如，《庄子·天下》载："至大无外，谓之大一；至小无内，谓之小一。"《黄帝内经》认为，人体是一个系统，包括以阴阳生克为源头的脏器系统和以阴阳法象为源头的藏象系统，书中以黄帝和上古医学先知岐伯一问一答的方式阐述中国古代医理，提出了"天人相应"的治疗思路。这种系统观念在《孙子兵法》等兵书中体现得也很饱满，孙子从道、天、地、将、法等方面分析战争，对天时地利、人心向背、敌我双方力量对比、军心、指挥、战略、战术等进行系统研究，强调调和敌我众寡、强弱、虚实、攻守、进退等矛盾，从而做到"知己知彼，百战不殆"。

第四，在马克思主义和中华优秀传统文化的很多典籍中可见，保护自然是人们追求美好生活的应有之义。例如，恩格斯指出："我们不要过分陶醉于我们人类对自然界的胜利。对于每一次这样的胜利，自然界都对我们进行报复。每一次胜利，起初确实取得了我们预期的结果，但是往后和再往后却发生完全不同的、出乎预料的影响，常常把最初的结果又消除了。"① 他进而举例说

---

① 马克思恩格斯全集：第26卷.2版.北京：人民出版社，2014：769.

明："美索不达米亚、希腊、小亚细亚以及其他各地的居民，为了得到耕地，毁灭了森林，但是他们做梦也想不到，这些地方今天竟因此而成为不毛之地，因为他们使这些地方失去了森林，也就失去了水分的积聚中心和贮藏库。阿尔卑斯山的意大利人，当他们在山南坡把那些在山北坡得到精心保护的枞树林砍光用尽时，没有预料到，这样一来，他们就把本地区的高山畜牧业的根基毁掉了；他们更没有预料到，他们这样做，竟使山泉在一年中的大部分时间内枯竭了，同时在雨季又使更加凶猛的洪水倾泻到平原上。在欧洲推广马铃薯的人，并不知道他们在推广这种含粉块茎的同时也使瘰疬症传播开来了。因此我们每走一步都要记住：我们决不像征服者统治异族人那样支配自然界，决不像站在自然界之外的人似的去支配自然界——相反，我们连同我们的肉、血和头脑都是属于自然界和存在于自然界之中的；我们对自然界的整个支配作用，就在于我们比其他一切生物强，能够认识和正确运用自然规律。"[1] 在中国古代先贤看来，"毋覆巢，毋杀孩虫、胎、夭、飞鸟，毋麛，毋卵"（《礼记·月令》），"草木零落，然后入山林"（《礼

---

[1] 马克思恩格斯全集：第26卷.2版.北京：人民出版社，2014：769.

记·王制》），"非其时不伐一木，不杀一兽，不杀胎，不殀夭，不覆巢，此便是合内外之理"（《朱子语类》卷十五）。实现人与自然的和谐，实乃天理所应然，符合世间万物发展的规律。

第五，在马克思主义和中华优秀传统文化视域中，自然对人而言具有重要的审美意义。例如，马克思认为："动物只是按照它所属的那个种的尺度和需要来构造，而人懂得按照任何一个种的尺度来进行生产，并且懂得处处都把内在的尺度运用于对象；因此，人也按照美的规律来构造。"① 在中国古代先贤看来，"安时处顺""穷通自乐"，人们要追求"返璞归真"的生活，"道法自然"，以达"天人合一""天人和融"之境。与自然和解，呵护我们生活中的绿水青山，是按照美的规律来生活。

思考中华文明的宇宙观与马克思主义自然观的契合，可见关于人与世界的关系问题，是我们在生活世界终生探究的大问题，体现了源自自然的人的主体性。由此探究社会历史主体的历史主动精神与实践活动，亦能获得很多有价值的启迪。马克思深刻指出："历史什么

---

① 马克思恩格斯全集：第3卷.2版.北京：人民出版社，2002：274.

事情也没有做，它'不拥有任何惊人的丰富性'，它'没有进行任何战斗'！其实，正是人，现实的、活生生的人在创造这一切，拥有这一切并且进行战斗。并不是'历史'把人当做手段来达到自己——仿佛历史是一个独具魅力的人——的目的。历史不过是追求着自己目的的人的活动而已。"① 由此强调了人的主体意识及其对象化活动。关于这个问题，在马克思主义哲学中国化早期就有很多探讨。例如，在李大钊先生看来，"大实在的瀑流永远由无始的实在向无终的实在奔流。吾人的'我'，吾人的生命，也永远合所有生活上的潮流，随着大实在的奔流，以为扩大，以为继续，以为进转，以为发展。故实在即动力，生命即流转"②。众所周知，毛泽东诗词中有很多体现天人关系的名句，如"人生易老天难老""欲与天公试比高""天若有情天亦老""人有病，天知否"。在《愚公移山》中，毛泽东指出："我们也会感动上帝的。这个上帝不是别人，就是全中国的人民大众。"③

党的十八大以来，习近平总书记强调马克思主义基本原理同中国具体实际、同中华优秀传统文化相结合，

① 马克思恩格斯文集：第 1 卷 . 北京：人民出版社，2009：295.
② 李大钊文集：第 2 卷 . 北京：人民出版社，1999：186.
③ 毛泽东选集：第 3 卷 . 2 版 . 北京：人民出版社，1991：1102.

促进中华优秀传统文化创造性转化、创新性发展，认为"第二个结合"是又一次的思想解放。思想解放是经济社会发展的重要变量，我们要深刻理解"两个结合"与中华文明发展的内在关联，更好地促进中国式现代化与人类文明新形态的实践创造。

2021年3月22日，习近平总书记在福建武夷山市朱熹园考察时指出："如果没有中华五千年文明，哪里有什么中国特色？如果不是中国特色，哪有我们今天这么成功的中国特色社会主义道路？"① 我们要以习近平文化思想为根本遵循，坚持"两个结合"的科学方法，使中华五千年文明成为促进中国式现代化的重要思想资源，并在中国特色社会主义发展中实现中华文明的现代转化，创造人类文明新形态。

深刻理解中华文明的宇宙观，要有创造未来的民族情怀和世界意识。习近平总书记强调坚持胸怀天下的世界观和方法论，这是我们党百年奋斗的历史经验之一，也是马克思主义基本原理同中华优秀传统文化相结合的时代确证。在党的二十大报告中，习近平总书记指出："必须坚持胸怀天下。中国共产党是为中国人民谋幸福、为中华民族谋复兴的党，也是为人类谋进步、为世界谋

---

① 习近平谈治国理政：第4卷．北京：外文出版社，2022：315.

大同的党。我们要拓展世界眼光，深刻洞察人类发展进步潮流，积极回应各国人民普遍关切，为解决人类面临的共同问题作出贡献，以海纳百川的宽阔胸襟借鉴吸收人类一切优秀文明成果，推动建设更加美好的世界。"新时代新征程，我们要不断推动中华优秀传统文化创造性转化、创新性发展，加强文明交流互鉴，构建人类命运共同体。

综上所述，中华文明的宇宙观体现了古代先贤理解人与世界之间关系的智慧，既反映了古人对天象与地理的观察和思考，也反映了对人处于天地之间实现自我的规律的感知和体悟，成为人们把握自然与社会历史的一种古典意识，至今仍然具有深远的影响力。更好地理解中华文明的发展历程，要掌握其中的宇宙观所映现的思维方式与价值观念，比较不同文明的宇宙观，更好地理解人和人的世界，在文明交流互鉴中更好地理解自我。今天，我们要深刻把握中华文明的宇宙观与马克思主义自然观的内在契合，以新的文化使命建设文化强国，回应时代发展对文明新形态创造的内在需要，共同建设一个更加美好的世界。

2 中华文明与哲学智慧

> 中华文明生成于"宇"与"宙"之"中"。天地人"三才"定位，文采和德行彰明。由"中国"到"华夏"到"九州"，构成数千年中国人的宇宙图像。阴阳交感，气化有序，继善成性，尚圆补天。中华文明生生不息，正在于一代代先民们的前赴后继。

作者简介

　　向世陵，中国人民大学国学院教授、博士生导师，中华文明武夷研究院学术顾问，中国哲学史学会副会长，中国政法大学国际儒学院兼职教授。出版《宋代经学哲学研究·基本理论卷》《理气性心之间：宋明理学的分系与四系》《理学与易学》《善恶之上：胡宏·性学·理学》等学术专著十多部。

习近平总书记 2021 年 3 月 22 日在福建省武夷山市考察时指出："我们要特别重视挖掘中华五千年文明中的精华，把弘扬优秀传统文化同马克思主义立场观点方法结合起来，坚定不移走中国特色社会主义道路。"①

一年后，2022 年 5 月 27 日，习近平总书记在主持中共中央政治局第三十九次集体学习时又指出："要立足中国大地，讲好中华文明故事，向世界展现可信、可爱、可敬的中国形象。要讲清楚中国是什么样的文明和什么样的国家，讲清楚中国人的宇宙观、天下观、社会观、道德观，展现中华文明的悠久历史和人文底蕴，促使世界读懂中国、读懂中国人民、读懂中国共产党、读懂中华民族。"②

中华文明源远流长。但文明有广义和狭义之分。广义的文明，从人类能够制作第一把石斧即石器时代时就开始了；狭义的文明，遵照我们的文化传统，是指社会进入到文采和德行彰明的时代，它是相对于蒙昧或野蛮而言的。我们所讲的中华五千年的文明史，便是在后一种意义上的文明史。中华文明在世界各文明的发展中是

---

① 习近平谈治国理政：第 4 卷 . 北京：外文出版社，2022：315.
② 习近平 . 把中国文明历史研究引向深入　增强历史自觉坚定文化自信 . 求是，2022（14）：8.

罕见的，因为它从未中断过。不过，这个五千年从何时开始却存在着争议。在比较稳妥的意义上，它一般是指舍去了传说中的伏羲、神农、黄帝、唐尧、虞舜这"五帝"时期的文明，即从夏禹算起，不包含原始社会或曰石器时代。在此之后，经夏、商、周"三代"到如今，中华文明造就了自己光辉灿烂的历史。

在这条宽广深厚的历史长河中，我们的先辈创造了多姿多彩、绚丽壮观的优秀传统文化，以及在这片文化的滋养中生发的、具有浓郁的社会情结与民族特性的中国哲学。我们要讲述的宇宙观便包含于其中。

"宇宙"与"宇宙观"

"宇宙"是我们今天常用的词语，它是人类文明产生的基础，有宇宙才可能有文明。

"宇宙"一词，从古至今，它的含义一直保持着稳定。《淮南子·齐俗训》解释说："往古来今谓之宙，四方上下谓之宇。"空间为宇、时间为宙，成为"宇宙"的经典解释。《淮南子·原道训》又说："（道）横四维而含阴阳，纮宇宙而章三光。"东汉末高诱注曰："四方上下曰宇，古往今来曰宙，以喻天地。"高诱的注解在今天更为流行。从他的注解可知，古人的宇宙也就是天地。但此天地始终是在流行变化之中，所以时空又是统一的过程。

同时，在我们的语言系统中，"宇宙"又被称为"世界"，"世界"是从佛经翻译而来的。世指时间，界指空间。《楞严经》卷四云："世为迁流，界为方位。汝今当知，东、西、南、北、东南、西南、东北、西北、上、下为界，过去、未来、现在为世。"时间的流逝和空间的方位共同构成"世界"这样一个统一整体。

不论是"宇宙"还是"世界"，都是我们人类通过"观"得来的，从而便有了"宇宙观"或"世界观"等说法。从认识的层面讲，既然都是"观"，主体就必然是人。所以，我们的经典《周易》把人加了进去，讲天地人"三才"。事实上，天地离人又无所谓天地，天地是因人（顶天立地）而成立的，因而也才有传说中的盘古（人）"开"天地。《周易·说卦》讲："立天之道，曰阴与阳；立地之道，曰柔与刚；立人之道，曰仁与义。兼三才而两之，故易六画而成卦。"天地人"三才"构成了真实的宇宙。因而，天道从一开始就与人道相通，谈论宇宙，绝不能脱离人。

我们中国人的宇宙观，作为对此宇宙（或天地、世界）的总的看法和观点，集中体现了中国哲人的智慧，也构成了文明发展的基础性内容。那么，先贤们如何看待我们生活于其中的这个宇宙呢?

"中国""世界"与"宇宙"

"中国"无疑是"世界"或"宇宙"之一。然而,我们毕竟是立足"中国"去看世界或宇宙的,所以三者又密切关联。同时,由于"中国"的缘故,我们又有了"华夏""九州"等概念,它们之间是什么关系,我们也需要对此有所了解,以便明确我们的文明和历史演进的过程。

"中国"与华夏

中国,古人称天下中央之国也。这一称谓到今天,也仍然有它存在的理由。

从历史的角度看,"中国"一词,在古文献和出土青铜器中,都出现于西周早期。

相关的古文献,如在《尚书·梓材》中,周武王告诫康叔:"皇天既付中国民,越(及)厥疆土于先王。"意思是,上天已经把中国的民众及他们所在的疆土赋予了(我们周人的)先王。

相关的出土青铜器,如何尊,其于1963年出土于陕西省宝鸡市宝鸡县贾村镇的一处土崖上,现收藏于中国宝鸡青铜器博物院。1975年,上海博物馆的马承源先生最早发现青铜尊内底铸有铭文(122字)。

何尊铸造于周成王五年，其铭文有"惟武王既克大邑商，则廷告于天曰：'余其宅兹中或（国），自之乂（治理）民。'"等字样，其意为："周武王克商之后，在其宫廷禀告上天说：我要在这中国安家（建都），自此去治理民众。"

那么，不论是古文献还是出土文物，其所称的"中国"，指的都是周武王所在的中央之国土，亦即"中央之国"。

何尊铭文：宅兹中国

如此的"中国"，在先贤那里又被称为"华夏"。时至今日，中华民族也常自称为"华夏儿女"，充分显示出"中国"与"华夏"的深厚渊源。

"华夏"由"华"与"夏"两个名词复合而成，这两个名词可以单用，也可以合用：单用都可以指中国，合用则各自承担"中国"一方面的特性。如下面孔颖达

的两条解释:

《春秋左传正义·闵公元年》:"华、夏,皆谓中国也。中国而谓之华夏者,夏,大也,言有礼仪之大、有文章之华也。"

《春秋左传正义·定公十年》:"中国有礼仪之大,故称夏;有服章之美,谓之华。华、夏一也。"

作为"华夏"的中国,突出了礼仪的丰盛(大)——"经礼三百,曲礼三千",同时通过不同服饰彰显出人的身份等级(美)。礼仪和服饰是一定社会关系在人身上的表现。

宇之中与宙之中

"中国"的特色在于"中",而这个"中"在古人眼中,并不是僵化的、凝固的,而是可以表示任一地点,它充分表明了古人所具有的无限性的宇宙视野。

(1)宇之中

《庄子·天下》称述的惠施"历物十事",其中之一是:"我知天下之中央,燕之北、越之南是也。"在庄子和惠施生活的战国中期,燕国的位置大致位于今天河北的北部和辽宁地区,再往北则属于蛮夷(匈奴和东胡)的区域;越国大致位于今天江苏的南部和浙江地区,加上闽越国,则更往南,进入今天的福建地区了。两地相距,直线距离有上千公里之遥,中间跨越了赵、齐、楚等大国和若干小国，却不妨都可以叫作"天下之中央"。

显然，"燕之北"与"越之南"的说法表明，古人所谓的"中央"概念，实际上可以指代南方或北方的任何一点。这是否基于"大地是圆的"的观念设定，没有明确的证据。但既然南方或北方的任何一点都可谓之中央，以"中国"为天下之中央，理论上也是可以成立的。

这是古时的情况，今天呢？下面参看不同文明国度对"世界"的观感：

首先，来看我们中国人的"世界"图像。在今天我们国家常见的世界地图中，中国的地理位置大约在东经 73°33′ 至 135°05′、北纬 3°51′ 至 53°33′ 之间，在整个世界各大洲的分布中，处于中心左上部分，大致位于世界的中央。之所以不能完全位于正中央（东经 120°0′ 至 180°0′），是因为这个地图（地球）再往东转一点，南美洲就会被切掉一部分而不完整了，而且还需留出海洋的边界。因此，为保证地球上各大洲的完整，中国便处于最佳的"中"的状态。

将"中国"绘于天下之"中"的世界图像，是今人的创作，还是古已有之？原则上说，其古已有之，最早渊源可以追溯到明代末年传教士利玛窦和中国科学家李之藻合作绘制的中西结合的世界地图《坤舆万国全图》，它也是我们中国人最早"睁眼看世界"的成果之一。

在该图中，中国（大明）处于与如今我国绘制的世界地图相近的位置。当然，限于当时的科学水平，中国同周围各国以及世界其他国家和地区的位置并不是很准确。

其次，来看西方（欧洲、美国）人的"世界"图像。

起初，欧洲人通过海路来到中国是自西向东航行，因而，相对于中国所在的东方，他们便是西方，后来的美国人则更是在西方。明清时期的"泰（太）西"一词便是当时中国人对于西方国家的称谓，与此对应的便是我们中国所处的"远东"。在今天美国人的世界地图中，可以非常直观地看到，他们与我们分别处于西与东的两侧，这也正是通常所说的西方、东方的概念。所以，"中国位于世界的东方"以及我们周围的国家和地区被称作东亚、东北亚、东南亚等观念，历史上是西方文化视域下的产物。当然，这样的观念在当今，已经被包括我国在内的世界各国所接受并成为世界文明的共识。

（2）宙之中

"宙"是时间，我们今天的标准时间是"北京时间"，可"北京时间"并不是确定于北京地方的平太阳时，而是由位于中国版图之"中"的陕西西安临潼和渭南蒲城的中国科学院国家授时中心（国家授时台）发出来的。在此意义上，"北京时间"也就是中国国家时间。

中国科学院国家授时中心

"北京时间"是今天中国的标准时间，也是"中国"在"宙"之中的真实反映。由于古人早已认识到"宇"与"宙"是统一而共存的，所以，"宙"之中也就同时应当是"宇"之中。

观察中国地图不难发现，国家授时中心位于西安及周围地区（含临潼和蒲城），其的的确确是处在祖国大地的中央。不论是不是巧合，但至少在事实的层面支持了中国的时空观念始终是与"中"的定位联系在一起的。

那么，在古代社会，我们的时间和空间是否也需要这样的"中"并且就处在其中呢？这就需要了解一下中华文明的"地中"概念。

地中

"地中"即大地（天地）之中。古人的"天地"，是以天子所居的王城为中心，周围千里（王畿）之外，按每五百里一个同心圆的设定向外扩展而成的。"地中"的求取，是基于夏至日的日影投在土圭上一尺五寸长而确定的。古人认为这是天地间最佳的地理位置，故王城在此设焉。

在经典文献《周礼》中，有关于"地中"的记载。《周礼·地官·大司徒》称：

> 以土圭之法测土深，正日景以求地中……日至之景，尺有五寸，谓之地中。天地之所合也（天地配合，万物乃生），四时之所交也（夏与春、秋与夏、冬与秋、春与冬之交），风雨之所会也（风雨所至，会合人心），阴阳之所和也（"冬无愆阳，夏无伏阴"，二气和顺）。然则百物阜安（如此四事各得其所，则百物盛安），乃建王国焉（百物盛安之处乃立王之国都——阳城或洛邑）。

汉郑众注云：

> 土圭之长，尺有五寸，以夏至之日，立八尺之表，其景适与土圭等，谓之地中。今颍川阳城地为然。

日晷　　　　　　　　　　土圭

对于《周礼》关于"地中"的记载，后人的认识存在一定差异。东汉初期的郑众认为"地中"是颍川阳城（今属河南登封）；而东汉后期的郑玄和唐初的贾公彦则认为"地中"位于洛邑（今属洛阳）。不过，二者的地理位置实际相差不远，整体上都位于"中国"之"中"。

《西游记》论宇宙生成

我们既然生活在这个天地人合一、时空合一的宇宙，那必然想要知道：这个宇宙是如何生成和演变的呢？

对此，古往今来已有不少的回答，这里选择大家耳熟能详的古典名著《西游记》开篇所述来作一番了解，并附图参考。

诗曰：

混沌未分天地乱，茫茫渺渺无人见。

自从盘古破鸿蒙，开辟从兹清浊辨。

覆载群生仰至仁，发明万物皆成善。

欲知造化会元功，须看《西游释厄传》。

盖闻天地之数，有十二万九千六百岁为一元。将一元分为十二会，乃子、丑、寅、卯、辰、巳、午、未、申、酉、戌、亥之十二支也。每会该一万八百岁。且就一日而论：子时得阳气，而丑则鸡鸣；寅不通光，而卯则日出；辰时食后，而巳则挨排；日午天中，而未则西蹉；申时晡而日落酉，戌黄昏而人定亥。譬于大数，若到戌会之终，则天地昏曚而万物否矣。再去五千四百岁，交亥会之初，则当黑暗，而两间人物俱无矣，故曰混沌。又五千四百岁，亥会将终，贞下起元，近子之会，而复逐渐开明。邵康节曰："冬至子之半，天心无改移。一阳初动处，万物未生时。"到此天始有根。

再五千四百岁，正当子会，轻清上腾，有日有月有星有辰。日月星辰，谓之四象。故曰，天开于子（天皇）。

又经五千四百岁，子会将终，近丑之会，而逐渐坚实。《易》曰："大哉乾元！至哉坤元！万物资生，乃顺承天。"至此，地始凝结。

再五千四百岁，正当丑会，重浊下凝，有水有火有山有石有土。水火山石土，谓之五形（行）。故曰，地辟于丑（地皇）。

又经五千四百岁，丑会终而寅会之初，发生万物。历曰："天气下降，地气上升；天地交合，群物皆生。"至此，天清地爽，阴阳交合。

再五千四百岁，正当寅会，生人生兽生禽，正谓天地人，三才定位。故曰，人生于寅（人皇）。

感盘古开辟，三皇治世，五帝定伦，世界之间，遂分为四大部洲：曰东胜神洲，曰西牛贺洲，曰南膳部洲，曰北俱芦洲。这部书单表东胜神洲。海外有一国土，名曰傲来国。国近大海，海中有一座名山，唤为花果山。此山乃十洲之祖脉，三岛之来龙，自开清浊而立，鸿蒙判后而成。真个好山！

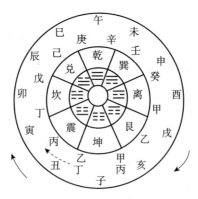

《西游记》所叙述的宇宙生成，是按照北宋哲学家邵雍的《皇极经世》展开的，后被南宋哲学家胡宏、朱熹等人继承下来。在这里，时空是统一的过程，"一元十二会"既是时间的顺序周延，也是空间的太阳周天运行和阴阳气化交合。它是中国哲学关于宇宙生成看法的一个典型代表。如此的宇宙生生不息，不断地毁灭又不断地新生，每十二万九千六百年为一个周期。为理解方便，"一元十二会"也可以浓缩为一年十二月和一天十二时来看。

前面提到的天地人"三才"，在这里成为"三皇"——天皇、地皇、人皇。"三皇"之后，便是《周易·系辞下》所讲的"五帝"，"三皇""五帝"也相应成为中华文明传说中的历史开端。最后一段，则表明了后来佛教传入而分"世界"为东西南北"四大部洲"的观念，而"十洲""三岛"云云，又融入了道教的因素，再加上邵雍贯穿始终的儒家天地生成说，充分体现了作者吴承恩所在的时代儒释道三教合一的文明发展特色。

《尚书·禹贡》论"九州"

中国又有"九州"之称。"九州"之名，最早来源于《尚书·禹贡》。

《禹贡》称述因大禹治水而"九州攸同"。下面参看

《尚书·禹贡》经文第一句及蔡沈注解：

> 禹敷土，随山刊木，奠高山大川。（敷，分也，分别土地以为九州也。奠，定也，定高山大川以别州境也。……曾氏曰："禹别九州，非用其私智。天文地理区域各定，故星土之法则有九野。而在地者必有高山大川为之限隔，风气为之不通，民生其间亦各异俗。故禹因高山大川之所限者别为九州，又定其山之高峻、水之深大者为其州之镇，秩其祭而使其国主之也。"——蔡沈《书集传》）

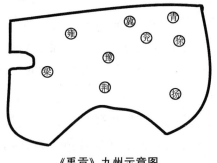

《禹贡》九州示意图

《史记·孟子荀卿列传》论"九州"

相对于《禹贡》的"九州"，《史记》所记述的阴阳家代表邹衍的"九州"说更有影响。因为这里提及的不是"九州"的一般概念，而是具体区分了不计算在

"州"内的禹的九州（合为一州）、小九州和大九州，并揭示了"赤县神州"和"中国"等概念。《史记》的记述如下：

> 齐有三邹子。……其次邹衍，后孟子。邹衍睹有国者益淫侈，不能尚德，若《大雅》整之于身，施及黎庶矣。乃深观阴阳消息而作怪迂之变，《终始》、《大圣》之篇十余万言。其语闳大不经，必先验小物，推而大之，至于无垠。先序今以上至黄帝，学者所共术，大并世盛衰①，因载其禨祥度制，推而远之，至天地未生，窈冥不可考而原也。先列中国名山大川，通谷禽兽，水土所殖，物类所珍，因而推之，及海外人之所不能睹。称引天地剖判以来，五德转移，治各有宜，而符应若兹。以为儒者所谓中国者，于天下乃八十一分居其一分耳②。中国名曰赤县神州。赤县神州内自有九州，禹之序九州是也，不得为州数。中国外如赤县神州者九，乃所谓九州也。于是有裨海环之③，人民禽兽莫能相通者。如一区中者，乃为一州。如此者九，乃有大瀛海环其外，天地之际焉。其术皆此类也。然要其归，必止乎仁义节俭，君臣上下六亲之施始也，滥耳④。王公大人初见其术，惧然顾化⑤，其后不能行之。

注①集解：并，蒲浪反。索隐：言其大体随代盛衰，观时而说事。注②索隐：桓宽、王充并以衍之所言迂怪虚妄，干惑六国之君，因纳其异说，所谓"匹夫而营惑诸侯"者是也。注③索隐：裨音脾。裨海，小海也。九州之外，更有大瀛海，故知此裨是小海也。且将有裨将，裨是小义也。注④索隐：滥即滥觞，是江源之初始，故此文意以滥为初也。谓衍之术言君臣上下六亲之际，行事之所施所始，皆可为后代之宗本，故云滥耳。注⑤索隐：惧音劬。谓衍之术皆动人心，见者莫不惧然驻想，又内心留顾而已化之，谓欲从其术也。按：化者，是易常闻而贵异术也。

在邹衍的地理区划中，作为"赤县神州"的"中国"，只是整个天下的八十一分之一，表明中国古人的"宇宙"概念极为宏阔，绝不故步自封、自以为大。同时，从邹衍的开放性思维中还可以感知，阴阳消长、地理区隔、朝代变迁和德行教化在他这里是密切关联的，体现了阴阳家信奉的天人合一的思想观念。

邹衍所述的禹九州（赤县神州）—小九州—大九州见下图。

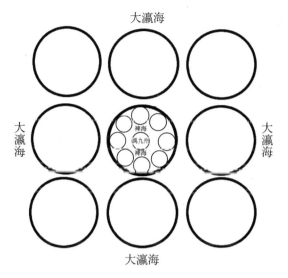

邹衍所述九州示意图

经典讲述的文明起源

中华文明的起源，有科学的考察和研究，也有出自文献记载的历史演进。但这二者又非完全不相关，它们存在交叉的关系，其中，我们熟知的文明起源到目前为止仍是按照文献记载的文明史来划定的。

结合今天的文明概念，古人眼中的文明是广义的，包含了生产工具制造、产品交换和社会治理等多个方面，而它们的源头则在圣人，是圣人创造了文明。这一点与马克思主义者所坚持的文明是由人民创造的观点不同。

《周易·系辞下》论文明起源

古者包牺氏之王天下也……作结绳而为网罟，以佃以渔，盖取诸离。䷝（朱熹注：两目相承，而物丽焉。）——制作捕捞工具，人类进入渔猎社会。

包牺氏没，神农氏作，斫木为耜，揉木为耒，耒耨之利，以教天下，盖取诸益。䷩（风雷益。朱熹注：二体皆木，上入下动，天下之益，莫大于此。）——制作农耕工具，人类进入农业社会。

日中为市，致天下之民，聚天下之货，交易而退，各得其所，盖取诸噬嗑。䷔（火雷噬嗑。朱熹注：日中为市，上明而下动，又借噬为市，嗑为合也。）——有了剩余产品和市场，开始了产品交换。

神农氏没，黄帝、尧、舜氏作，通其变，使民不倦，神而化之，使民宜之。易，穷则变，变则通，通则久。是以自天佑之，吉无不利，黄帝、尧、舜垂衣裳而天下治，盖取诸乾坤。䷀䷁（朱熹注：乾坤变化而无为。）——圣人利民通变，垂拱无为而治天下。

刳木为舟，剡木为楫，舟楫之利，以济不通，致远以利天下，盖取诸涣。䷸（风水涣。朱熹注：木在水上也。"致远以利天下"，疑衍。）——适应出行需要，交通工具产生。

......

上古结绳而治，后世圣人易之以书契，百官以治，万民以察，盖取诸夬。☰☵（泽天夬。朱熹注：明决之意。）——文字出现，依文字法令管理社会。这同时意味着，狭义的文明时代已经升始。

毛泽东：《贺新郎·读史》

> 人猿相揖别，只几个石头磨过，小儿时节。铜铁炉中翻火焰，为问何时猜得，不过几千寒热。人世难逢开口笑，上疆场彼此弯弓月。流遍了，郊原血。

> 一篇读罢头飞雪，但记得斑斑点点，几行陈迹。五帝三皇神圣事，骗了无涯过客。有多少风流人物？盗跖庄蹻流誉后，更陈王奋起挥黄钺。歌未竟，东方白。

该词的主旨是人民创造文明。

上阕放眼整个人类文明。"小儿时节"指广义文明的石器时代，这是人类的幼年时期；此后，以金属冶炼为标志，狭义的文明时代开始，人类进入阶级社会。下阕特指中华文明，"一篇"指以二十四史为代表的中国历史。"风流人物"或历史的创造者不是三皇五帝，而是前赴后继的人民英雄。

夏：文明时代开始

按照马克思主义的基本观点，狭义的文明时代的开始，是以私有制和国家的出现为标志的。在中国社会，按照我们的文明传统和文献记载，是从夏禹开始进入文明时代。

《国语·鲁语下》记载：

> 吴伐越，堕会稽，获骨焉，节专车。吴子使来好聘，且问之仲尼，曰："无以吾命。"宾发币于大夫，及仲尼，仲尼爵之。既彻俎而宴，客执骨而问曰："敢问骨何为大？"仲尼曰："丘闻之：昔禹致群神于会稽之山，防风氏后至，禹杀而戮之，其骨节专车。此为大矣。"客曰："敢问谁守为神？"仲尼曰："山川之灵，足以纪纲天下者，其守为神；社稷之守者，为公侯。皆属于王者。"客曰："防风何守也？"仲尼曰："汪芒氏之君也，守封、隅之山者也，为漆姓。在虞、夏、商为汪芒氏，于周为长狄，今为大人。"客曰："人长之极几何？"仲尼曰："僬侥氏长三尺，短之至也。长者不过十之，数之极也。"

《史记·孔子世家》记载：

> 吴伐越，堕会稽，（集解王肃曰："堕，毁也。"

○索隐隳会稽。会稽，山名，越之所都。隳，毁也。吴伐越在鲁哀元年。）得骨节专车。（集解韦昭曰："骨一节，其长专车。专，擅也。"）吴使使问仲尼："骨何者最大?"仲尼曰："禹致群神于会稽山，（集解韦昭曰：'群神谓丰山川之君为群神之主，故谓之神也。'）防风氏后至，禹杀而戮之，（集解韦昭曰：'防风氏违命后至，故禹杀之，陈尸为戮。'）其节专车，此为大矣。"吴客曰："谁为神?"仲尼曰："山川之神足以纲纪天下，其守为神，（集解王肃曰：'守山川之祀者为神，谓诸侯也。'韦昭曰：'足以纲纪天下，谓名山大川能兴云致雨以利天下也。'）社稷为公侯，（集解王肃曰：'但守社稷无山川之祀者，直为公侯而已。'）皆属于王者。"客曰："防风何守?"仲尼曰："汪罔氏之君守封、禺之山，（集解韦昭曰：'封，封山；禺，禺山：在吴郡永安县。'骃案：晋太康元年改永安为武康县，今属吴兴郡。为釐姓。○索隐釐音僖。家语云姓漆，盖误。系本无漆姓。）在虞、夏、商为汪罔，于周为长翟，今谓之大人。"（集解王肃曰："周之初及当孔子之时，其名异也。"）客曰："人长几何?"仲尼曰："僬侥氏（集解韦昭曰：'僬侥，西南蛮之别名也。'□正义按：括地志'在大

秦国南也'。）三尺，短之至也。长者不过十之，数
之极也。"（集解王肃曰："十之，谓三丈也，数极
于此也。"）于是吴客曰："善哉圣人！"

附：《史记·夏本纪》记载：

> 十年，帝禹东巡狩，至于会稽而崩。以天下授
> 益。三年之丧毕，益让帝禹之子启，而辟居箕山之
> 阳。禹子启贤，天下属意焉。及禹崩，虽授益，益
> 之佐禹日浅，天下未洽。故诸侯皆去益而朝启，
> 曰："吾君帝禹之子也。"于是启遂即天子之位，是
> 为夏后帝启。
>
> 夏后帝启，禹之子，其母涂山氏之女也。

防风氏作为禹（为天子）治下的一地君主，不能遵
从禹命按期赴会，被禹下令处死。这说明在这一时期，
中华大地已经有了国家、法律和执法机构。

从先前的大禹治水，到禹依照法令处死违法（违命
后至）的防风氏，再到"禹传子，家天下"，这一切都
表明中国社会已经进入了文明时代。

燮理阴阳

"阴阳"是中国哲学，也是中华文明的一对独特范
畴，在日常生活中具有极大的通约性，天地人物，处处
时时，无不可以阴阳论之。阴阳不仅是天地人物性状的

表征，也是人类处理一切世间事务的必需考量。

（1）《尚书·周官》

> 今予小子，祗勤于德，夙夜不逮，仰惟前代时
> 若，训迪厥官。立太师、太傅、太保。兹惟三公，
> 论道经邦，燮理阴阳。

西周成王时设立三公，规定他们的任务是"论道经邦，燮理阴阳"，即研究、讨论"道"的目的在于辅佐君王治理国家，并为此调和、理顺阴阳关系，以讲明社会的治乱变迁之理。阴阳在这里，已经由自然进入了社会。

（2）《周易·系辞下》

> 古者包牺氏之王天下也，仰则观象于天，俯则
> 观法于地，观鸟兽之文，与地之宜，近取诸身，远
> 取诸物，于是始作八卦，以通神明之德，以类万物
> 之情。

朱熹《周易本义》注解："俯仰远近，所取不一，然不过以验阴阳消息两端而已。神明之德，如健顺动止之性；万物之情，如雷风山泽之象。"

伏羲观天法地所取，不论具体物象多么复杂，都可以用阴阳消长的"两端"来解释。整部《周易》，从八卦到六十四卦，也都是阴阳的不同组合。天地间，最

大、最光明的现象就是日月,"悬象著明莫大乎日月",而日月正是"阴阳"的经典代理。同时,阳为日为火,阴为月为水,所以日月又可以是火水。在人世则阳为夫为父,阴为妇为母。一句话,一切都是"阴阳"二字。

结合六十四卦的卦序,其开头是乾坤,乾坤是纯阳☰纯阴☷,然后依次推演,到上经三十卦结束时是坎☵离☲,即阴阳水火各自的重叠,也可以看作纯阴纯阳以水火的形式相互作用,以回溯天道运行的往返周流;再经过三十四卦的交互变化,到下经结束时是既济䷾未济䷿,仍然是重叠的水火,但不再是纯阳纯阴。日月水火相互错综,已完全交汇在一起,这也正是人事活动阴阳杂糅的"复杂"特点。不过,所谓天下大事合则有分,未济预示着错杂的阴阳又将分离,回返到天地初开的纯阳纯阴,又开始了新一轮的有序变化。

唐代初年,孔颖达在《周易正义》中总结说:"乾坤象天地,咸恒明夫妇。乾坤乃造化之本,夫妇实人伦之原。"从乾坤到咸(感)恒,重点突出了在性质对立基础上的两性交通和相感,由此才可能有一个和谐美满且生生不息的世界。因而,天尊地卑,阳尊阴卑,贵贱定位只是社会统治秩序确立和运转的一个方面,另一方面,它必须以双方上下的和谐感通为内容,阻断相交相感，则天道、人道均不可能生存和延续。自然秩序发生崩溃，人间的礼仪制度也失去了依附的根基，故交感之义大矣哉！这可以说是作为中国文化生命之源的《周易》告诉我们的最重要的道理。

（3）湘云与翠缕论阴阳

在《红楼梦》中，史湘云与丫鬟翠缕有一段关于阴阳问题的经典讨论，从渊源来说，它是朱熹阴阳思想的文学再现，其中有些几乎就是朱熹的原话。它反映了朱熹的阴阳思想对整个中国文化的深刻影响。

《红楼梦》第三十一回"撕扇子作千金一笑　因麒麟伏白首双星"：

> ……史湘云道："花草也是同人一样，气脉充足，长的就好。"翠缕把脸一扭，说道："我不信这话。若说同人一样，我怎么不见头上又长出一个头来的人？"湘云听了，由不得一笑，说道："我说你不用说话，你偏好说。这叫人怎么好答言？天地间都赋阴阳二气所生，或正或邪，或奇或怪，千变万化，都是阴阳顺逆。多少一生出来，人罕见的就奇，究竟理还是一样。"翠缕道："这么说起来，从古至今，开天辟地，都是些阴阳了？"湘云笑道："糊涂东西，越说越放屁。什么'都是些阴阳'，难道还有个阴阳不成！'阴''阳'两个字还只是一

字，阳尽了就成阴，阴尽了就成阳，不是阴尽了又有个阳生出来，阳尽了又有个阴生出来。"翠缕道："这糊涂死了我！什么是个阴阳，没影没形的。我只问姑娘，这阴阳是怎么个样儿?"湘云道："阴阳可有什么样儿，不过是个气，器物赋了成形。比如天是阳，地就是阴，水是阴，火就是阳，日是阳，月就是阴。"

翠缕听了，笑道："是了，是了，我今儿可明白了。怪道人都管着日头叫'太阳'呢，算命的管着月亮叫什么'太阴星'，就是这个理了。"湘云笑道："阿弥陀佛！刚刚的明白了。"翠缕道："这些大东西有阴阳也罢了，难道那些蚊子、虼蚤、蠓虫儿、花儿、草儿、瓦片儿、砖头儿也有阴阳不成?"湘云道："怎么有没阴阳的呢？比如那一个树叶儿还分阴阳呢，那边向上朝阳的便是阳，这边背阴覆下的便是阴。"翠缕听了，点头笑道："原来这样，我可明白了。只是咱们这手里的扇子，怎么是阳，怎么是阴呢?"湘云道："这边正面就是阳，那边反面就为阴。"

翠缕又点头笑了，还要拿几件东西问，因想不起个什么来，猛低头就看见湘云官绦上系的金麒麟，便提起来笑道："姑娘，这个难道也有阴阳?"

湘云道:"走兽飞禽,雄为阳,雌为阴;牝为阴,牡为阳。怎么没有呢!"翠缕道:"这是公的,到底是母的呢?"湘云道:"这连我也不知道。"翠缕道:"这也罢了,怎么东西都有阴阳,咱们人倒没有阴阳呢?"湘云照脸啐了一口道:"下流东西,好生走罢。越问越问出好的来了!"翠缕笑道:"这有什么不告诉我的呢?我也知道了,不用难我。"湘云笑道:"你知道什么?"翠缕道:"姑娘是阳,我就是阴。"说着,湘云拿手帕子握着嘴,呵呵的笑起来。翠缕道:"说是了,就笑的这样了。"湘云道:"很是,很是。"翠缕道:"人规矩主子为阳,奴才为阴。我连这个大道理也不懂得?"湘云笑道:"你很懂得。"

　　一面说,一面走,刚到蔷薇架下,湘云道:"你瞧那是谁掉的首饰,金晃晃在那里。"翠缕听了,忙赶上拾在手里攥着,笑道:"可分出阴阳来了。"说着,先拿史湘云的麒麟瞧。湘云要他拣的瞧,翠缕只管不放手,笑道:"是件宝贝,姑娘瞧不得。这是从那里来的?好奇怪!我从来在这里没见有人有这个。"湘云道:"拿来我看。"翠缕将手一撒,笑道:"请看。"湘云举目一验,却是文彩辉煌的一个金麒麟,比自己佩的又大又有文彩。湘云伸手擎在掌上，只是默默不语。

正自出神，忽见宝玉从那边来了，笑问道："你两个在这日头底下作什么呢？怎么不找袭人去？"湘云连忙将那麒麟藏起道："正要去呢。咱们一处走。"说着，大家进入怡红院来。

袭人正在阶下倚槛追风，忽见湘云来了，连忙迎下来，携手笑说一向久别情况。一时进来归坐，宝玉因笑道："你该早来，我得了一件好东西，专等你呢。"说着，一面在身上摸掏，掏了半天，呵呀了一声，便问袭人："那个东西你收起来了么？"袭人道："什么东西？"宝玉道："前儿得的麒麟。"袭人道："你天天带在身上的，怎么问我？"宝玉听了，将手一拍说道："这可丢了，往那里找去！"就要起身自己寻去。湘云听了，方知是他遗落的，便笑问道："你几时又有了麒麟了？"宝玉道："前儿好容易得的呢，不知多早晚丢了，我也糊涂了。"湘云笑道："幸而是顽的东西，还是这么慌张。"说着，将手一撒，笑道："你瞧瞧，是这个不是？"宝玉一见由不得欢喜非常，因说道……不知是如何，且听下回分解。

（附：第三十二回"诉肺腑心迷活宝玉　含耻辱情烈死金钏"开头："话说宝玉见那麒麟，心中甚是欢喜，便伸手来拿，笑道：'亏你捡着了。你是那里捡的?'史湘云笑道：'幸而是这个，明儿倘或把印也丢了，难道也就罢了不成?'宝玉笑道：'倒是丢了印平常，若丢了这个，我就该死了。'")

按照《红楼梦》回目"因麒麟伏白首双星"的暗示，"可分出阴阳"的金麒麟〔宝玉的又大又有文彩（阳），湘云的个头小而质素（阴）〕，潜伏着后来贾宝玉与史湘云白头偕老的"双星"故事。

（4）伯阳父论天地之气

西周末年，史官伯阳父根据当时发生的地震对天地（阳阴）之气有序性的破坏，推断西周王朝即将覆灭。

《国语·周语上》记载：

（周）幽王二年（前780年），西周三川皆震。伯阳父曰："周将亡矣! 夫天地之气，不失其序。若过其序，民乱之也。阳伏而不能出，阴迫而不能烝，于是有地震。今三川实震，是阳失其所而镇阴也。阳失而在阴，川源必塞，源塞，国必亡。夫水土演而民用也，水土无所演，民乏财用，不亡何待! 昔伊、洛竭而夏亡，河竭而商亡。今周德若二代之季矣，其川源又塞，塞必竭。夫国必依山川，山崩川竭，亡之征也。川竭，山必崩，若国亡不过十年，数之纪也。夫天之所弃，不过其纪。"是岁也，三川竭，岐山崩。十一年（前771年），幽王乃灭，周乃东迁。

自宇宙开辟，气构成宇宙和人类社会的基础。气有序运动，宇宙生生不息。如果气运紊乱无序，自然、社会和人的生命都将遭受祸害。

（5）继善成性与尚圆

"继善成性"是中国哲学对《周易》所提出的人道接续天道而成善、成性过程的理论概括。《周易·系辞上》说："一阴一阳之谓道，继之者善也，成之者性也。"一阴一阳的对立互动是"道"，此道继继不已就是"善"，人（物）成就此道（善），使其在自身挺立起来就是性。

"一阴一阳之谓道"的动态理论模型，从民族心理的层面可以看作一种追求圆满性的愿景。中国文化的基本趋向是崇尚"圆"，圆满是人生最大的理想。放眼看去，宇宙运行周而复始，天地万物生生不息，都可以视为圆的运动、循环的运动。天地间普遍存在的圆运动现象，引申到人类社会，便有了中华文明对圆的追求。概括来说，天是一个圆，日月也是圆，以至于"花好月圆"成为古往今来人们心目中最美好的祝愿。推而广之，家庭的团聚、国家的统一等，也都是一个圆。

结合阴阳的周流运动来说，无论是纯阴还是纯阳，都只占有一个片面，都不圆满。既不圆满，就需要向圆满性方向发展，就需要来自异性方面的补充，就需要对立之性与己性的亲和和转化。这一观点，也就是人们通常所说的同性相排斥、异性相吸引。

同性之所以相排斥，是因为这是量的简单重叠，量再多，也只是一性，所以是不圆满的；而异性之所以相吸引，是因为这是异质的相互补充，阴阳交感互补，才能趋于圆满。最核心的道理仍然是"一阴一阳之谓道"。它是中国哲学尚圆思维的内在根据，早在先秦哲人那里便是如此。下面看看《周易》的咸（感）卦：

咸（感）：（䷞泽山咸）这一卦卦名为"感"，"感"就是交感（交相感应）之意。为什么是交感呢？《象传》结合卦位、卦象和卦变各个方面对此进行了解释。依据的理由，是"止而说，男下女"，故"取（娶）女吉"也。意思是说，"艮"是"止"意，是少男；"兑"是"悦"意，是少女。"止"意味着男方用心专一，"止"于此女；"悦"则表示得到女方的真情呼应，爱慕此男。男下女，艮在下而兑在上，说的是男方以谦卑之礼亲到女家迎聘其妻（如男"下"马而请女"上"轿），这些都是从礼仪亦即制度的角度保障男女婚嫁的和睦美满。推广开来，天地间万事万物，只有阴阳交感互动，才是真正体现了"一阴一阳之谓道"的精神实质。

在古代哲人中，最早总结咸（感）卦实质的是荀子，他在《大略》篇里深有感触地说："《易》之咸，见夫妇。夫妇之道不可不正也，君臣父子之本也。咸，感也。以高下下，以男下女，柔上而刚下。聘士之义，亲迎之道，重始也。礼者，人之所履也。"意思是说，人们的日常生活和社会国家事务都是凭借"礼"或"道"生存的。在这里，不再是阳尊阴卑，而是女上男下，夫之亲迎妻与君王礼贤下士的道理是一样的。不论是夫妇生活还是国家事务，只有一阴一阳互补融通，才能维持其生存和繁衍。

由夫妇之道而得以彰显的一阴一阳之道，说明的是天地万物生成的道理。从"继天地之善"到"成人物之性"，中国哲学的主流认为人性是善的。但是，因为人们常常从自己特有的立场或角度去进行理解，譬如湘云对人之阴阳（男女关系）的预先设定，这就造成了道的支离。加之普通民众本来就不太明白阴阳和合的道理，所以此"道"不为人们所认识也就不奇怪了——"仁者见之谓之仁，知者见之谓之知，百姓日用不知，故君子之道鲜矣"（《周易·系辞上》）。

因此，中国文化之重视圆，主要还在于圆是一种生命、一种境界、一种追求，即我们的世界其实不在于是否为"圆形"，而在于是否能"圆满"。由此，圆的价值主要体现在不懈不止的追求和期待而非既定的存在。譬如，对于事物的发展，中国人都期待着大圆满的结局。然而，人有悲欢离合，月有阴晴圆缺，蓦然回首，数千年来我们面临的，往往是"不圆满"的现实：女娲补天是因为天不圆满；精卫填海、愚公移山是因为地不圆满；董仲舒讲"富者田连阡陌，贫者亡立锥之地"而疾呼抑止兼并，是因为人世不圆满。中华文明之所以能生生不息，正在于先民们的前赴后继、奋斗不止。而这种奋斗，用一句话来说明，就是"补天"。

"补天"可以说是贯穿整个中华文明史的民族情结，人们对待上天，总体上不是与它对抗，而是使它更圆满。女娲"补天"的神话传说，深刻地揭示了一代代的中国人运用自己的智慧和力量，去弥补天道、天命，期盼其更加圆满而付出的不懈努力。

但是，这样的历史情结到了清代中叶曹雪芹撰写他那不朽名著《红楼梦》时，终于发生了动摇，封建专制"大厦"这个"天"在他心中已经无法再修补了。在"无材可去补苍天"的贾宝玉身上，寄托的实际上是作者深深的哀怨，"贾（假）"的"宝玉"只是一块多余的"五彩（无材）"石，的确是"枉入红尘"，所以只能被无情地抛弃，挽救不了摇摇欲坠的腐朽制度，也就是说，"忽喇喇似大厦倾，昏惨惨似灯将尽"这一令人心悸的前景，在思想的先驱者这里已经可以预见。

"补天"希望的破灭，带给人们的是百年后从"我"出发的"造天"和"与天争胜"的中国人意志的觉醒与民族的新生。鸦片战争前二十多年，龚自珍说："天地，人所造，众人自造，非圣人所造。"（《壬癸之际胎观第一》）先驱者们已经意识到人民大众自己的力量，不应再把希望寄托于圣人。孙中山强调"人为的力量，可以巧夺天工，所谓人事胜天"（《三民主义》）。人事胜天，就是人依据自身的力量和愿望去"造天"，民权也就不再被系于天赋，而由时势和潮流所造就，是"人为力"自身奋斗的成果。从"补天"到"造天"，历史已经翻开了新的一页，"东方白"。

3 中国近代哲学与传统哲学的转化创新

> 中国近代哲学对于传统哲学是在变革中
> 继承，是在变革中与西学融合。这意味着中
> 国近代哲学不是简单地否定传统哲学，而是
> 赋予传统哲学近代的活力，它受到西方哲学
> 的影响，但不是将其照搬，而是取得了中西
> 融合的创造性成果。

作者简介

陈卫平，华东师范大学哲学系教授，中宣部马工程重点教材《中国哲学史》首席专家之一。曾获国家级教学成果奖二等奖，独立研究成果13次获省部级优秀成果奖。主要研究中国近现代和当代哲学，发表论文220多篇，出版著作8部。

当今论及"第二个结合"和继承弘扬中华优秀传统文化，在包括学术刊物在内的媒体上，常常看到这样的说法，即中国近代（1840—1949）哲学对于传统思想尤其是儒学的批判，发展到"五四"时期"全盘反传统"的激进主义，造成了割断传统命脉的历史灾难。这样的看法不合乎中国近代哲学的史实。冯契指出，围绕"中国向何处去"的时代课题，中国近代哲学的主要论争有四个方面：历史观、认识论（知行观）、逻辑和方法论、理想社会和理想人格。[①] 考察这些论域可以看到：中国近代哲学对于传统哲学是在变革中继承，是在变革中与西学融合。这意味着中国近代哲学不是简单地否定传统哲学，而是赋予传统哲学近代的活力，它受到西方哲学的影响，但不是将其照搬，而是取得了中西融合的创造性成果。

中国近代的历史观与传统哲学转化创新

要回答"中国向何处去"，就必须认识人类历史和中国历史如何从过去演变到现在，又将如何向未来发展

---

① 参见冯契的《中国近代哲学的革命进程》（上海人民出版社，1989年）"绪论"第二节"中国近代哲学的主要论争"。

的规律，于是历史观问题在中国近代就显得非常突出。龚自珍作为近代哲学的开端人物，首先把历史观作为自己哲学的主要论域，借助今文经学的公羊"三世说"，试图把握历史演变的一般规律。他说："通古今可以为三世，《春秋》首尾，亦为三世。大桡作甲子，一日亦用之，一岁亦用之，一章一蔀亦用之。"（《五经大义终始答问八》）不仅《春秋》二百四十余年分为三世，而且每天、每年、每一时代都是三世；而古人之世、为今之世、为后之世，"旋转簸荡而不已"（《释风》）。魏源同样借助公羊学来表达与龚自珍类似的变易史观，强调"势则日变而不可复者也""变古愈尽，便民愈甚"（《默觚下·治篇五》）。首倡公羊"三世说"的董仲舒力主复古而反对变古，《春秋繁露·楚庄王》说："《春秋》之于世事也，善复古，讥易常。"而何休公羊"三世说"则包含着历史进化的含义：将"三世"即所传闻世、所闻世、所见世的演变，视为从"见治起于衰乱"到"见治升平"再到"著治太平"的进化过程。显然，龚、魏的变易史观，一方面具有批判董仲舒上述观点的意义，另一方面发挥了何休上述的历史进化思想。康有为在公羊"三世说"的经学形式下，首先从变易史观迈向进化论史观。他从西方包括天体、生物等在内的自然界进化的科学知识中，提出了直接与董仲舒"天不变，道亦不变"相对的反命题"变者天道也"（《进呈〈俄罗斯大彼得变政记〉序》）。同时，他把天变道变推衍到人道（人类社会），与"三世说"相结合，"《春秋》发三世之义，有拨乱之世，有升平之世，有太平之世，道各不同"（《日本书目志》自序），认为三世进化是不同政体演进的社会历史进程，"大约据乱世尚君主，升平世尚君民共主，太平世尚民主矣"（《孟子微》卷四）。可见，康有为把进化论引入历史观，既是对传统公羊说的变革，又有对它的融合，造就了公羊"三世说"的进化论史观的新形态。

近代对历史观的探讨，发端于道器之辨。龚自珍说："道载乎器，礼征乎数。"（《阮尚书年谱第一序》）而即器言道就是即史言道，"欲知大道，必先为史"（《尊史》）。魏源说："人积人之谓治，治相嬗成今古，有洿隆、有敝更之谓器与道。"（《皇朝经世文编叙》）认为历史发展就是因器的新旧更替而体现了道的迂回曲折。这显然是与宋明时期的理气（道器）之辨相衔接的。当然，在宋明时期这首先是关于天道观的问题，其次是关于历史观的问题。道器之辨演变到近代，首先是历史观的问题，其次才是天道观或一般发展观的问题。在龚、魏之后，从冯桂芬到郑观应，继续以道器之辨论述历史观，但将其与中西之争相联系，以道器来对应中学与西学，主张"道为本，器为末；器可变，道不可变；庶知所变者，富强之权术，非孔孟之常经也"（《盛世危言·增订新编凡例》）。这仍囿于传统变易史观的"器变道不变"。康有为正是突破了这一点，进化论史观才横空问世。进化论作为具体的自然科学知识，属于"器"的范围，然而康有为将其由"器"入"道"，指出："道尊于器，然器亦足以变道矣。"（《日本书目志》卷七）就是说，进化论之"器"改变了传统变易史观之"道"，成为表示人类社会历史普遍规律之新"道"。可见，这新道替代旧道是传统道器之辨在近代演变的结果，绝非纯粹外来之力的"割断"。

需要进一步指出的是，这新道替代旧道的论证方式却是对传统的继承。《四库全书总目提要·易类·序》指出："《易》之为书，推天道以明人事者也。"正是这样的论证方式，推导出了"天不变，道亦不变"的观点。近代进化论推倒"天不变，道亦不变"，从康有为到孙中山，无不是从天道（自然规律）推衍到人道（社会历史规律），从自然天道以变易为恒常推论出社会人道以变易为当然。而这和"天不变，道亦不变"所运用的，是同样的《周易》的论证方式：推天道以明人事。事实上，康有为说孔子作《易》是"深观天道以著为人事，垂法后王"（《变则通通则久论》），他对此深以为然，便效法《周易》以天变道变的观点来阐发三世变易之人事。这表明进化论在突破"天不变，道亦不变"传统的同时，又承继了它源自《周易》的论证方式。这一承继，使得进化论不仅成为历史观，而且成为涵盖天道人道普遍规律的世界观。这样的承继也体现了西方进化论与中国传统的融合。

这新道替代旧道之所以不是纯粹外来之力，还在于进化论史观借助了中国传统哲学的思想资源。主张和接受进化论者几乎无不引用《周易》的"穷则变，变则通，通则久"，就表明了这一点。如果从道器之辨来考察，明清之际的王夫之以道器来阐发历史观是传统哲学中最为杰出的。他曾说："无其器则无其道，人鲜能言之，而固其诚然者也。洪荒无揖让之道，唐虞无吊伐之道，汉唐无今日之道，则今日无他年之道者多矣。"（《周易外传·系辞上传》）他认为道是依存于器的，没有超越不同时代、不同事物（器）而永恒不变的道，每个历史时代各有其道。王夫之的著作在清末年间开始汇集刻印，获得比较广泛的流传。他的上述思想成了近代进化论突破传统变易史观的"器变道不变"的思想土壤。这非常明显地反映在谭嗣同的思想中。他引用上述王夫之的话语，然后发挥道："故道，用也；器，体也。体立而用行，器存而道不亡。……器既变，道安得独不变?"(《思纬氤氲台短书·报贝元征》)显然,这样的观点是他走向进化论史观的跳板。这表明进化论史观对传统变易史观的突破,也是对原先传统中"人鲜能言之"的以器存道的思想的承继光大。

"五四"时期,中国近代历史观由进化论发展到唯物史观,李大钊是这一转变的代表人物之一。他把"民彝"视作历史进化的动因,是实现这个转变的桥梁。"民彝"出自《诗经》《尚书》,以后孔子、孟子有所发挥。李大钊视"民彝"为民众的理性,认为信赖、彰显民彝,体现了孔、孟"示人以有我"和"自重之精神";民彝是历史发展的决定力量,"民彝者,可以创造历史",必须扫除借助"祭天尊孔""圣智""经训""英雄"等"一切迷蔽民彝之死灰陈腐";强调英雄只是集合了民众的力量,"离于众庶则无英雄,离于众意总积则英雄无势力焉"。① 从这样的观点出发,他把俄国十月革命看作"庶民的胜利"②,反映了民彝的大觉醒,由此迈进把人民看作历史动力的唯物史观:《共产党宣言》阐明了"社会主义的实现,离开人民本身,是万万作不到的,这是马克思主义一个绝大的功绩"③。李大钊从

---

① 李大钊全集:第1卷.北京:人民出版社,2006:151-156.

② 李大钊全集:第2卷.北京:人民出版社,2006:255.

③ 李大钊全集:第3卷.北京:人民出版社,2006:32.

"民彝之智察"走向唯物史观，就是这两者相融合的思想历程。

毛泽东对于唯物史观的论述，同样体现了与传统哲学的融合。在《新民主主义论》中，他提出了"能动的革命的反映论"，以此来概括辩证唯物论关于意识与存在和历史唯物论关于社会意识与社会存在的基本观点。他强调了以这样的观点为基础的唯物史观，"承认总的历史发展中是物质的东西决定精神的东西，是社会的存在决定社会的意识；但是同时又承认而且必须承认精神的东西的反作用，社会意识对于社会存在的反作用，上层建筑对于经济基础的反作用"，由此"避免了机械唯物论"①。这里的"反作用"即能动作用。在毛泽东看来，唯物史观把人民群众视为创造历史的动力，就是要"提高中国人民的能动性、热情，鼓吹变革现实的中国是可能的"②。"能动的革命的反映论"一语，在以往马克思主义经典著作中未曾有过，是马克思主义哲学中国化的独特标识，这和毛泽东汲取中国传统哲学有密切关系。他很关注陈伯达的《孔子的哲学思想》，两次致信张闻天，指出："孔子的体系是观念论"，观念论即唯心

---

① 毛泽东选集：第 1 卷.2 版.北京：人民出版社，1991：326.
② 毛泽东哲学批注集.北京：中央文献出版社，1988：311.

论，但有"片面真理"。① 其重要表现是"观念论哲学有一个长处，就是强调主观能动性，孔子正是这样，所以能引起人的注意与拥护。机械唯物论不能克服观念论，重要原因之一就在于它忽视主观能动性。我们对孔子的这方面的长处应该说到"②。显然，作为"能动的革命的反映论"的唯物史观克服了孔子的唯心论而吸纳了它注重主观能动性的长处。

以上论述足以证明，从龚自珍重提公羊"三世说"的变易史观到进化论历史观再到唯物史观，中国近代历史观对于传统是在变革中继承与发展，在变革中与西学融合。

中国近代的认识论（知行观）与传统哲学转化创新

要回答"中国向何处去"，必须把从西方学到的理论与中国具体实际结合起来，并付之于实践。这就涉及认识论问题，即知与行、主观与客观的关系问题。知行之辨是宋明时期哲学讨论的中心问题之一。中国近代哲学的知行之辨由此演变而来，但又具有近代自身的特点。先秦诸子尤其是儒家理论奠定了中国传统哲学"仁

① 毛泽东文集：第2卷．北京：人民出版社，1993：160.
② 同①161.

智统一"即认识论与伦理学结合的传统。① 知行观作为认识论的核心问题，亦是如此。因而传统知行观从总体上讲，虽然也有认识论的意义，但更多地指向道德认知和道德践行。发展到宋明理学，张载把"知"区分为"德性之知"和"见闻之知"（《正蒙·大心》），前者指与善恶评价相联系的道德认知，后者指以外物为对象的事实认知。知行的主体应以前者超越后者，达到"能体天下之物"即全面地整体地体悟世界的"大其心"的智慧之境（《正蒙·大心》），于是"仁智一而圣人之事备"（《正蒙·神化》）。这是张载之后的宋明理学家共同的观点。因此，宋明以来的儒学知行观，其所谓的"知"，以德性之知为主要追求（"明而诚"和"诚而明"）；"行"则主要以展开于事亲、事君、修身、齐家的道德践行（工夫）为内涵，知行合一就是道德认知与修养工夫相依不离。就是说，传统知行观是围绕道德伦理来建构的。近代知行观对此理论构造作了根本变革，即确立了认识论的品格，这与汲取西方哲学认识论相联系。近代对"格物致知"的诠释最能反映这一点。"格物致知"是传统知行观的重要命题，在儒家尤其是宋明理学中，

---

① 参见陈卫平《论儒学之"道"的哲学品格》（《哲学研究》2017年第7期）、《"类称"与"特例"的统一：先秦诸子求道之思》（《诸子学刊》第19辑，上海古籍出版社，2019）。

"格物致知"基本上成了德性修养的一个环节。如胡适所说，"王阳明主张'格物'只能在身心上做。即使宋学探求事事物物之理，也只是研究'诚意'以'正心'"，因而他们"把自己局限于伦理与政治哲学的问题之中"。① 近代中国最初以"格致"称呼西方近代科学，将其所谓的"即物穷理"诠释为探求自然界事物的规律，这使得"格致"有了认识论的意义。然而在以"格致"作为"科学"同义语流行于中国的相当一段时间内，传统的伦理学意义的"格致"与此并行不悖，"中国重道而轻艺，故其格致专以义理为重；西国重艺而轻道，故其格致偏于物理为多"②。这种情形在戊戌维新期间起了变化。严复对"格物穷理"作了这样的阐发："大抵学以穷理，常分三际：一曰考订，聚列同类事物而各著其实；二曰贯通，类异观同，道通为一……。中西古学，其中穷理之家，其事或善或否，大致仅此两层。故所得之大法公例，往往多误。于是近世格致家乃救之以第三层，谓之试验。试验愈周，理愈靠实矣。此其大要也。"（《西学门径功用》）认为真正的"格致"就是像近代科学那样去认识外在事物，实际上是以认识论

----

① 胡适．先秦名学史．上海：学林出版社，1983：6.
② 参见《格致书院课艺》第 4 册"钟天纬答卷"，转引自熊月之．西学东渐与晚清社会．上海：上海人民出版社，1994：371-372.

意义的"格致"取代伦理学意义的"格致"。从戊戌时期的严复、康有为等人到辛亥时期的孙中山、章太炎，再到毛泽东等马克思主义者，"科学"始终是知行范畴的重要内涵，由此在知行主体、知行过程、知行作用等方面，都表现出由伦理学向认识论的嬗变。① 西方近代哲学在近代科学的推动下，热衷于知识的起源、性质、对象、范围以及主体的认识能力、认识方法等问题的研究，由此发生了"认识论的转向"。中国近代赋予知行观明确的认识论的品格，与此有相似之处。

但是，相似并非翻版。传统知行观包含了一个重要思想，即知行主体的德性修养。就"知"而言，将使得认识超越某种事实认知的局限而达到更高境界；就"行"而言，将担保行为以崇德向善为价值追求。中国近代知行观在确立认识论品格的同时，继承并发展了传统知行观的这一思想。魏源首先在近代展开知行之辨，强调"'及之而后知，履之而后艰'，乌有不行而能知者乎"（《默觚上·学篇二》），然而，"人不忧患，则智慧不成"（《默觚下·治篇二》），"无情于民物而能才济民物，自古至今未之有也"（《默觚下·治篇一》）。他认为没有对民族危亡充满忧患和关注民生的情感，是谈不上

---

① 陈卫平. 中国近代知行范畴的嬗变. 学术月刊，2001（1）：82.

真正的知识才能的。这可见其"知"与才情统一的道德要求密切相关。魏源所讲的"行"注重面向社会实际，即"以实事程实功，以实功程实事"（《海国图志叙》），而实事实功体现于"以美利利天下之庶人"（《默觚下·治篇三》）。这可见其"行"与利民为美的道德取向合为一体。

从戊戌时期到辛亥时期，康有为等维新派重"知"，而孙中山等革命派重"行"，但他们的知行观都与伦理道德结合在一起。康有为主张"人道以智为导，以仁为归"（《康子内外篇·仁智篇》）。这里的"智"不同于传统"五常"之一的德目，而是指西方的科学理性精神，"欧洲所以强者，为其开智学而穷物理也"（《日本书目志》卷二），而"仁"也以近代人道主义的博爱为内涵，"仁者，在天为生生之理，在人为博爱之德"（《中庸注》）。他所说的"智导仁归"就是科学之知要以博爱之德为最终价值。严复如上所述以科学来阐释格物穷理，同时又说："张横渠有言：'学贵变化气质。'自不佞言，气质固难变也，亦变其心习而已。欲变吾人心习，则一事最宜勤治：物理科学是已。"（《论今日教育应以物理科学为当务之急》）他认为，张载曾要求学习以变化气质即获得德性之知为价值追求，现在学习物理科学（自然科学）同样应当如此。章太炎、孙中山的知行观以

"革命"为"行",都主张先行后知。前者讲"今日之民智,不必恃他事以开之,而但恃革命以开之"(《驳康有为论革命书》);后者讲"知难行易",以便使"中国人无所畏而乐于行"(《孙文学说·行易知难》)。同时,他们都强调必须要有高尚的道德,才能坚定不移地投身革命。章太炎分析戊戌变法、庚子之变的失败教训,提出"无道德者之不能革命"(《革命道德说》),即革命行动的成功须由"革命道德"为支撑。革命道德的核心是抛弃个人名利,勇于牺牲,"名利之念不忘,而欲其敌忾致果,舍命不渝,又可得乎?"(《革命道德说》)孙中山提出知难行易,是为了改变对于革命宗旨"信仰不笃,奉行不力"的状况,这本身就包含了牢记"吾党革命之初心"(《孙文学说·行易知难》)的道德要求。这里的关键是树立"替众人来服务的新道德"(《在岭南大学黄花岗纪念会的演说》),有此新道德,就能为"以救国救种为志,欲出斯民于水火之中"(《孙文学说·行易知难》)的革命奋勇前行。

毛泽东大约在写作《实践论》的同一时期,作过如下批注:"先行后知,知难行易。"[1] 这是孙中山知行观的要点。《实践论》的副标题是"论认识和实践的关

---

[1] 毛泽东哲学批注集.北京:中央文献出版社,1988:474.

系——知和行的关系"。将此与上述批注联系起来，可以认识到《实践论》以阐明马克思主义哲学关于认识和实践的关系为宗旨，又和中国传统知行观有着历史渊源，更是对中国近代知行观的"接着讲"。这"接着讲"的突出表现，是毛泽东用传统术语"实事求是"，将近代知行观的认识论品格和认知德性相结合的传统进行了统一。《实践论》把认识和实践与知和行相对应，将其阐述的理论归结为"这就是辩证唯物论的全部认识论，这就是辩证唯物论的知行统一观"①。毛泽东将知行观置于辩证唯物论的认识论的基础上。这就要求用马克思主义之"矢"去射中国革命之"的"，这样知行统一的有的放矢，体现了"实事求是的态度"②。毛泽东也从道德品德的维度阐述实事求是，这最主要的是指老实或忠实，即在道德修养上的知行一致。他要求人们"有实事求是之意，无哗众取宠之心"③、"实事求是，不尚空谈"④，就表达了这样的含义。他还在分析儒家智仁勇"三达德"时说："还有别的更重要的态度如像'忠实'，

---

① 毛泽东选集：第1卷.2版.北京：人民出版社，1991：297.

② 毛泽东选集：第3卷.2版.北京：人民出版社，1991：801.

③ 同②.

④ 毛泽东年谱（1893—1949）：中卷.修订本.北京：中央文献出版社，2013：423.

如果做事不忠实，那'知'只是言而不信，仁只是假仁，勇只是白勇。"① 毛泽东把近代知行观的认识论品格和认知德性相结合的传统统一于实事求是，是对传统知行观的变革和继承，也是马克思主义哲学对传统知行观的变革和融合。

从上述分析可以看到，中国近代的知行观对传统知行观进行的变革和继承、变革和融合，形成了不同于西方认识论的民族特色，表现出超越以科学知识为轴心的狭义认识论的意蕴。

中国近代的逻辑和方法论与传统哲学转化创新

先秦的名实之辨包含着逻辑和方法论问题。汉代以后儒家讲名实问题，更多的是与名教相联系，但也涉及逻辑和方法论。近代关于逻辑和方法论的探讨，从传统的名实之辨演变而来，近代将逻辑学翻译为"名学"正反映了这一点。

在近代中国，严复首先系统介绍了西方形式逻辑。形式逻辑在《墨经》中有很高成就，但墨学在汉代之后成为绝学。唐代玄奘系统介绍了印度因明逻辑，但很快被冷落。严复对于形式逻辑的传扬，开始改变了中国传

---

① 毛泽东文集：第 2 卷．北京：人民出版社，1993：163.

统哲学原来忽视形式逻辑的缺陷。他的译著《穆勒名学》《名学浅说》出版后，"论理学（即逻辑学——引者注）始风行国内，一方学校设为课程，一方学者用为致学方法"①。自严复之后，梁启超、章太炎、王国维，直至潘梓年、金岳霖，都推讲了形式逻辑的研究。

严复以名学译逻辑学包含了在本土寻求逻辑学的思想资源的意图。他说："科学的第一层功夫便是正名。"（《政治讲义·第一会》）他借传统的"正名"来阐释科学关于语词明晰和概念明确的逻辑要求。这是传统正名论的推陈出新，即去除了原先与名教相关的政治、伦理的含义，使其具有了逻辑学的方法论新意。挖掘中国传统哲学中的逻辑思想，成为后来逻辑和方法论领域的重要方面。梁启超写了不少研究墨家的论著，将墨家逻辑学的面貌比较完整地呈现于世人：指出墨家有辩、名、辞、说等十五个基本概念（参见《墨子之论理学》）；在《墨子学案》中揭示了墨家逻辑学的七种推理形式及其相应逻辑规则②；还强调"墨子的论理学，不但是讲演绎法，而且讲归纳法，他的归纳法，不能像二千年后的

---

① 郭湛波.近五十年中国思想史.济南：山东人民出版社，1997：183.

② 彭漪涟.中国近代逻辑思想史.上海：上海人民出版社，1991：90-91.

穆勒·约翰那样周密，自无待言，但紧要的原理，他都已大概说过"（《墨子学案》）；在比较墨家逻辑、印度因明和西方逻辑的基础上，论证了三者的共同性和墨家逻辑的特点，"墨经论理学的特长，在于发明原理及法则，若论到方式，自不能如西洋和印度的精密，但相同之处亦甚多"（《墨子学案》）。① 章太炎的《原名》专门论述逻辑思想，将亚里士多德的三段论、印度因明和《墨经》贯通起来，进行比较研究：证明了三者在推理格式上都由"因""宗""喻"三支构成，肯定了由《墨经》奠定基础的中国古代逻辑在世界逻辑思想发展史上，具有与西方逻辑、印度因明两大逻辑学并肩而立的价值；三种逻辑体系存在明显区别，而印度因明的"因""宗""喻"是最合乎"辩说之道"的，表现出不以西方逻辑为楷模的意向。② 应当说，对于墨家逻辑的挖掘使原本被湮没的绝学重见天日，而对于印度因明的重视，是唯识宗在近代复兴的重要原因。

"五四"时期，胡适进一步寻求能够与西方逻辑相融合的中国传统哲学的思想资源。他的《先秦名学史》

---

① 彭漪涟. 中国近代逻辑思想史. 上海：上海人民出版社，1991：92，105.

② 同①180 - 181.

说："哲学的发展是决定于逻辑方法的发展的"①，因而先秦哲学奠定了中国哲学根基，揭示这个时期的名学（逻辑方法）发展的历史，将使得人们对中国哲学的面貌有新的认识，纠正人们某些贬低中国哲学的偏见。②胡适特别注重先秦"非儒学派"（墨家、名家），认为在这些学派中可望找到移植西方哲学和科学最佳成果的合适土壤。③寻找这样的土壤，还表现在他将乾嘉汉学（朴学）与近代实验科学相沟通。胡适把杜威的实用主义归结为方法论，核心是细心搜求事实，大胆提出假设，再细心求实证④，以之为近代科学方法的精髓，科学方法只是"'大胆地假设，小心地求证'这十个字"⑤。在他看来，乾嘉汉学的治学方法与以假设和求证的统一为基本特征的近代科学方法是相通的。他说：清代汉学家用的方法，总括起来，只是两点，"（1）大胆的假设，（2）小心的求证"，汉学家的长处就在他们有假设通则的能力，因为有假设的能力，又能处处求证据来证实假

---

① 胡适．先秦名学史．上海：学林出版社，1983：4.

② 如20世纪初，不少学者否认中国本土有逻辑思想。1912年上海商务印书馆出版的蒋维乔编的《论理学讲义》，受日本学者影响，提出"东亚无论理学"（见该书第1页）。

③ 同①6－9.

④ 胡适文存：2集．合肥：黄山书社，1996：332.

⑤ 胡适文存：4集．合肥：黄山书社，1996：463.

设的是非，所以汉学家的训诂学有科学的价值。① 两者虽然相通，但汉学家们是无形中采用暗合科学的方法，还是"不自觉的"科学方法，因而必须把汉学家所用的"不自觉的"方法变为"自觉的"。② 于是，汉学家方法的科学性由自在变为自觉，同时近代科学方法获得了传统思想的支持。

中国传统哲学忽视形式逻辑，但擅长辩证思维，其发展进程可归结为：先秦时期，以"类"范畴为中心，考察事物异同的"相反相成"，其核心是事物既互相对立又互相联结；两汉至唐宋时期，以"故"范畴为中心，求索事物发展原因的"体用不二"，其核心是实体的变化以自身为原因；两宋至明清时期，以"理"范畴为中心，把握事物规律的"理一分殊"，其核心是普遍规律在不同事物以及事物发展不同阶段表现出特殊性。③ 这样的辩证思维在近代哲学得到了传承发扬。这里以严复和毛泽东为例进行阐述，他们分别是中国近代哲学进化论阶段和马克思主义阶段的主要代表。

严复在说明达尔文进化论如何考察"世间动植种类

---

① 胡适文存：1 集 . 合肥：黄山书社，1996：298，293.
② 同①322.
③ 陈卫平 . 论中国古代哲学辩证思维的逻辑发展 . 哲学研究，1992（6）：44.

所以繁殖之故"时说："有生之物，始于同，终于异，造物立其一本，以大力运之。而万类之所以底于如是者，咸其自己而已，无所谓创造者也。"（《天演论·导言一》）生物的分类是同中有异和异中有同，生物进化就是同异相反相成的过程。严复还以"体用不二"来阐发进化论的基本思想："以天演为体，而其用有二，曰物竞，曰天择。此万物莫不然，而于有生之类为尤著。"《天演论·导言一》他认为自然界事物的演化以自身为原因，而物竞、天择是其作用的表现。严复的进化论一方面强调斯宾塞的进化法则是贯穿天道人道的普遍规律的观点，"有斯宾塞尔者，以天演自然言化，著书造论，贯天地人而一理之"（《译〈天演论〉自序》），另一方面则指出这样的普遍规律在自然界和人类社会的表现是不同的，前者是"任天为治"（《译〈天演论〉自序》），后者是"合群进化"（《天演论·导言五》案语），这无疑体现了"理一分殊"的辩证思维。严复把传统辩证思维与近代科学相联系，改变了前者的思辨性质，又显示了其新的活力。

毛泽东的《矛盾论》说："事物矛盾的法则，即对立统一的法则，是自然和社会的根本法则，因而也是思维的根本法则。"[1] 这里用中国传统哲学的概念"矛盾"

---

① 毛泽东选集：第 1 卷 . 2 版 . 北京：人民出版社，1991：336. 本节以下出自该文的引文，不再一一注明。

阐发作为自然、社会、思维根本规律的对立统一规律。《矛盾论》还指出"形而上学，亦称玄学"，无论在中国还是在欧洲都长期存在，"天不变，道亦不变"即是中国的形而上学思想，不过，"辩证法的宇宙观，不论在中国，在欧洲，在古代就产生了。但是古代的辩证法带着自发的朴素的性质"，并且引用了"相反相成""知彼知己，百战不殆""兼听则明，偏听则暗"等语句以及《水浒传》《西游记》《山海经》《淮南子》《聊斋志异》的典故。以上这些论述意味着，《矛盾论》的唯物辩证法在改变中国古代辩证法的自发性、朴素性的同时，又将它融入其中。事实上，《矛盾论》对对立统一规律的阐述，传承并发展了传统的"相反相成""体用不二""理一分殊"的思维。毛泽东指出："我们中国人常说：'相反相成。'就是说相反的东西有同一性。这句话是辩证法的"。他不仅分析了生与死、上与下、祸与福、攻与守、佃农与地主、无产阶级与资产阶级这些事物的相反相成，而且分析了矛盾诸方面的相反相成，如矛盾的普遍性与特殊性、主要矛盾与次要矛盾、矛盾的主要方面与非主要方面、矛盾的斗争性与同一性、对抗性矛盾与非对抗性矛盾等。关于事物发展的原因，毛泽东指出："把事物的发展看做是事物内部的必然的自己的运动"，即事物运动变化的源泉和根据在于事物自身内部的矛盾，而外因是事物变化的条件。这是把"体用不二"融入了唯物辩证法。毛泽东从矛盾的普遍性与特殊性的辩证统一来把握事物发展的规律，反对"把一般真理看成是凭空出现的"，一般真理的普遍性不能离开具体事物各自的特殊性而存在，因而把握具体事物的规律，就不能"只是千篇一律地使用一种自以为不可改变的公式到处硬套"，而要研究它们的特殊规律。这是用唯物辩证法的话语对"理一分殊"的表达。

总之，在逻辑和方法论领域，中国近代哲学对传统资源作了多方面的挖掘，特别是把传统的辩证法纳入新的哲学形态（进化论、唯物辩证法）中，使其成为后者的有机部分。

中国近代的理想社会和理想人格与传统哲学转化创新

传统哲学的天人之辨在人道观上主要是探讨理想社会和理想人格的问题。中国近代哲学依然对此展开了论争。

先秦提出大同理想，它一直为古人所向往。中国近代还是以大同作为理想社会的旗帜，从太平天国到康有为、孙中山，再到李大钊、毛泽东，无不如此。但是，近代的大同和传统的大同又有显著的区别。传统的大同存在于原始的太古或尧舜三代，即理想在过去。在近代中国，洪秀全等受到基督教某些教义的启发，最先复苏了大同理想，鼓动农民在地上建立"天下一家，共享太平"的大同"天国"，包含着理想在未来的思想萌芽。康有为首先擘画了理想在未来的大同蓝图，如梁启超所评价的，古已有之的大同理想"以为文明世界在于古时，日趋而日下。先生独发明《春秋》三世之义，以为文明世界在于他日，日进而日盛。盖中国自创意言进化学者，以此为嚆矢焉"（《南海康先生传》）。此后的大同理想，无论是孙中山的还是李大钊的，直至毛泽东的，都是以未来为指向。

　　近代中国的大同否定了理想在远古的传统观念，但也汲取了传统大同的"天下为公"主张。无论是康梁等维新派还是孙中山等革命派，都认为贫富两极分化是西方资本主义的根本弊病。康有为的《大同书》指出：西方社会少数资本家操纵国计民生，造成"富者愈富，贫者愈贫"的"贫富之离绝"。孙中山也说：西方资本主义社会是富者富可敌国，贫者贫无立锥，如此的"悬绝之惨境"已成积重难返之势（《复某人函》）。他们提出的理想社会以"大同"为号召，正是试图以"天下为公"的价值原则来克服西方的这个弊病。康有为在《大同书》中设计的社会制度强调"今欲至大同，必去人之私产而后可"，农工商等业实行公有制，即"去产界公生业"，实现"均产"，即财产共同享有。孙中山说，民生主义所要实现的大同世界即所谓"天下为公"（《在桂林对滇赣粤军的演说》），"民生主义，即贫富均等，不能富者压制贫者是也"（《在广东旅桂同乡会欢迎会的演说》），其核心内容是"平均地权"和"节制资本"。"五四"以后，在李大钊、毛泽东关于社会主义理想的论述中，以"天下为公"反对贫富两极分化的大同精神同样是重要的话语。李大钊把社会主义看作"大同团结"和"个性解放"相统一的"新组织"。① 这个新组织用生产资料公有制"代替旧式之私竞的经济秩序及组织"，社会产品为社会全体成员所共有，实现"真正平均的分配"。② 毛泽东说："康有为写了《大同书》，他没有也不可能找到一条到达大同的路"，可能性的路则是"经过人民共和国到达社会主义和共产主义，到达阶级的消灭和世界的大同"。③ 人民共和国由新民主主义过渡到社会主义。毛泽东指出新民主主义完全赞同孙中山的"平均地权"和"节制资本"，在"无产阶级领导下"，实现孙中山所说的社会

---

① 李大钊全集：第 4 卷. 北京：人民出版社，2006：122.
② 李大钊全集：第 4 卷. 北京：人民出版社，2006：197.
③ 毛泽东选集：第 4 卷. 2 版. 北京：人民出版社，1991：1471.

产品"为一般平民所共有"而不是"少数人得而私"。①
社会主义制度要使中国"大为富,大为强","而这个富,
是共同的富,这个强,是共同的强,大家都有份"。② 可
见,从新民主主义到社会主义始终贯穿着"天下为公"的
以共同富裕克服资本主义的贫富悬殊的价值原则。

上述对传统大同的变革和继承,从与西学的关系来
说,也是变革和融合的统一。毛泽东说,在近代中国探
索理想社会的道路上,"洪秀全、康有为、严复和孙中
山,代表了在中国共产党出世以前向西方寻找真理的一
派人物"③,认为他们为中国共产党找到经过人民共和国
最终到达大同的路径开辟了道路。这揭示了在理想社会
的探索上,从洪秀全到毛泽东,在变革传统大同的同
时,都把他们所认为的西方真理与传统大同作了融合。
这样的变革和继承、变革和融合,表明近代中国试图构
建现代与传统结合的理想社会新形态,它既不是简单延
续传统大同的母版,也不是西方资本主义的再版。

要实现理想社会,必须要有为实现理想社会而奋斗
的理想人格。在中国传统哲学中起着主导作用的儒家尤
为关注理想人格问题。它以圣贤为理想人格,发展到宋

---

① 毛泽东选集:第3卷.2版.北京:人民出版社,1991:1058.
② 毛泽东文集:第6卷.北京:人民出版社,1999:495.
③ 毛泽东选集:第4卷.2版.北京:人民出版社,1991:1469.

明理学，圣贤人格成为"无欲""无我""忘情"之"醇儒"。近代中国很多思想家对此都不赞成，并提出了新的理想人格。近代伊始，龚自珍大声疾呼"我劝天公重抖擞，不拘一格降人才"（《己亥杂诗》），期盼出现不为天公所拘禁的人才，反对作为天公的人格化身的圣贤，认为不论是皮匠、木匠还是冶金者，只要有所发明，有所创造，就都是"天下豪杰"（《纵难送曹生》）。这样的豪杰自"尊其心"（《尊史》），对自我的情感"尊之""宥之"（《长短言序》）。就是说，豪杰是有自我意志、情感的普通人。但他们创造了世界，"天地，人所造，众人自造，非圣人所造"（《壬癸之际胎观第一》）。魏源的思想与龚自珍大体相似。他认为理想人格就是"凡夫"的"造化自我"、"匹夫"立志做"造命之君子"（《默觚上·学篇八》），这样胸怀忧国忧民之情、做好经世济民实事的凡夫就是豪杰，也可以说就是圣贤，因为"未有圣贤而不豪杰者也"（《默觚上·学篇一》）。龚、魏显示出中国近代理想人格对传统的最根本的变革，是从圣贤转向平民化的豪杰。在他们之后，"圣贤"逐渐褪去了理想人格的光环。当然，龚、魏也汲取了传统的某些思想。如龚自珍讲自尊其心是受到"域外之言"即佛教的滋养（《壬癸之际胎观第九》）；魏源讲"造命"显然与王艮、王夫之、颜元等人的"造命说"一脉相承。

在"五四"之前，对于理想人格最为系统化的论述，是梁启超的《新民说》。"新民"出自儒家经典《大学》的"大学之道，在明明德，在亲民，在止于至善"。朱熹对此注解为："新者，革其旧之谓也，言既自明其明德，又当推以及人，使之亦有以去其旧染之污也。"就是说，"新民"包含两方面的内容：一是主体自身的道德不断更新；二是使得他人的道德也不断更新。归结起来，"新民"是以心性修养的工夫造就理想人格。梁启超的"新民说"与其"道德革命"思想相联系，后者就是在《新民说》中提出的。因此，他的"新民说"相较传统的"新民说"就有了革命性的变化。这个变化的重要方面是越出了狭隘的心性修养的层面，吸取西方近代思想，将自由、权利、进取、力量等作为理想人格的维度，展示了"新民"的近代形象。但是，梁启超的"新民说"也承继了《大学》"新民"的某些传统。比如，《大学》讲"明明德"，意谓对自身的德性有明觉，也就是说道德是出于理性自觉。这是儒家一以贯之的传统。梁启超的"新民说"强调"新民德"在于"开民智"，实际上是继承了这样的传统。还有《大学》讲"明明德于天下"，意谓德性修养是治国平天下的价值根据。梁启超的《新民说》专门"论新民为今日中国第一急务"，显然也是继承了《大学》这一思想。

"五四"以后，马克思主义哲学中国化逐渐成为近代哲学的主流。其中国化的重要表现，是继承并发展了儒家注重道德修养的传统，用以"严肃地坚决地保持共产党员的共产主义的纯洁性"①，即造就共产党人的理想人格。艾思奇指出："在辩证法唯物论的立场上来解决道德修养问题的研究，抗战以来也表现了许多成绩。最重要的，如刘少奇同志的《论共产党员的修养》，如洛甫同志的《论待人接物的态度》。"② 这里以刘少奇的《论共产党员的修养》为例略作阐述。刘少奇指出，注重道德修养绝不是"要去学习那些所谓'圣贤之道'"，而是着眼于"我们普通的同志"如何"做马克思和列宁的好学生"，并引用孟子"人皆可以为尧舜"的观点，强调这不是"高不可攀"的。③ 这是近代在理想人格上从圣贤转向平民的进一步发展。他还批判了"古代许多人的所谓修养，大都是唯心论的、形式的、抽象的、脱离社会实践的东西"④。同时，他又融合了儒家道德修养的合理因素，主要是恕道思想和自我的主观努力。他要

---

① 毛泽东选集：第 3 卷. 2 版. 北京：人民出版社，1991：793.
② 艾思奇文集：第 1 卷. 北京：人民出版社，1981：556.
③ 刘少奇选集：上卷. 北京：人民出版社，1981：105 - 111.
④ 同③109.

求共产党员要"将心比心""以德报怨""委曲求全"等，显然是对恕道思想的吸取；而他引用"吾日三省吾身""慎独""吾十有五而志于学""苦其心志，劳其筋骨"等，则是强调了共产党员在任何环境下，都必须通过自我的主观努力坚持道德修养而不能"自暴自弃，畏葸不前"①。

理想社会和理想人格的问题，集中反映了价值观上近代哲学对传统的变革，由上可见，这样的变革同样是和继承、融合相联系的。

通过以上对于中国近代哲学四个主要论域的阐述，可以看到近代哲学对传统资源是变革和继承、变革和融合的统一。与其说中国近代哲学割断了传统哲学的命脉，还不如说它开启了对传统哲学的创造性转化和创新性发展的新局面，造就了在当代把这样的创造性转化和创新性发展推向前进的历史基础。

---

① 刘少奇选集：上卷．北京：人民出版社，1981：106.

⚡ 中国文化的天人合一思想与当代生态文明建设

天人合一思想是中国文化的重要内核，也是中国文化精神的重要表现。天人合一思想中的主要指涉面，是外在的宰制性力量和道德律令，人必须与其协调、一致。天人合一思想作为中国哲学的基本理念，作为古代中国人智慧的结晶，对今天的生态文明建设仍然有着积极的思想启迪意义。

作者简介

李宗桂，中山大学哲学系教授，曾任中山大学文化研究所所长、教育部人文社科重点基地中山大学马克思主义哲学与中国现代化研究所副所长。主要研究方向是中国古代哲学、中国文化与现代化、当代中国文化、现代新儒学。

生态文明是当代文明的重要理念，是当代中国现代化建设中的重要内容；天人合一则是中国古代哲学的重要命题，是中国传统文化的核心理念。在重视生态文明建设的今天，在重视中国传统文化现代价值的时代，对生态文明与天人合一思想的关系进行合理的阐释，不仅具有理论价值，而且具有实践意义。

值得注意的是，近年中国关于这个主题的论说甚多，但存在的偏颇也比较明显。其主要表现，一是对于天人合一思想的内涵缺少足够的、具有历史感的把握；二是对于天人合一思想与生态文明理念及其实践之间的契合点的阐释过于随意、主观。因此，这一主题值得进一步辨正。

天人合一思想的真义

天人合一思想是中国文化的重要内核，也是中国文化精神的重要表现。所谓天人合一，是指"天"与"人"的一致、一体、协调。同源、同类、相通，是天人合一的基本根据、价值原则和方法论。

天人合一思想起源甚早，最早可以追溯到西周时期。《尚书·泰誓中》说："天视自我民视，天听自我民听。"上天如何看问题，源于老百姓如何看问题；上天如何听取人间的声音，源于老百姓如何听取人间的声音。西周时期的以德配天的思想，就其本质而言，属于天人合一的范畴，是天人合一思维模式的表现。① 孟子所主张的"尽心、知性、知天"的认知路线，正是天人合一思维模式的表现，已是学界共识。而先于《孟子》的《郭店楚简》，已有明确的对天人合一思想的表述。《郭店楚简·语丛一》揭示说："易，所以会天道、人道也。"有学者认为这是"最早最明确的'天人合一'思想的表述"②。《易传》对于天人合一思想的阐述比较系统和深刻。《易·系辞传》认为，《易经》这部书包含了天道、地道和人道，"兼三才而两之"。《易·说卦传》认为，圣人之所以制《易》，是为了"顺性命之理"，于是"立天之道，曰阴与阳；立地之道，曰柔与刚；立人之道，曰仁与义。兼三才而两之"。阴阳表天道，刚柔表地道，仁义表人道。天地人统合考察，都是乾坤的展开和表现。因此，天道和人道贯通，天人合一。《易·文言传》说："夫大人者，与天地合其德，与日月合其明，与四时合其序，与鬼神合其吉凶，先天而

---

① 汤一介先生认为，天人合一学说"不仅是一根本性的哲学命题，而且构成了中国哲学的一种思维模式"。本文认同此说。参见汤一介. 论"天人合一". 中国哲学史，2005（2）：5.

② 汤一介. 论"天人合一". 中国哲学史，2005（2）：5.

天弗违，后天而奉天时。"这是明确表述天人合一的路径和原则。

《吕氏春秋·应同》宣扬同类感应说，"凡帝王者之将兴也，天必先见祥乎下民。……类固相召，气同则合，声比则应。鼓宫而宫动，鼓角而角动。平地注水，水流湿。均薪施火，火就燥"。这种感应说也属于天人合一思维模式的范畴。与此具有较高关涉度的，是《黄帝内经》中关于天人相应的思想。该书的理论基础是阴阳五行，利用阴阳五行理论，论证天人相应、天人相通的思想。

秦汉时期，是中医理论体系建立的时期，是中国传统的"天人合一"哲学臻于完善的时期。[1] 其代表作一是《黄帝内经》。（《黄帝内经》成书时期，素有争议。有人认为成书于春秋战国时期，有人认为是秦汉时期作品，还有人断定成书于东汉甚至魏晋南北朝时期。甄志亚主编的《中国医学史》认为，此书"非一时一人之手笔，大约是战国至秦汉时期，许多医家进行搜集、整理、综合而成，其中甚至包括东汉乃至隋唐时期某些医家的修订和补充"[2]。张岱年在其所著的《中国哲学史史

---

[1] 李宗桂，格日乐．秦汉医学与董仲舒的"天人感应"论．哲学研究，1987（9）：46．

[2] 甄志亚．中国医学史．上海：上海科学技术出版社，1984：20．

料学》中认为，《黄帝内经》成书于西汉。① 我们大致同意以上两说，认为《黄帝内经》是秦汉时期的作品，反映了该时期的思想风貌。）二是董仲舒的《春秋繁露》（以及《天人三策》）。二者都贯穿着阴阳五行思想，并利用阴阳五行类分事物进而论证其理论；二者都利用阴阳五行的构成和排列顺序去分析事物结构和功能，将阴阳五行当作揭示事物发展动力和次序的依据；二者都将阴阳五行理论作为论证天人感应、天地人相参的宇宙和谐思想的依据。

在《黄帝内经》看来，人体是一个和谐的整体，各种机能按阴阳五行的配置和特性分别显现。宇宙也是一个和谐的整体，万物依阴阳消长和五行转换而兴亡替代。天、地、人之间由于都有阴阳五行而相互贯通，具有通应关系，可以相参、相感。如果按类别和层次将其联系起来，就能找到天人之间相互联系、相互制约的系统结构。在人与自然界这两个系统中，各有阴阳五行，因而可以相参相应。基于上述认识，它充分肯定人与自然的统一、自我心身的统一，逻辑地得出了"人与天地相应"（《灵枢·邪客》）的结论。《黄帝内经》的这类思

---

① 张岱年．中国哲学史史料学．北京：生活·读书·新知三联书店，1982：114.

想，是以自然感应为基础的天人合一思想，这里的天主要是指自然。

和秦汉医家的思路类似，董仲舒继承和发展了《吕氏春秋》"类同则召，气同则合"的自然感应思想，运用阴阳五行理论，论证其天地人相参的"天人感应"思想。在董仲舒那里，由于天、人、社会分具阴阳，故彼此在内在构成上，可以逻辑地联系起来，成为"物以类动"相互感应的基础。他说："阴阳之气，固可以类相益损也。……天地之阴气起，而人之阴气应之而起，人之阴气起，而天之阴气亦宜应之而起，其道一也。……故琴瑟报弹其宫，他宫自鸣而应之，此物之以类动者也。"他还认为："百物其去所与异，而从其所与同。故气同则会，声比则应，其验皦然也……五音比而自鸣，非有神，其数然也。美事召美类，恶事召恶类，类之相应而起也。"（《春秋繁露·同类相动》）这表明，董仲舒是把事物的类同作为类感的基础。

既然同类可以相感相动，而天、人同类（皆有阴阳，皆按五行运转），故可以相感。董仲舒认为："天亦有喜怒之气，哀乐之心，与人相副。以类合之，天人一也。"（《春秋繁露·阴阳义》）不仅天人情感同类，而且自然与政教同类，庆赏刑罚之类的政教措施，与春夏秋冬等自然节令同类，因而可以相感互动。天有喜怒哀乐之心，人有春夏秋冬之气，这是"合类之谓也"(《春秋繁露·天辨在人》)。董仲舒正是用以类相合的方法，沟通了天、人，使其相互感应，合而为一。

从中国古代思想文化发展的历程看，董仲舒的天人合一思想是先秦以降最为系统、严密的理论。董仲舒的天人合一思想的核心是天人感应，而天人感应的理论基础是阴阳五行。由于阴阳两分、五行生胜，于是演化出天人同类、同类相通、同类相应、同类相动等方法论原则，最终论证了以天人感应为核心的天人合一思想。[①]不过，董仲舒只是说了"天人之际，甚可畏也""天人之际，合而为一"，而没有明确提出作为专有名词的"天人合一"。

在中国文化史上第一次明确提出"天人合一"命题的，是和董仲舒相距约 12 个世纪的北宋哲学家张载。他在《正蒙·乾称》中提出："儒者则因明致诚，因诚致明，故天人合一，致学而可以成圣，得天而未始遗人，《易》所谓不遗、不流、不过者也。"王夫之在《张子正蒙注》中对此加以解释说："诚者，天之实理；明者，性之良能。性之良能出于天之实理，故交相致，而

---

① 李宗桂．相似理论、协同学与董仲舒的哲学方法．哲学研究，1986（9）：45.

明诚合一。"从中国传统思想文化发展的实际历程来看，张载关于天人合一的这一论述及其相应的解说，是对于天人合一的正宗界定。后世儒者诸多关于天人合一的论说，并没有超过张载的境界，也没有超越王夫之的诠释路数。

根据上述对于天人合一思想发展线索和路径的勾勒，我们不难看出，天人合一的基本意味便是天道与人道的一致、协调。而其具体内涵则主要有：其一，人与自然相一致；其二，人与外在强大力量（或规律，或神秘力量）相一致；其三，人与道德自我相一致。就其对中国传统文化影响的基本面而言，主要是后两个方面，亦即天人合一思想强调的人与天的合一，其意主要在于与外在的强大控制力量相一致，与呼应（体现）神圣天道的道德律令相一致，而不是单纯地与自然一致。（在中国传统思想文化史上，"天"的含义颇为复杂，但从本质上概括，主要有三种：第一，指自然之天；第二，指主宰之天；第三，指义理之天。根据这种划分，则天人合一之"天"，主要是指主宰之天和义理之天。）

天人合一思想对于生态文明建设的价值

理清了天人合一思想的内涵和旨趣，我们就可进一步探讨天人合一思想与今天生态文明建设之间的关系。

既然天人合一思想所指主要是与外在的强大控制力量相一致，是与体现天道神圣的外在道德律令相一致，那么，我们今天建设现代生态文明，就要从更为广阔的文化视野去探讨路径。

毋庸讳言，中国传统思想文化中的天人合一思想，其"天"具有自然之天的含义，《黄帝内经》所论之"天"，便是典型表现。但是，这种思想在天人合一思想中不占主流，不居主导地位。我们今天建设生态文明，毫无疑问需要吸收天人合一思想中的自然之天的内涵，重视人与自然的统一、协调，而不是与之悖反、对抗。但如果说天人合一思想与生态文明的关系如此简单明了，那就根本不用人们花费巨大精力和时间来研讨，而只需"拿来就用"好了。问题的复杂和麻烦之处，恰恰在于如何对待天人合一思想中具有宰制意义和道德意义的"天"，亦即天人合一并非简单地与自然相应、协调，而是要与外在于人的宰制性力量和道德律令合一。

在我看来，天人合一思想中的主要指涉面，是外在的宰制性力量和道德律令，人必须与其协调、一致。这种思想的主要代表，一是汉代的董仲舒，二是宋代的张载。前者的天人合一思想主要是与宰制性力量相应、一致，后者的天人合一思想主要是与道德律令协调、一致。而正是董仲舒和张载之类的天人合一思想，构成中国传统文化中天人合一思想的主流，其价值也正是通过它们体现出来。诚然，董仲舒也好，张载也罢，他们天人合一思想中的"天"不乏自然的成分，甚至有时十分强调自然的成分（董仲舒在论证天人相应、人应当顺于天的时候，十分强调天有阴阳，天有日月、四时、十二月，天有河川等，这类情况下的"天"，往往以自然含义为重。张载的天人合一思想主要立足于道德，但其气论框架决定了他不可能脱离，更不可能违反自然，不仅"太虚即气"的命题如此，就是落脚于道德论的《西铭》，其"乾父坤母而人居其间"的论说，也是从自然义入手的），但毕竟他们思想的基本旨趣不在自然而在宰制性力量或道德律令。

现在的问题是，如果上述说法能够成立，那么，天人合一思想与当今生态文明有何关系？如何看待天人合一思想对于今天生态文明建设的意义？我们应当明确承认，天人合一思想与今天的生态文明建设有关系。天人合一思想作为中国哲学的基本理念，作为古代中国人智慧的结晶，在今天仍然有着积极的思想启迪意义。大致说来，天人合一思想对于当今生态文明建设的启迪（价值）在于：

其一，建设生态文明，应当把天与人看作有机的整体，二者不可分割，更不可人为制造对立。无论是客观自然界，还是外在的宰制性力量，或者神圣的道德律令，都与人紧密联系。天道昭示人道，规范、引导人道；人道体现天道，顺应天道。因此，建设生态文明不能把天人截然分开，更不能人为制造对立。

其二，建设生态文明，应当提倡敬天、畏天的思想，而不是片面鼓吹制天、勘天的思想。知天固然应当，而敬天也应提倡，畏天尤其必要。

其三，建设生态文明，应当提倡人道与天道一致、人道顺应天道的思想。过分夸大人的作用，夸大人的能力，认为一切都可认识，一切都能把握，对外在力量缺少应有的了解和敬畏，必然出现为所欲为的言行，必然导致对生态文明的破坏，必然使得人类中心主义泛滥。

其四，建设生态文明，应当创造性地吸收中国古代以天人合一为核心的整体观念、有机协调观念。

其五，建设生态文明，应当提倡崇高的道德境界，在经济社会发展进程中，平等待人，平等待物，提升主体（人）的精神境界。天人合一思想主要是精神境界、道德领域的，而非纯自然界的，但此种道德精神境界对于今天生态文明的建设也有积极意义。

其六，建设生态文明，应当提倡哲学与科学的结合。认为科学万能、科学唯一的唯科学主义的偏失已经为世界现代化进程所证明。在建设生态文明的过程中，应当倡导哲学思维，应当把天人合一思想当作一种哲学思维方式，而不是用唯科学主义的僵硬态度和方式去证伪它、消解它，或者从技术层面去证实它，这二者都不是正确的态度。同时，在生态文明建设的具体步骤中，要运用科学的思维和方式，促进并提升生态文明建设的质量。科学与哲学相结合，方是当今生态文明建设的正确之路。

5 中华民族大一统观念的文化地理建构*

——《尚书·禹贡》的早期书写研究

> 《尚书·禹贡》是在"大禹治水"神话传说
> 基础上形成的早期书写,是对公元前 2000 年前
> 后发生在中华大地上的一次历史巨变的文化记
> 忆,寄托着中华先民的文化理想,为此后数千
> 年王朝的大一统奠定了坚实的文化地理基础。

作者简介

赵敏俐,首都师范大学燕京人文讲席教授,中国乐府学会会
长,中国《诗经》学会、中国屈原学会副会长,中国古代文学国
家重点学科负责人。主要从事中国古代文学和文化研究,著有
《两汉诗歌研究》《先秦君子风范》《中国诗歌通史》等,曾获教育
部人文社科优秀成果奖一等奖、北京市哲学社会科学优秀成果奖
特等奖。

———————

* 本文为教育部哲学社会科学重大专项课题(2022JZDZ025)"中华
文明与早期书写研究"阶段性成果、浙江大学马一浮书院科研项目"简明
经学导论"阶段性成果。本文原发表于《文学评论》2023 年第 5 期。

在中国早期经典《尚书》中，《禹贡》一篇具有特殊价值。它托名大禹，将中华大地划分为整齐的九州，并以此为基础，设计了一个围绕中心、包容四方的五服制度。正因为此，"九州"也就成为华夏的代称，《禹贡》被赋予了大一统的象征意义。近代以来经学衰微，在疑古思潮的影响之下，近代学者通过诸多的所谓历史"实证"，解构了它的经典价值。然而，近百年来大量古代文献的出土、考古发掘的丰富成果，一次又一次地以闻所未闻的事实不断地开阔我们的视野，丰富着我们的知识，证明无论是炎黄的神话还是尧舜禹的传说都不是后人的凭空想象。因此，对《尚书·禹贡》这一内涵极其丰富、古人极度重视的文化经典，结合近百年来出土文献的整理和考古学、神话学、历史学等学科的成果，重新进行系统深入的研究，探求它在中华文化中的经典意义，就显得特别重要。

历代《禹贡》研究简述及当下困境

《禹贡》在《尚书》中位列《夏书》第一篇。《书序》曰："禹别九州，随山浚川，任土作贡。"孔颖达《尚书正义》曰："禹分别九州之界，随其所至之山，刊除其木，深大其川，使得注海。水害既除，地复本性，任其土地所有，定其贡赋之差，史录其事，以为《禹贡》之篇。"①此篇在颂美禹披九山、通九泽、决九河、定九州之大功的同时，也记录了当时的政治制度、行政区划、山川分布、交通物产、水土治理、贡赋等级等重要内容，为后世国家治理提供了最早的地理行政制度样本，所以一直受到高度重视。司马迁《史记·河渠书》说："《夏书》曰：'禹抑洪水十三年，过家不入门。陆行载车，水行载舟，泥行蹈橇，山行即桥。以别九州，随山浚川，任土作贡。通九道，陂九泽，度九山。'……九川既疏，九泽既洒，诸夏艾安，功施于三代。"班固《汉书·沟洫志》也有同样的记载。此外，《史记·夏本纪》《汉书·地理志》中都引录了《禹贡》全文。可以说，自汉以后的中国古代地理学著作，无不以《禹贡》为依据。其在中国文化中的经典价值，自不待言。

然而，《禹贡》的经典价值却随着对它产生时代的质疑而逐渐消解。由顾颉刚引发的关于《禹贡》产生时代的大讨论，一直延续到现在，并逐渐生成三种主要看

---

① 孔颖达《尚书正义》还说："此治水是尧末时事，而在《夏书》之首，禹之得王天下，以是治水之功，故以为《夏书》之首。此篇史述时事，非是应对言语，当是水土既治，史即录此篇，其初必在《虞书》之内，盖夏史抽入《夏书》，或仲尼始退其第，事不可知也。"

法，即成书于西周时期、春秋时期和战国时期①，其中尤以产生于战国说影响最大②。

我们若仔细分析这些说法，就会发现严重的不足。以战国说为例，蒋善国将近代以来的相关研究成果概括为九条理由，其中最重要的第一条是："就九州概念说，到了孟轲晚年逐渐具体化，墨子只说到一个冀州，孟子只说到一个幽州。《禹贡》九州都有了专名，当是孟子以后的事。"③ 但是考察先秦典籍可以发现，在《山海经》《逸周书》《左传》《国语》等文献中多处都有关于九州的记载，如"九州之侯，咸格于周"（《逸周书·酆保解》），"地有九州，别处五行"（《逸周书·成开解》），"画为九州，经启九道"（《左传·襄公四年》）等，说明"九州"之名早在墨子和孟子之前就已经为人们所熟知。因此，仅以《墨子》和《孟子》的叙述确定《禹贡》产生的时代，这一看法是站不住脚的。再比如蒋善国总结

---

① 西周成书之说，主要见于王国维《古史新证》、辛树帜《禹贡新解》、徐旭生《中国古史的传说时代》、刘起釪《禹贡写成年代与九州来源诸问题探研》等著作。春秋成书之说，主要见于康有为《孔子改制考》、王成祖《从比较研究重新估定禹贡形成的年代》等著作。战国成书之说，主要见于顾颉刚《论今文尚书著作时代书》、史念海《论〈禹贡〉的著作年代》、内藤虎次郎《〈禹贡〉制作时代考》、蒋善国《尚书综述》等著作。以上诸种说法参见蒋善国. 尚书综述. 上海：上海古籍出版社，1988：173.

② 蒋善国. 尚书综述. 上海：上海古籍出版社，1988：198 - 199.

③ 同②198.

相关考证后指出，《禹贡》中提到梁州的贡物中有铁，可是据传世古籍，战国中期以前从未记载梁州出铁，梁州大量产铁在战国末期，由此可证《禹贡》当写于战国末期。① 但问题是，现存文献中没有战国中期以前梁州产铁的记载，并不能证明战国中期以前梁州不产铁。在《禹贡》中，梁州所指为陕西、川渝及云贵等西部的广大地区，古籍中从来没有记载过梁州有三星堆文明，近代以来却突然被考古发现。这说明，古代历史中有太多的东西没有记载下来，以传世文献中没有记载梁州产铁，就认为《禹贡》只能产生在战国晚期的说法，同样是没有说服力的。

回想近百年来的《禹贡》研究之路，基本上都把其中的记载当成"信史"，从寻找所谓历史"实证"的角度入手证明它产生的时代。但是按这一思路展开研究，却存在着一个无解的难题，即《禹贡》中的九州，虽然大体上合于以中原地区为中心的中华大地的基本轮廓，却与后世的地理记载严重不符。朱熹早看出了这一点。他说："《禹贡》地理，不须大段用心，以今山川都不同了"，"《禹贡》但不可不知之。今地理亦不必过用心。今人说中原山川者，亦是凭说，不可见，无考处"（《朱

① 蒋善国. 尚书综述. 上海：上海古籍出版社，1988：195.

子语类》)。当然，我们不能排除朱熹所说的古今地理变迁问题，但更重要的是，仔细分析就会发现，《禹贡》中虽然有关于"九州""五服"的描述，本质上却并不是一部严格的地理写实著作，而是在大禹治水神话传说基础上形成的早期书写。这说明，对于《禹贡》的研究，我们固然需要从历史实证的角度去进行地理考察，更需要弄清它的文本属性，看它到底是写实还是在描述理想。所以，要研究《禹贡》，必须从大禹治水的神话谈起。

大禹的神话与《禹贡》的书写方式

关于大禹治水的神话，当代学者已经有了丰硕的研究成果。据《尚书·尧典》，我们知道鲧禹治水的故事产生于尧舜时代。《尚书·益稷》、《尚书·吕刑》、《诗经·商颂·长发》、《左传·襄公四年》引《虞人之箴》、《孟子·滕文公上》、《庄子·天下》、《淮南子·本经训》等先秦两汉典籍的记载，构成了大禹治水神话的基本框架，其大意是，洪水发生在尧的时代，尧最初派禹的父亲鲧治水，九年不成，后来，舜承尧位，让大禹继承父志，禹亲操橐耜，三过家门而不入，凿龙门，通江河，治平了洪水，并走遍天下，划分九州。可见，大禹的神话以治水为核心，丰富而又生动，早在夏商周三代就一直流传。

《禹贡》一篇的叙述以大禹治水为基础，自然带有神话色彩，体现了那个时代人们对于中华大地的认识与理解，这些在《禹贡》的书写中有明确的显现。

细读全文，我们会发现，《禹贡》中的九州叙述顺序，依次是冀州、兖州、青州、徐州、扬州、荆州、豫州、梁州、雍州。这个顺序大概是依地形而展开的。孔疏曰："九州之次，以治为先后。以水性下流，当从下而泄，故治水皆从下为始。冀州帝都，于九州近北，故首从冀起，而东南次兖，而东南次青，而南次徐，而南次扬；从扬而西，次荆；从荆而北，次豫；从豫而西，次梁；从梁而北，次雍。雍地最高，故在后也。"根据中华大地的地理位置，冀州地处今山西与河北西部，大概就是从现在黄河壶口瀑布一直下延，包括山西、河北、河南中部的黄河流经部分。传说中的"尧都平阳（今山西临汾市），舜都蒲坂（今山西永济市），禹都安邑（位于今山西运城市，古称夏县）"（王国维《殷周制度论》），都在这一区域之内。也就是说，这个顺序是从传说中的尧舜禹所居之地，从当时的文化中心和政治中心开始的。接着沿黄河流域东下，分列兖州和青州。兖州在济水与黄河之间，今山东西部以及冀鲁交界一带。青州则是泰山以北、渤海以南的地方。接着南下到达徐州，即淮河以北、泰山以南、黄海以西，包括今山东南部、江苏北部及安徽北部部分区域。再南下到达扬州，即淮河以南到长江流域的广大区域，这个区域可以一直向南延伸，即整个中国的东南部。但是在《禹贡》中最南部只提到了长江以南的震泽，即今天的太湖，更南的地方没有涉及。自扬州再西上，到达荆州，即江汉流域的荆山到衡山一带，提到了云梦，大致相当于今日的湖北、湖南二省为主的地区。再接着向北，是黄河以南的豫州，即现在的河南大部。再接着是豫州西南和荆州西部的梁州，这也是一块极为广阔的区域，包括了陕西、川渝及云贵地区。在《禹贡》中只提到了"岷"（岷山）、"嶓"（今陕西宁强县）、"蔡"（峨眉山）、"和"（大渡河）等地，更远的地方没有提到。最后叙述的是梁州以北的雍州，即今日的甘肃、青海一带，还包括了陕西北部以及新疆、内蒙古的一部分区域。在《禹贡》中提到了"弱水"（张掖河）、"积石"（青海西宁西南）等地，没有更远的地方。从这里可以看出，在这个九州的范围里，只有冀州、兖州、青州、徐州、豫州的范围是相对清晰一些的，包括当时以山西、河南、山东为中心的地域范畴，即自尧舜到大禹时代人们活动的主要区域。至于扬州、荆州、梁州和雍州，只能算是当时华夏文明的边缘地区。生活在中原地区的人，对这些地域的了解还相当有限，所以对这四个州的描述是非常模糊的。他们只知道这四州与中原地区相衔接，至于这四个州的范围到底有多大、空间延伸到何处，并不知晓。事实上，《禹贡》中有关九州的大部分地名及其具体位置，先秦典籍中没有哪部书中有特别明晰的记载，也没有哪两部书中的记载完全相同。① 显然，《禹贡》中关于九州的描述，大抵就是尧舜禹时代中原部落活动的范围，可能来自传说中大禹时代人们的生活实践，同时又加入了一定程度的神话想象。这一书写顺序，恰恰符合当时的历史情状。②

与九州的划分紧密相关的是"随山浚川"，按《禹贡》

---

① 关于九州的记载，《禹贡》所记为冀、兖、青、徐、扬、荆、豫、梁、雍，《吕氏春秋·有始览》所记为冀、兖、青、徐、扬、荆、豫、雍、幽，《周礼·职方氏》所记为冀、兖、青、扬、荆、豫、雍、幽、并，上博简《容成氏》所记为夹、徐、競、莒、蓏、荆、扬、豫、虔，《尔雅·释地》所记为冀、兖、徐、扬、荆、豫、雍、幽、营，《说苑·辨物》所记为冀、兖、青、徐、扬、荆、豫、雍、幽。

② 关于夏代的疆域问题，近年来也有人结合考古学做过相应的研究，如韩建业经过考证分析后认为，夏代的疆域"主体区域是黄河上中游地区的雍、冀、豫、徐诸州，主体文化当为范围广大的中原龙山文化。通过禹征三苗等事件，夏后氏将长江流域或者荆、扬、梁诸州也纳入统治范围，深受中原龙山文化影响的长江流域龙山文化也成为夏王朝文化的组成部分。至于海岱或者兖、青二州，在禹征三苗以前应当已纳入夏的统治范围，该地区的龙山文化也当属于夏王朝的文化。可见，《尚书·禹贡》《史记·夏本纪》等文献所记夏初历史应当基本属实，'九州'确可基本等同于夏初疆域"。他的这一考证结果，与笔者对于文本的分析是基本吻合的。参见韩建业. 从考古发现看夏朝初年的疆域. 中华读书报，2021‐06‐30（13）.

的说法是"九山刊旅，九川涤源，九泽既陂"。所谓"九山刊旅"，指的是将九山的道路理顺；"九川涤源"，指的是将九条河从源头上进行梳理；"九泽既陂"，指的是将九个大湖泽都筑上堤坝。《禹贡》中的这一描述，大体上合于黄河与长江中下游地区的基本地形地貌。但是，这个描述又是不准确的，经不起后世地理学家的实地考证。地分九州、山有九座、川有九条、泽有九个，这种描写显然是带有诗意的、想象的、浓郁的神话色彩。虽然我们现在所看到的《禹贡》经过了后人的加工，从语言表述的角度来看非常流畅，叙述也非常平实，给人以写实的感觉，但是故事的整体框架还是神话式的。因此，我们有理由说，《禹贡》一文，记录的是当时人的神话式的地理认知形态，它有现实的影子，但绝不能将其当成地理实录。

与之相应的是五服制度，其排列顺序是从中央到四方，自都城向外地："五百里甸服：百里赋纳总，二百里纳铚，三百里纳秸服，四百里粟，五百里米。"国都以外五百里叫甸服，其中离国都最近的一百里内的百姓交纳带秸秆的禾谷，二百里内的交纳禾穗，三百里内的交纳带稃的谷，四百里内的交纳粗米，五百里内的交纳精米。"五百里侯服：百里采，二百里男邦，三百里诸侯。"甸服以外五百里是侯服，其中一百里内的百姓替天子服各种劳役，二百里内的为邦国服役，外面三百里的替诸侯服役。"五百里绥服：三百里揆文教，二百里奋武卫。"侯服以外五百里是绥服，其中三百里内的百姓推行天子的文教，外面二百里的为天子警戒。"五百里要服：三百里夷，二百里蔡。"绥服以外五百里是要服，其中三百里内的人要平安共处，外面二百里的人要遵纪守法。"五百里荒服：三百里蛮，二百里流。"要服以外五百里是荒服，其中三百里内的人尊重他们的习俗，外面二百里的人任他们自由流动。可以看出，这个五服制度真是太理想化了，它的最核心部分是这个理想国的国都和国畿，其外围以五百里为等级，分为甸服、侯服、绥服、要服、荒服。显然，这样一个理想之地，即使到了秦汉时代也不存在。所以，学者们早已经指出这种说法的不切实际。如唐晓峰就说："五服是观念性模式，重意义、价值，若在具体大地上以实证检验，其自身都无法落实，更不用说用'九州'去套。即使如一般认为的，内三服（甸、侯、绥）是华夏九州的范围，那么，用这三服去套九州还是套不上，九州里面，哪里是甸服，哪里是侯服，哪里是绥服，说不清。"[1] 事实上，《禹贡》中所盛称的这个五服制度，在中国历史上

---

[1] 唐晓峰．从混沌到秩序：中国上古地理思想史述论．北京：中华书局，2010：230．

从来也没有实行过。而且，"五服"之名，在先秦文献如《尚书》《国语》《荀子》《周礼》等中都有记载，但从来没有统一过。甚至同是在《尚书》当中，《康诰》《酒诰》《召诰》《顾命》《禹贡》诸篇的说法都不统一。同在《周礼》当中，《秋官·大行人》《夏官·大司马》《夏官·职方氏》的说法也不一样。① 这同样说明，它是立足于大禹治水神话的早期书写，是按照尧舜时代人们的文化观念建构起来的社会理想模式。

由此来看古今学者的《禹贡》研究史，我们会发现其中有一个根本的缺陷，就是混淆了它与后世书写之间的巨大不同，把《禹贡》立足于神话的早期书写当成了真实的历史记录。在汉唐时代的学者看来，《禹贡》所记载的就是当时真实的地理，无须怀疑。宋代以后人们渐渐发现里面的记载与后代地理不符，但是也并不怀疑它的真实性，顶多如朱熹那样，认为那是由古今地名变化和江河改道等原因所造成的。而近代以来的学者们，同样将《禹贡》的早期书写当成真实的历史记载来研究。所不同的只是，他们认为《禹贡》中所描述的并不是大禹时代的地理，而是周代以后的地理。但事实证明，这种认识更不符合实际。因为，

---

① 蒋善国．尚书综述．上海：上海古籍出版社，1988：184-193.

它固然与大禹时代的地理不合，起码还有神话的影子，可是它与周代的"封邦建国"制度毫无关系，与春秋战国时代的文化地理格局更是格格不入。这一切都说明，对于《禹贡》的研究，我们首先需要弄清它的文本属性，认识到它与大禹治水神话的紧密联系，总体而言，《禹贡》是立足于神话基础的理想建构，属于中华民族的早期书写。

《禹贡》生成历史背景的文化考察

明确了《禹贡》的文本性质，也就为我们的研究确立了一个新的起点。应该先从大的历史文化背景入手，然后再来考证里面的文化理想建构与现实之间的关系，对其做出合理的解释。

首先要讨论的问题是，既然《禹贡》记载的是大禹治水之后所划定的九州和他所制定的五服制度，那么我们就要追问，在中国历史上，真的发生过大禹治水的故事吗？中原大地的所有河流，真的是经过禹的疏导才汇入了黄河、长江，最终流入大海的吗？稍有常识的人都知道这种说法不会是现实，只能是神话。那么，我们又如何解释大禹治水神话产生的现实来源呢？对此，人们已经做了切实有效的探索，证明在中华大地上，5 000年前的确存在一次明显的气候变化。于是，"一些环境考古学者将 5 000 年前的因气候变化所引起的整个北方地区气候变干、沼泽消失、田区扩大作为大禹传说的背景"[1]。之所以做如此思考，是因为"表现在考古学证据上，是安阳附近的洹河流域、龙山时代的聚落空前繁荣，在上游，大步西进的居民点分布到仰韶文化的空白区，在下游南部，遗址数量从仰韶文化的 6 处增加到 22 处，出现了大型聚落。在河南辉县及其附近地区，北方力量有大幅度的南下，对卫河以北到太行山前地带进行了前所未有的拓荒和利用"，"自然变化所造成的对中原地区人类生存环境的改善，逐渐被描述成英雄圣贤的功劳，与水对峙的历史的结束与一位英雄的诞生同步，洪水，很可能不是突发性的灾难，而是一个历史时期的环境特点。这场环境趋于干燥的自然变化，使中原人获得了更多的土地，推动了社会规模的壮大、文明程度的提高"[2]。另外，也有学者考证，证明在公元前 2000 年左右，在黄河流域的确发生过水灾，如吴庆龙等人认为，大约在公元前 1730 年前后，黄河上游积石峡发生了一次严重的堰塞事件，地震和山体崩塌造成

---

① 唐晓峰. 从混沌到秩序：中国上古地理思想史述论. 北京：中华书局，2010：264.

② 同①264 - 265.

了一次大洪水。[1] 袁广阔认为，公元前 1900 年左右河南孟庄龙山城址的毁因也可能是一次大的洪水。[2] 这些考古学的成果为我们认识大禹神话的产生提供了坚实的自然科学基础，说明大禹治水的神话可能蕴含着当时发生过洪水的历史记忆，但更重要的是，发生在这一时期的自然气候变化，使当时的人把偶发的洪水与中原大地从湿润到干燥的漫长的自然环境转化过程，凝聚为一个治水的神话。这说明，《禹贡》一文的产生，首先有着发生在传说中的尧舜禹时代的自然气候变化的历史背景。

如果我们结合神话传说的内容和环境考古的研究作进一步的分析，就会发现，在大禹治水和划分九州的神话传说中，还预示着一个重要的历史节点，即从大禹时代开始，由于环境的变化促进了文明的发展，中华民族从此走出了早期的部族社会，创造了第一个国家形态，预示着中华文化走向统一的历史方向。

研读《禹贡》，我们有一个明显的感觉，即里面体现了中华文明大一统精神。其序言明言"禹别九州，随山浚川，任土作贡"，其中"禹别九州，随山浚川"指

---

[1] 吴庆龙，张培震，张会平，等．黄河上游积石峡古地震堰塞溃决事件与喇家遗址异常古洪水灾害．中国科学：D 辑　地球科学，2009，39（8）：1148．

[2] 袁广阔．关于孟庄龙山城址毁因的思考．考古，2000（3）：39．

的是将中华大地根据山川地理划分为九州，"任土作贡"是依据各地的土地物产而确定其贡赋的标准，其潜含的意思都是国家的统一。没有国家的统一，何来九州的划分？各地又该向谁贡赋呢？但是，当代的历史学和考古学又告诉我们，大禹时代不过是中华大地广域王权建立的初始，那时夏王朝的疆域远不及后来的殷周两代。不过，这并不意味着中华民族的大一统观念出现很晚。当代考古学告诉我们，以二里头为代表的夏文化时期，完全有可能孕育出这样的文化思想观念。考古工作者通过对二里头宫殿和都城遗址的发掘，发现其核心器物群，既有源自河南本地的龙山文化日用陶器，也有源自晋南的陶鬶、江南良渚文化的玉器，还包含山东大汶口、豫东造律台等地的文化因素。二里头的居民，也可能来自各方。这说明，二里头文化是不同群体交流融合后的产物，二里头遗址的确是一个汇聚了各地不同族群和文化的王朝都邑。[①] 当然，二里头遗址这个王朝都邑，所统辖的地域范围还相当有限，而在一个有着来自不同地区的居民、使用着来自不同地区的器物的王朝都邑里，相应的中心与四方的地域观念一定存在，这是无可置疑的。

---

① 许宏. 大都无城. 北京：生活·读书·新知三联书店，2016：209.

就《禹贡》的文本再作进一步分析。既然我们依据相关的考古材料可以证实大禹时代有产生大一统观念的充分基础，那么，在漫长的古代人们一直坚信产生于此时的《禹贡》文本，在字里行间一定会留下相应的文化印痕，而绝不可能是后代的凭空想象。当代学者的相关考证说明了这一点。如邵望平在《〈禹贡〉"九州"的考古学研究》一文中，首先考察了黄河以及长江流域的古文化区系和《禹贡》九州的关系，然后又考察了海岱文化区和青、徐二州的关系，以及九州风物，最后得出结论："九州"篇是公元前第 2000 年间的作品，而含有三个部分的《禹贡》倒可能是春战时期学者修订、补缀、拼凑，又经后世几番折腾才成为现今这个样子的。"九州"基本内容之古老、真实，绝不是后人单凭想象所能杜撰出来的。① 冯时则将《禹贡》九州的划分与《尧典》的十二州划分模式做了比较详细的对比分析，他认为："从十二州发展到九州的规划客观地体现了古人空间观念的进步。"② 他们的研究，为我们将《禹贡》的原发时代确定在大禹时代提供了有力的证据。

---

① 邵望平．《禹贡》"九州"的考古学研究//杨楠．考古学读本．北京：北京大学出版社，2006：79 - 103.

② 冯时．文明以止：上古的天文、思想与制度．北京：中国社会科学出版社，2018：90 - 93.

由此可见，中华早期的国家大一统观念在传说中的大禹时代形成有以下几个基本条件。第一是 5 000 年前中国北方地区由潮湿到干燥的气候变化，为北方中原地区的文明发展创造了新的自然环境，这是大禹治水神话得以产生的客观基础；第二是经济的发展扩大了地域交流，同时也标志着地域空间视野的扩大，这为禹定九州故事的产生打下了现实基础；第三是伴随着物质交流的扩大而建立了广域的王权国家，这为大禹划分"九州""五服"的"任土作贡"理想打下了大一统的政治基础。以上三点充分说明，早在传说中的夏代，也就是考古学上的二里头文化时期，就已经具备了产生《禹贡》这样有着明显的大一统观念的文化成果的条件。

　　行文至此，再来讨论《禹贡》产生于何时的问题就有了一个基本的立足点。而遂公盨铭文的发现，则为我们的研究提供了更为坚实的实物考古证据。

　　遂公盨发现于 2002 年，底部有 98（一说 99）字的铭文，提到了大禹治水的故事，学者们极为重视。如唐晓峰就结合遂公盨铭文的考证，认为《禹贡》一文"既有同于西周晚期的遂公盨铭文的词句，又有战国时代的地名、物名，我们看到了《禹贡》文本的时间跨度。《禹贡》正是在这样一个漫长的时间里逐渐形成的，其间经历了内容及词句上的修改、增删，所以说，《禹贡》文本乃是层累而成的"①。这为我们认识《禹贡》的生成提供了一个全新的思路。

我赞同"《禹贡》文本乃是层累而成"的观点，但是不同意把"层累而成"的起始点放在西周的看法。唐晓峰依据《禹贡》与遂公盨铭文的比较，认为"铭文中的'天命禹'是早期说法，禹受天之命，带有神性。而在《禹贡》的口气中，应与《尧典》类似，是尧舜命禹，禹已经褪掉神性，这是晚期的特点"②，由此认为"《禹贡》的内容是时至周代的人文地理发展的总结，是历史发展的一个结果"③。我认为这一说法不妥。将"天命"和帝王的朝代更替结合在一起，是早自三代、一直到秦汉以后的共同传统。《禹贡》虽然没有明确的"天命禹"式的表述，但是结尾"禹锡玄圭，告厥成功"一句，将这一观念表述得非常清楚。因此，遂公盨铭文的发现，本身就为《禹贡》产生于夏代提供了最有说服力的证据。所以，这个"层累而成"的过程，不应该从西周时代开始，而是从夏代就开始了。对此，我们结合

---

① 唐晓峰. 从混沌到秩序：中国上古地理思想史述论. 北京：中华书局，2010：273.

② 同①272.

③ 同①276.

《禹贡》文本，可以得出更明确的认识。

其一，《禹贡》的一个核心观念是"九州"，其背后显然有地中观念的支持，因此它也是确定《禹贡》生成年代的重要标志。唐晓峰比较详细地考察了商周以来的地中观念和五方观念，认为比较明显的地中观念是在商周产生的，所以《禹贡》的产生应该在此之后。我们仔细研究《禹贡》全文，虽然没有明确提到"地中"一词，但是其中却有"咸则三壤，成赋中邦"一句。孔颖达正义云："故皆法三壤成九州之赋。言得施赋法，以明水害除也。'九州'即是'中邦'，故传以'九州'言之。"清人胡渭《禹贡锥指》则说："甸、侯、绥服方三千里之地，谓之中邦，禹之所则壤以成赋者也。""赋止甸服，贡尽九州。赋止中邦，贡兼四海。"① 胡渭的解释虽然与孔颖达不同，将"中邦"的范围缩小到侯、甸、绥三服之内，但同样看到了《禹贡》中已经存在的"地中"观念。而且，"九州""中邦"这组概念，与商周以后的"四方""中国"是大不一样的。甲骨卜辞中多用"四方"的概念。《诗经·商颂·玄鸟》："古帝命武汤，正域彼四方。"《诗经·商颂·殷武》："商邑翼翼，四方之极。"至于周代，则出现了"天下之中"和"中国"

---

① 胡渭. 禹贡锥指. 上海：上海古籍出版社，2013：3.

的概念。《史记·周本纪》有："成王在丰，使召公复营洛邑，如武王之意。周公复卜申视，卒营筑，居九鼎焉。曰：'此天下之中，四方入贡道里均。'"1963年出土的西周早期青铜器何尊，记述了成王继承武王遗志营建成周（今洛阳）之事。铭文中有"宅兹中国"四字。这里的"中国"指的就是当时的天下之中，是政治中心和地理中心的合体。这说明"中国"的概念在西周初年早已形成。此后在《诗经》中多次出现。如《大雅·民劳》中"惠此中国"一句重复了四遍。《大雅·荡》中出现了两次"中国"，如"女炰烋于中国"。由此可见，关于中华疆域的观念，有一个从夏代的"九州""中邦"到商代的"四方"，再到周代的"天下之中"和"中国"的变化。正是《禹贡》中"九州"和"中邦"这两个概念，鲜明地体现了夏代的文化地理观念，并成为商周地中观念的先导，可见它的产生一定是在商周之前，而不可能在此之后。

其二，《禹贡》的另一个核心观念是"五服"，这也是我们判断其生成年代的重要参考。五服在《禹贡》中是作为贡赋制度的基础而提出的，其设定的标准是距离中央王朝的远近。《禹贡》虽然提出了五服与国都的距离，却没有说国都在哪里。从这一点说，它与前面的九州的表述也是统一的。更重要的是，《禹贡》本身没有

"内服""外服"之说，这与商周以后的观念也大不相同。"内服""外服"之说，最早应该产生在商代。《尚书·酒诰》有："自成汤咸至于帝乙……越在外服，侯、甸、男、卫、邦伯；越在内服。"这一说法，除《尚书》外，还见于《国语·周语上》"夫先王之制，邦内甸服，邦外侯服，侯卫宾服，蛮夷要服，戎狄荒服"。《荀子·正论》有："封内甸服，封外侯服，侯卫宾服，蛮夷要服，戎狄荒服。"《周礼·秋官·大行人》有："邦畿方千里，其外方五百里，谓之侯服……九州之外，谓之蕃国。"仔细分析这些说法可以看出，它们在《禹贡》五服的说法之上都增加了所谓的"邦内"和"邦外"、"封内"和"封外"、"邦畿"和"外方"等相对应的概念，这在《禹贡》中都没有出现。另外，《禹贡》中说："五百里要服：三百里夷，二百里蔡。五百里荒服：三百里蛮，二百里流。"这里提到了"蛮"和"夷"，却没有提到"戎"和"狄"。关于"三百里夷"，孔安国传："守平常之教，事王者而已。"孔颖达疏："'夷'训平也，言守平常教耳。"关于"三百里蛮"，孔安国传："以文德蛮来之，不制以法。"孔颖达疏："揆度文教，《论语》称'远人不服，则修文德以来之'，故传言'以文德蛮来之'，不制以国内之法强逼之。"可见，这里的"夷"和"蛮"分指"平常之教"和"文德蛮来"，与后世所指称的和中原王朝相对应的"蛮""夷""戎""狄"等边地民族观念是完全不同的。① 这说明,《禹贡》中的"五服",与商周时代大不一样,而与《禹贡》中的"九州"观念是统一的。由此也可以证明,《禹贡》的最初生成一定是在传说中的夏代,而不可能是在商周之后。

要言之,我们之所以将《禹贡》认定为源自夏代的早期经典,是因为:第一,它的总体叙述框架是大禹治水的神话传说故事;第二,源自发生在距今 5 000 年到 4 000 年前后的气候变化和由此而造成的巨大社会变革;第三,《禹贡》中描述的"九州"方位,代表的是夏代人们对于中华地理地貌的认识;第四,《禹贡》中所提及的"九州"与"中邦"的地中观念,是商周以后地中观念的先导;第五,《禹贡》中提到的"五服"制度,是产生于夏代的社会理想。总之,无论是从当代考古学和传世文献的角度,还是从对《禹贡》文本内容进行考察的角度,《禹贡》的产生都应该是在夏代,而不可能在商周以后,更不可能迟至春秋战国时期。它立足于大禹治水的神话传说,体现的是夏代以前人们对于宇宙、

---

① 徐刚. 论《禹贡》地理与夷蛮戎狄分布格局的形成. 中国文化, 2021 (1):123.

自然和历史的理解与认知。也正因为如此，大禹的功业和"九州"与"五服"的理想，才会在《尚书·益稷》、《尚书·吕刑》、《诗经·商颂·长发》、《左传·襄公四年》引《虞人之箴》、《孟子·滕文公上》、《庄子·天下》等诸多传世典籍，以及上博简《容成氏》和遂公盨铭文等出土文献中不断出现，《禹贡》才会在中国文化史上享有特别崇高的"经"的地位。

当然，我们今天看到的《禹贡》一文，远不是它的最初形态。从当代考古发现的夏代以前的刻划符号以及殷商甲骨文与金文形态来看，可以相信，早在夏代产生的《禹贡》早期文本，与后世的文字写本也会大不相同。① 再从近年来大量的出土文献，如《周易》《老子》《诗经》等的早期书写形态来看，先秦时期的文献书写因为文字的变异、书写工具的不同、传承方式的多样，几乎每一部经典都有不同的文本变化，《禹贡》文本的传世过程自然也不会例外。从文章学的角度来看，我们现在所看到的文本，语言流畅、结构清晰、层次分明，

---

① 我们认为夏代已经产生了早期的书写文本，是立足于《左传》《国语》《墨子》等传世文献中有关于《夏书》的多次记载，以及《史记·夏本纪》和《竹书纪年》中的相关辅证。参见赵敏俐．关于中国早期典册类文献产生时间的推测//杜晓勤．中国古典学：第1卷．北京：中华书局，2020：219－233.

显然是后代加工的结果。至于它的最后定型，也不可能晚于战国初年，因为在出土的郭店楚简《六德》中，《尚书》已经位列《诗》之后，与《礼》《乐》《易》《春秋》并称，在传世的《庄子》一书中，《尚书》更是具有了"经"的地位和称号，说明它在此时已经完成了"经典化"的过程。但是，所有这一切，都不足以改变它产生于夏代的原初属性。

《禹贡》的经典价值和文化意义

我们将《禹贡》看作源自夏代的中国早期书写，这为重新认识其文化价值提供了新的基点。它脱胎于历史，有浓厚的神话色彩；它对"九州"和"五服"的描写，不是客观的历史叙述，而带有很大的虚构成分和很强的理想化特色，具有鲜明的文化记忆特质。所以，我们不能将《禹贡》中所记述的"九州"和"五服"当成既成的历史事实，而应该结合其早期书写的特点，研究其背后所深潜的巨大历史文化价值。在我看来，《禹贡》一篇之所以在中国古代文化中具有重要的特殊地位，起码有以下两个原因。

第一，《禹贡》的产生，从政治上标志着中华文明走向广域王权的国家时代。

要讨论《禹贡》的经典价值，首先要对大禹的形象有一个明确的认识。《禹贡》中划分九州、制定五服的是大禹。在中华文明史上，这样重大的事件为什么会由大禹完成？要认清这一点，我们需要对《禹贡》和《尧典》《舜典》等进行比较。我们知道，禹这一人物也出现在《舜典》里。按《尧典》所言，大洪水发生在尧的时代。先是尧派鲧来治水，鲧失败了，舜继帝位，又派禹来治水，经历两代人才获得成功。在舜所组建的贤人政治集团中，禹是其中的一员，但没有说他划分九州和制定五服的功业。这说明，在以尧舜为代表的中国早期圣贤政治模式里，禹不过是个贤臣的形象，他的地位远不能同作为圣人的尧舜相比。但是在《益稷》篇中，大禹的形象开始发生了变化。本来在《舜典》中与其同是舜之下属十二贤人的益与稷，在此篇中成了帮助大禹治水的两个重要人物。到了《禹贡》篇，则专门歌颂大禹划定九州、制定五服的功劳，于是禹被赐以玄圭，完成了统一天下的大功。

仔细分析从《尧典》到《禹贡》中大禹这个人物形象的变化，有助于我们认识他在中国古代文化史中的地位。这一形象的变迁，客观上和中国古史系统中由早期的贤人政治到家天下的历史发展进程是一致的。根据当代的考古发掘，我们知道陶寺遗址所处的时代与传说中的尧舜时代在时间上正好重合。因此，考古学界的主流将陶寺文化看作尧舜时代的文明形态。陶寺文化存在的时间大约有500年，其间产生了高度的文明，并且有保存基本完好的贵族大墓，说明这一文化的大部分时期都处在一个相对和平的环境之中，自然也存在着与之相应的政治制度，这也是尧舜禅让制得以成立，成为中华民族早期文化记忆的一个现实起点。但是陶寺文化在其晚期受到了严重的破坏，说明它的衰亡来自当时的一场暴力革命。与陶寺遗址大约同期的大规模遗址还有三处也颇值得关注。一处属龙山文化晚期，其代表性遗址为王湾遗址，年代约在公元前2400年至公元前1750年；一处是淮河流域今安徽蚌埠禹会村遗址，年代大约在公元前2300年至公元前2000年①；一处是陕西省榆林市神木市高家堡镇石峁遗址，其核心区域——皇城台的建造年代，大约是在公元前2200年至公元前1900年。这三处遗址和陶寺遗址到底是什么关系，学界尚有不同意见。但值得关注的是，从考古学的角度来讲，从陶寺遗址、石峁遗址和禹会村遗址所代表的文化的衰亡到二里头文明的兴起之间，有一个大约200年的间隔，河南龙山文化的时间下限可以与二里头文化大抵衔接（公元前

---

① 中国社会科学院考古研究所，安徽省蚌埠市博物馆. 蚌埠禹会村. 北京：科学出版社，2013.

1750 年）。而二里头文化的主体恰与传说中的夏王朝中期大抵同期。这说明这一历史时段应该是中国早期一次重要的文化变革时期。

当代学者对此做过深入探讨。如韩建业认为："公元前2千纪之末的龙山时代前后期之交，曾经发生过两次大规模的文化巨变，也就是王湾三期文化对石家河文化、老虎山文化对陶寺文化的大规模代替，这当是部族之间激烈战争行为的后果，分别可以和传说中的禹征三苗、稷放丹朱事件相对应。以此为基点，发现龙山时代的其他考古学文化和其他部族人物也有较好的对应关系，如造律台文化和有虞氏舜、最早的雪山二期文化和先商契等。据此就有可能切实建立龙山时代考古学文化和尧舜禹时期一些部族的对应关系框架，走出夏代之前古史探索的关键一步，还可以为夏文化的上限提供坚实的考古学证据。"① 韩建业还认为："在公元前2100年前后，王湾三期文化和石家河文化之间发生了戏剧性的巨大变化，王湾三期文化在短时间内大规模南下，造成方圆千里的石家河文化的覆亡，城垣被毁，特殊的宗教祭祀物品基本不见。这样的剧烈变化，绝不可能是一般性

---

① 韩建业. 龙山时代的文化巨变和传说时代的部族战争. 社会科学，2020（1）：152.

的文化交流、贸易等可以解释，只有一种可能性，就是中原和江汉之间大规模的激烈战争所致，可能正好对应先秦文献所载的'禹征三苗'事件。"① 我们认为，结合这一时期河南龙山文化遗址、石峁遗址、禹会村遗址、陶寺遗址、二里头遗址等文化遗址之间的关系看，从尧舜时代的部族禅让制到夏王朝国家政权的建立，应该是一次以暴力革命为主的历史巨变。

由此而言，大禹是以这一新的历史时期的开创者的身份出现在相关的神话传说中的，即从禅让制到家天下的开始。而这一新的历史时期的开创，也对应环境考古工作者所发现的当时中原大地上的环境变化。于是，将治水的神话与王朝的开创有机地结合为一体，同时将陶寺文化到二里头文化之间的暴力变革隐去，将夏王朝的创立变成了一场从尧舜到禹的温文尔雅的圣贤传承，便有了大禹这一神话英雄的诞生。对这一段历史的美化，最典型的说辞可见《孟子·万章上》："昔者，舜荐禹于天，十有七年，舜崩。三年之丧毕，禹避舜之子于阳城，天下之民从之，若尧崩之后不从尧之子而从舜也。禹荐益于天，七年，禹崩。三年之丧毕，益避禹之子于

---

① 韩建业．龙山时代的文化巨变和传说时代的部族战争．社会科学，2020 (1)：156.

箕山之阴。朝觐讼狱者不之益而之启，曰：'吾君之子也。'讴歌者不讴歌益而讴歌启，曰：'吾君之子也。'丹朱之不肖，舜之子亦不肖。舜之相尧、禹之相舜也，历年多，施泽于民久。启贤，能敬承继禹之道。益之相禹也，历年少，施泽于民未久。舜、禹、益相去久远，其子之贤不肖，皆天也，非人之所能为也。"孟子这一段巧妙的说辞，借助于"天"意，轻松地将中国古代从尧舜的禅让到禹启的家天下连成一体，但是历史并没有完全抹去这一段巨变的血腥痕迹。关于"尧幽囚，舜野死"的故事，关于益与启之间的争斗，先秦文献中都有记载。《竹书纪年》有："昔尧德衰，为舜所囚也。舜囚尧于平阳，取之帝位。舜囚尧，复偃塞丹朱，使不与父相见也。"①《韩非子·说疑》有："舜逼尧，禹逼舜，汤放桀，武王伐纣，此四王者，人臣弑其君者也。"《尚书》中有《甘誓》一篇，讲的是启与有扈氏战于甘之野的故事，其起因据说是"尧舜受禅，启独继父"，有扈氏不服，从中也显露出夏王朝建立过程中的血腥与残暴。所以，大禹在中国文化中的形象与尧舜大不一样，他不是道德圣君的楷模，而是一个与自然抗争的英雄，

---

① 古本竹书纪年．张洁，戴和冰．点校．//二十五别史：第1册．济南：齐鲁书社，2000：1．

是一代政治王朝的开创者。他从尧舜组建的贤人队伍中走出来，从政治上标志着中华文明走向广域王权的国家时代。对《禹贡》的认识，我们首先要站在这样一个历史的起点上。

第二，《禹贡》的生成，从地理上标志着中华大一统的必然。

传统上人们习惯于将《禹贡》当作中国最早的地理文献来看，因为关于九州的划分，本身就是对中华大地的地理描述。但大禹的功绩远超于此，因为九州的划分不仅意味着治水的成功，还意味着天下的太平。《史记·河渠书》开篇就称颂大禹治水之功："九川既疏，九泽既洒，诸夏艾安，功施于三代。"大禹治水消除了自然灾害，老百姓从此安居乐业，天下太平，这无疑是大禹的第一功绩。而班固更将禹定九州的认识提升到天下统一的高度。他在《汉书·地理志》中说："尧遭洪水，怀山襄陵，天下分绝，为十二州，使禹治之。水土既平，更制九州，列五服，任土作贡。"这从另一个角度说明，在中华大地上产生的第一个广域王权的国家，应该是从大禹时代开始的。而国家统一的标志，除了有一个中央政权之外，还应该有一个统一的地理空间。九州的划分，就具有这样的象征意义。

《禹贡》在写法上的独特性，即其关于九州的描述，不仅包括山川风物，还包括交通、物产和贡赋等级。这说明，九州不仅是地理上的划分，也是根据不同的山川水系所划分的治理区域。因为山川水系不同，土壤不同，物产自然也就不同。它们可以各自为治，又可以通过山川水系的道路而互相交通，连为一体，同属于华夏大家庭。由此可知，《禹贡》所描述的，不仅仅是自然地理，更是人文地理。

随着人类生存能力的不断提高，地理空间范围会越来越大，人类对地理空间的理解也会越来越深入，由最初的地理知识，到形成一定的地理观念和地理思想，经过了漫长的历史积累。从当代的考古学成果来看，以二里头遗址为代表的夏文化时期，当时的广域王权所统辖的地区还极其有限。但是，从《禹贡》中所描写的九州范围来看，它基本上以黄河、长江中下游水系和淮河为中心而展开，它敏锐地观察到华夏大地的基本地形特点：地势西高东低，两大水系均是由西向东流入大海。所以，梳理出了两大水系的关系，也就弄清了这片土地的基本地形。而之所以可以做出这样的梳理，与发生在公元前2000年左右的巨大历史变革与文化融合是紧密相联的。可以说，正是此前这一时期"满天星斗"的文化遗址，如龙山文化、石峁文化、禹会村遗址、陶寺遗址的相互融合，才使其地理观念提高到一个新的水平，使其有条件对黄河、长江中下游和淮河流域的地理情况有一个整体的认识。《尚书·禹贡》所描述的九州范围，和此时散布在长江中下游的各考古学文化地域大致对应，就是最好的说明。① 它用直观形象的方式告诉人们，中华大地从地理形态上看本身就是一个统一的整体。所以，"禹定九州"不仅是对中华地形的认识，不仅属于知识的范畴，还是一种"溥天之下，莫非王土"的地理观念的表现。

那么，为什么在中国的文化传统中，大一统作为一个广域王权的政治概念，要和中华大地的地理形态有这么紧密的联系呢？答案也许只能从中华大地的地形地貌中去探寻。我们知道，在早期的氏族社会里，鸡犬之声相闻的小国寡民生活，并不需要与外界有多少经济上的交往。可是，随着生存的发展，不同地域空间的交流必然增多。而各部族之间的联系，表面上看来只发生在经济领域，但是在经济的背后却需要有相应的地理环境作为依托。对中华民族所居住的这块东亚大陆来讲，西高东低的地形，决定了黄河、长江这两大水系的最终归宿都是东方的大海。洪水的治理，也必须依托这块广大土

---

① 李民. 尚书与古史研究. 郑州：河南人民出版社，1981：52 - 53；邵望平.《禹贡》"九州"的考古学研究//苏秉琦. 考古学文化论集（二）. 北京：文物出版社，1989：11 - 30.

地上的共同协作，这样才能让水向东流，否则便没有出路。上博简《容成氏》曰："禹亲执耒耜，以陂明都之泽，决九河之阻，于是乎夹州、涂州始可处。禹通淮与沂，东注之海，于是乎竞州、莒州始可处也。禹乃通蒌与汤，东注之海，于是乎萩州始可处也。……"[①] 这段话再好不过地说明了中华大地以中原为中心的地理特征，漫布于这一地区的各条河流，最终都要归于黄河、长江与淮河这三大水系，然后东流入海。可以这样说，先民们正是通过治水的神话，才认识了中华大地的这一地形特点，认识到九州原本为一体的自然环境。试想一下，当先民们从原始、狭小、封闭的部落当中走出，认识到自己所居住的这片土地，竟然和相邻的部落属于同一水系，只因自己脚下的河水沿着这个同一水系流向大海，这片土地才变得"始可处也"，原来它们同属于一个地理的整体，这该是多么震撼的视野拓展啊！我们知道，从传说中的三皇五帝开始，中华文明的中心就聚集在中原一带，就以黄河与长江两大水系为依托。这个文化共同体，也因为这两大水系而不断向外拓展，政治和经济的统一又完美地依托于地理的统一。从这一角度来

---

① 李零.《容成氏》释文考释//马承源.上海博物馆藏战国楚竹书（二）.上海：上海古籍出版社，2002：268-270.

讲，华夏大一统的观念不仅来自广域王权国家的建立，也来自地理上的一体。"禹定九州"使人们对中华大地的这一地形有了最为清醒的认识，并将"九州"视为华夏的代称。它虽然有一个由小到大的发展过程，由以中原大地为中心的早期华夏族范畴，逐渐扩展为秦汉唐宋以至元明清的中国版图，其间虽然经过多次的分裂割据，但统一却成为此后中华民族的人心所向，成为凝聚中华文化共同体的强大精神力量，一直延续到今天乃至永远。

以上，通过文本研读并结合相关的历史考古材料，我们对《禹贡》做了新的讨论，将其定义为在早期书写的基础上形成的经典。这一文本特质决定了它的价值意义，也决定了我们对它的阐释原点。因为它是中华民族的早期书写，将神话和历史熔为一炉，所以我们不能采取实证的方式，将九州的名称、地望、疆界完全落到历史的实处。同样，那个从来都没有实行过的五服制度，也不可能安放在九州的框架之内。它与九州一样，既有现实的影子，又是一种浪漫的构想。它寄托着中华先民的文化理想，有着来自历史深处的文化记忆。这一切都说明，《禹贡》的生成，源自发生在中华大地上的气候突变以及随之而来的族群迁徙和社会变迁，使中华民族从此走进了早期广域王权这一个特殊时代，同时包含了中华先民对黄河与长江两大水系的深切认知，将地理统一和政治统一、经济统一、文化统一融为一体，构建了以"九州"与"五服"相呼应的文化地理模式，为此后数千年王朝的统一奠定了最为坚实的文化地理基础。

6 天下、天命格局下的《诗》《书》篇章

　　　　天下观念的要义在于包容，天命观的核
心在于强调政治的人间德行。德行的观念只
有付诸实践的努力，才能成为时代的精神。
一个试金石就是获胜的周人如何对待殷商遗
民。我们利用《诗经》《尚书》和金文的材
料，验证了周人在对待殷商遗民的问题上努
力做到包容和融合。由此，西周文明才明显
扩大了上古时代的精神格局。礼乐文明创制
成功，正与上述精神格局扩大密不可分。

作者简介

　　李山，北京师范大学文学院教授。主要从事中国古代文学史、
古代文化史教学科研，主攻方向为先秦两汉魏晋南北朝文学。曾
出版《诗经的文化精神》《诗经析读》《西周礼乐文明的精神建构》
《中国文化史》等著述。

殷 周剧变的重要表现，是诞生了新的天命、德行等重要观念。《尚书》凝重的篇章、《诗经》优雅的诗篇，各以其独特的方式表现了这样的变革。审读这些诗文，可以深切感受到，与观念变化相伴而生的是开阔的心胸，是包容的精神，是新生活理念的确立，是新文化传统的诞生。

观察这样的变化，重点既在观察新观念的内涵，又在从实践层面观察周人是否真实地践行了他们的新观念。观念如果不能践行，就只是观念，就只是装点门面。只有观念指导了真实的行为，新观念方可视为新的时代精神的表征。我们可以将西周新观念与《尚书》相关篇章和《诗经》雅颂诗篇相互参读，做些验证，并由此感受一下那个大时代的精神进步。

"天下"与"天命"

"天下""天命"都是西周提出的新观念。记载这些观念的文献主要是《尚书·周书》各篇。两大观念发源于西周早期，成熟可能需要一段时间，即成于西周中期。这是因为，参照西周金文，《尚书·周书》记载早期政治家如周公、召公言论的篇章，很可能编定于西周中期。①

----

① 李山.《尚书》"商周书"的编纂年代.西北师大学报（社会科学版），2011，48（6）：1-8.

两个观念都带有丰富的新内涵。先说"天下"。

"天下"不是纯粹的地理空间概念，而是政治概念。"天下"首先是指海隅苍生，也就是当时天底下所有的人众与族群。《尚书·立政》说："其克诘尔戎兵，以陟禹之迹，方行天下，至于海表，罔有不服。"周人的政治，就是要涵容所有人群。"天下"在这里是一个宏大无比的政治空间概念。于是就有第二层含义：在"天下"的范围内，"中国"与"四方"的相对。换言之，即以"中国"统御"四方"。西周成王时期青铜器何尊中的铭文"宅兹中国"，是"中国"一词的最早出处，而"中国"指当时的洛邑（今洛阳），这里是"有夏之居"，即夏人故地。《逸周书·度邑解》记载，武王克商后的两项决定之一即定都洛邑。为什么要在这里定都？《尚书·召诰》说："王来绍（接续）上帝，自服于土中。"句中的"土中"就是"中土"，也就是居中的"土"，就是天下之中的意思。所以，在这里建新的都城，首先是因为在这里可以"定天保，依天室"（《逸周书·度邑解》），就是说这里是距离上天最近便的地方。其次，这里既然是"土中"，那么天下所有人到这里侍奉上天走的路程一样，即《史记》所谓的"道里均"，对天下所有人都公平。都城设立在哪里，看似事情不大，其实含义深刻。周武王等之所以煞费心思，是因为建都选择洛邑能表示新王朝属于天下人。《尚书·舜典》称，舜惩治罪人而"天下咸服"。《洪范》又云："天子作民父母，以为天下王。"可以看出，在何处建都，实在是关乎为"天下父母"、是否能收"天下咸服"之效的重大举措。建都洛邑，就是他们宣示新王朝属于"天下"所有人的"修辞"手法。

"天下"有中心，就有四方。"天下"的含义，表面指的是空间，其实是指生活在世界上的所有生民。四方，又称"多方"。《尚书·金縢》记载："乃命于帝庭，敷佑四方，用能定尔子孙于下地。四方之民罔不祗畏。"《多方》言："猷告尔四国多方。"都是文献对此有力的佐证。对四方众多远近人群加以区分，便于分别对待，从而有效统治天下，这是"四方"的重要含义。《尚书·酒诰》言"内服、外服"，稍后更有"五服"之说，《国语·周语上》曰："夫先王之制，邦内甸服，邦外侯服，侯卫宾服，蛮夷要服，戎狄荒服。甸服者祭，侯服者祀，宾服者享，要服者贡，荒服者王。日祭、月祀、时享、岁贡、终王，先王之训也。"离得最近的是甸服，其次是侯卫，再次是蛮夷，最远的是戎狄。称远方的人群、政权为"要服"，意思是与他们有要约就可以，更远的戎狄为"荒服"，只要承认周人政权合法存在就可以了。

分层次地对待远近不同的人，意味着承认现实，绝不主动、轻易地改变远方的人群，换言之，只要他们不对处于天下中心的周王朝发起挑战，就可以承认他们的存在。《老子》《管子》都有以家观家、以国观国、以天下观天下的说法，就是根据不同情况分别对待远方之人。若"中国"王朝想吸引远方人前来，也不是靠武力威胁，而是"修文德以来之"，用今天的话说，就是以软实力来吸引他们。武力只有在对方挑衅、万不得已时才使用。

　　"天下"是一个超大的观念，含义广，层次多。最重要的是，它是以世界尺度和格局思考全部人群的处置问题。下面来看"天命"。

　　"天命"观念的提出，是为解释历史兴替的上帝原则。"天下"是广度的，"天命"则是垂直的，讲的是至上神与人事特别是政治的关联。商纣王有一句"名言"："我生不有命在天乎？"（《尚书·西伯戡黎》）他这样说，表达的是一种老的天命信念：相信上天保佑是无条件的。西周"天命"观念，加上了一个新内涵，就是"德"。"德"是上天是否保佑的条件，即所谓"天道无亲，惟德是辅"。其间的差异，从甲骨文中殷商人对至上神的记载可以看出。

　　陈梦家《殷虚卜辞综述》对殷商至上神即"天"做

了全面的论列。甲骨文显示，上天有"帝庭"，庭上还有"五工臣"等。殷商观念中的上天、帝神力共有十六项之多，如令雨、令风、令车齐（阶）、降董、降祸、降食、降若（若即顺、祥）、受又（又即佑助）等，就是没有"德"。陈梦家先生总结说："由此可见殷人的上帝或帝，是掌管自然天象的主宰……上帝之令风雨、降祸福是以天象示其恩威，而天象中风雨之调顺实为农业生产的条件，所以殷人的上帝虽也保佑战争，而其主要的实质却是农业生产的神。"[①] 这一点，又为朱凤瀚《商人诸神之权能与其类型》所证实："帝有特殊的为其他神灵所未有的权能，即对风、雨、雷等自然天象有控制权与使命权。"[②]

较"天""帝"地位略低的是祖先神，甲骨文中关于祭祖的记载甚多，是殷商宗教活动的主要内容。日本学者伊藤道治《中国古代王朝的形成》中曾说："殷商祖先神是嗜血的精灵。"[③] 这与殷商对"天""帝"的理解是在一条水平线上的，天是自然神，祖先也是可怕的

---

① 陈梦家．殷虚卜辞综述．北京：中华书局，1988：580.
② 朱凤瀚．商人诸神之权能与其类型//吴荣曾，等．尽心集：张政烺先生八十庆寿论文集．北京：中国社会科学出版社，1996：62.
③ 伊藤道治．中国古代王朝的形成．江蓝生，译．北京：中华书局，2002：11.

鬼魂，都缺少"德"的含义。天、祖先神有"德"，正是周人宗教观的巨大改变。天有德，护佑善类；祖先有德，是因为做人成功。

上天崇德，就会把治理天下苍生的权力，交给人间的有德者，历史理性诞生。

请看《尚书·多方》如下言论："天惟时求民主，乃大降显休命于成汤，刑殄有夏。……诰告尔多方，非天庸释有夏，非天庸释有殷。乃惟尔辟，以尔多方大淫，图天之命，屑有辞。"其意是说：上天不断地为苍生寻找有德的君主，有德的商汤被上天选中，灭掉了夏。告诉你们各位诸侯，并不是老天舍弃了夏，舍弃了殷，而是夏和殷的君主与你们各位诸侯，违背了上天看中的德行，才出现了朝代的更替。这实际涉及西周民本思想。西周民本思想认为，"天生烝（众）民"，但上天又不能亲自管理烝民，必须选一位人间的代理人来治理。被选中就叫作"配命"（"配命"，见《大雅·文王》）。而配命的前提是什么？就是德，就是对民众好。被选中，也不是一劳永逸，王朝失去了德，上天就要再寻新的"配命"者，王朝就要更替，这就是"革命"。在这样的观念下，王朝兴替，不过是上天发放和收回权力的变化，历史的变迁不过是从上天回到上天的过程。

由此而有对王朝前景的忧患。《尚书·召诰》说："惟王受命，无疆惟休，亦无疆惟恤。呜呼！曷其奈何弗敬！"意思是周王朝建立，对周人来说是无边的休美，也是无边的忧患，所以要敬奉天命。《易传》说作《易》者在"中古"，有"忧患"，与西周初期政治家的思虑是吻合的。《诗经·大雅·荡》也说："殷鉴不远，在夏后之世。"这些，都是历史理性带来的精神的深沉。

格局与心胸

"天下"，包容无尽；"天命"，唯德是崇。是否真正包容，就等于是否真正有德。而有德的试金石，就在于如何对待被征服的殷商遗民。而如何对待殷商遗民，又是在为"天下"的所有异族异姓做范例。

如何对待和处置那些殷商遗民呢？这需要征诸《诗经》《尚书》及出土金文的一些篇章。先看《尚书》。《尚书·多方》云："我有周惟其大介赉尔。迪简在王庭，尚尔事，有服在大僚。"又《多士》说："今尔又曰：'夏迪简在王庭，有服在百僚。'予一人惟听用德。肆予敢求尔于天邑商。"两篇文献有前后之别。前一篇在"三监之乱"以前，周公承诺，对殷商遗民要挑选他们到王庭各官僚机构做事。后一篇，因"三监之乱"发生，殷商遗民中有人又问周公，前面说的"迪简"还算不算数。周公婉转回答：我重视有德者。其实是变相承认说话算数。①

那么，对待殷商遗民的真实情况究竟如何？周公所承诺的"迪简"云云做到了吗？这需要看一些记载殷商遗民情况的金文。这样的篇章为数不少，如静簋铭文就记录了一个名为静的"小臣"，在周王室负责教授贵族子弟箭术，因教学成功而获得奖赏。再如史墙盘，其器铭记载了微史家族从西周建立到史墙本人的世系，称在周武王时他的祖先投奔周人，一直到史墙自己，都不懈努力而使家族兴旺。史墙的父亲也有器物，为王朝作册之官，也就是所谓的"史"。微史家族的器物有百件，系几代人累积的，1976 年在陕西扶风庄白村发现，百件器物表明这是一个很富裕的家族。墙之子也有器物，铭文显示他很受周王宠爱。这个家族的人能书写，文化素养高，据此可知他们属于殷商遗民。还有一些器物铭文显示，到了西周中期，出身殷商遗民的一些人物，甚至

---

① 能这样回答很不容易。各种迹象表明，对殷商遗民采取宽大态度是周公的主张。如史墙盘铭文言微史家族投奔周人，是"周公舍寓"，《尚书大传》也言周公主张对殷商遗民不杀，而且还要各田其田、各安其宅。对待被征服者，周公这样的态度在当时未必会被理解，特别是经过"三监之乱"，周公的压力一定很大。

可以为周王朝带兵出征。[①] 这些应该都是"迪简"政策得到落实的证明。这在三千年前，在世界上古史的范围内，是十分开明和进步的。

读《尚书》，还有让人感动的，那就是在《尚书·康诰》中周公居然提出了向殷贤民学习。《康诰》是这样说的："呜呼！封，汝念哉！今民将在祗遹乃文考，绍（继续）闻衣德言，往敷（广泛）求于殷先哲王，用保乂民。"文中的"封"即第一代卫国诸侯康叔封，周公的弟弟，因贤明而封为卫地诸侯。"在"的意思在此是"察"，即殷商遗民讲看你是不是像周文王。"衣"通"殷"，即殷商。《康诰》显示，因为卫地为殷商遗民聚集之处，文化习俗上与周人有诸多不同，情况复杂，所以周公特意嘱咐康叔，不要用周人的法条治理殷商遗民，他们爱喝酒、经商，可允许他们做这些。其中最令人印象深刻的是"绍闻衣德言，往敷求于殷先哲王"的表达。周公要康叔多闻殷商的有德之言，广求殷商先王的智慧。而且说，这样做事"祗遹乃文考"，即敬从你的文德之父即周文王。《逸周书》记载周文王"修商人典"，向殷商学习。就是说，学习更高的文化，是周人

---

① 朱凤瀚. 商周家族形态研究. 天津：天津古籍出版社，1990：416-420.

的传统。我想没有比这更能见周初一些贵族政治家的心胸和精神格局的了。提出向被自己打败的人群学习，而且这样的提法还在克商之后不久，试问有几个古代王朝可以做到这一点？周人能提出"殷鉴"，又可以向殷商人学习，正是其理性健全、精神健旺的表征。

尚德即"人心换人心"

理性健全、精神健旺本来就可以动人，《尚书》的文学性由此而生。更具动人力量的当然是《诗经》，下面就来看一些《诗经》雅颂的篇章。先来看《周颂》，其中有两篇表现了待客之道。《振鹭》曰：

振鹭于飞，于彼西雍（辟雍，在镐京之西）。我客戾（到）止（语气词），亦有斯容。

在彼（本国）无恶，在此无斁（无斁，不懈怠）。庶几（表愿望）夙夜，以永终誉。

诗篇大意是说：群鹭飞翔，在那西雍。贵客来到，仪容如同白鹭般美好。在他们本国没有过错，在这里做事也从无怠倦。从早到晚敬慎不已，希望他们美好声誉永远相伴。其主旨是欢迎客人的到来，是文学史上最早的迎客诗篇。客人所到的地点，就是西周重要典礼场所辟雍。需要重点说明的是"我客戾止"的"客"，所指应为殷商遗民中的贵族人物。《诗经》中对客人有时称"宾",有时称"客"。如《小雅·鹿鸣》"我有嘉宾,鼓瑟吹笙"。"宾""客"都有"敬"的意思,但所指的对象差别很大。简单说,两者有内外之别。具体而言,"宾"指臣属于周王朝的各诸侯范围内的来宾;"客"则指的是殷遗邦家的来访者,也就是来自宋的客人(古代有些文献说"客"也包括夏代之后,未必可信)。《左传·僖公二十四年》有:"宋成公如楚,还入于郑。郑伯将享之,问礼于皇武子。对曰:'宋,先代之后也,于周为客,天子有事(祭祀之事)膰(指祭祀用的肉,此处意思是接受周王祭祀后的肉)焉,有丧拜焉,丰厚可也。'"《左传·昭公二十五年》记载诸侯商议救助王室:"宋乐大心曰:'我不输粟,我于周为客。'"两则记载,一出之于郑国人之口,一为宋国人自言,都是宋人被称为"客"即周家客人的证明。所谓"客",其本义是"恪",亦即"敬"。"宾"也是"敬",然而"敬客"之"敬",与"嘉宾"之"敬"内外也有别。"客"为"敬"外人的意思,在今语中也可以见其痕迹,例如我们对别人的感谢说声"别客气",这"客气"一词,就含着"见外"的意思。

再来看《有客》:

> 有客有客,亦白其马。有萋(盛)有且(多),

敦（雕）琢其旅。有客宿宿（一晚为宿），有客信信（两晚为信）。言授之絷，以絷（绊）其马。薄言追之，左右绥（安）之。既有淫（大）威，降福孔夷（大、多）。

诗篇大意是：周家有客，白马为之驾车。他们有众多随从，衣装都精雕细琢。客人请多住一宿，再多留一晚。拿出绊马腿的缰绳，好将马儿羁绊。（他们离去时）紧紧追赶，（既留不住就）为其做好路上的安排，好让他们一路平安。客人仪态好、有风度，上天会赏赐他们大福。

这也是关于"客"的，与前一首不同的是，前一首写的是客人"戾止"（到来），这一首表的是留客之情。还有，诗篇中的"亦白其马"，写客人乘坐白马驾的车。文字学家裘锡圭先生有一个说法：根据甲骨文，殷商贵族确实喜欢白马。[①] 这对于确定诗篇中"客"之所指究竟为何人，有很大的帮助。这也同样适用于《振鹭》中的"我客"。就是说，两首诗的"客"都应该是殷商遗民中的上层。两首诗篇一表迎"客"的热情，一表送"客"的惜别。在《有客》中，主人劝告客人：多住一晚，再多住一晚。为了留住客人，还要"絷其马"。送

---

① 裘锡圭.古文字论集.北京：中华书局，1992：232-234.

客的时候，还有"追之"，也是意在挽留。略览诗篇，浓浓人情味溢于诗篇的言表。这样的客气，是为了笼络，其实就是以客气软化之，留住其心，消除隔阂。若一味视之为虚伪，那就是不顾历史，看不到三千年前这样一种柔性手法所具有的文明属性。那时候，世界上有几个文化人群，能将所征服者当客人看待？

人心换人心，就是德行，就是惧怕"天命"无常才有的人文。而人心换人心，在《诗经·大雅·文王》中还有更多的表现。《文王》篇先宣示文王之德造福子孙："文王孙子，本支百世。凡周之士，不显亦世。"之后，话题一转，就表现那些在周人最隆重的大祭文王典礼上助祭的殷商子孙：

> 侯（维）服（事）于周，天命靡常。殷士肤敏（敏捷），裸（祭祀中向神灌酒）将（将祭祀之肉装入大鼎）于京。厥作裸将，常服黼冔（殷商的礼服）。王之荩（进用）臣，无念尔祖。

> 无念尔祖，聿修厥德。永言配命，自求多福。殷之未丧师（大众、民众），克配上帝。宜鉴于殷，骏（大、天）命不易！

这两段在说什么？先是说殷商遗民在周家宗庙里尽心尽力地助祭，还穿着殷商的礼服。让前朝子孙助祭固然是在显耀自家的荣光，但接下来就开始推心置腹、将心比心地做着说服软化的心理工作。对这些"王之荩臣"，先承认殷商即"荩臣"祖先曾经的荣耀：他们也曾配天，也曾主宰天下。这是含蓄的表达，言外之意，

是你们殷商因为不努力而失去了上天的眷顾，才有丧失大众的失败；二是并非我们周人灭了你们的王朝，而是上天因为对殷商失望才换成我们。一句"殷之未丧师，克配上帝"，具有融化冰雪的力量。由此，诗篇在结尾发出号召：

> 命之不易，无遏（阻）尔躬。宣昭义问（闻，名声），有虞（揣摩）殷（依照）自天。上天之载（运行），无声无臭。仪刑（取法）文王，万邦作孚（取信）。

这是天命的召唤，"尔"之所指，即指文王子孙，也指这些助祭的殷遗。既然生活必须遵从上天"崇有德"的律令，而上天的运行又是不可知的，那么只有一个办法，就是大家都向文王的人生取法，这样才可以取信万邦。如此，在天命的地平线上，在德行的地平线上，大家又有了一个共同的前提和基础。

余论：文化的融合与礼乐的创制

新的观念、新的精神格局，带来的是文明的提升、

文化的创造，具体说就是礼乐文化的创造。这个话题甚大，这里只以《周颂·有瞽》为例，作简单说明。诗曰：

> 有瞽有瞽，在周之庭。设业设虡，崇牙树羽。
> 应田县鼓，鞉磬柷圉。既备乃奏，箫管备举。喤喤
> 厥声，肃雍和鸣，先祖是听。我客戾止，永观厥成。

"瞽"是盲者，古代以之为乐师。"在周"显示，这些瞽者不是周人，他们到"周庭"是新现象。联系后文的"我客戾止"句，应该是"客"即宋国的殷商遗民带来的乐舞艺术家。也就是说，这首诗是文化融合的证据。之前周人也吸收殷商文化，但此诗应该是大规模吸收的表征。"业"是乐器支架的横板。"虡"是支架，"牙"和"羽"都是支架上的装饰，下两句"田"和"鞉磬柷圉"都是乐器。这几句是说演奏前的准备。"先祖"句，表明这些瞽人来，是为周家祭祀祖先一事。"观成"句，回到周人祭祖，是为显耀王朝的成就。

诗篇最突出的是对音乐器具和演奏效果的表现，《大雅·灵台》也写到乐瞽在灵台中的演奏，都是祭祖时用了新的来自异地异族的音乐。这意味着什么？意味着殷商文化被大规模地吸收到西周礼乐文化的创建中来，也就是礼乐文明是"损益"了前代的文化的，因此才具有新意，才具有丰富性与包容性。

7 山林与社会

> 或许，山林世界以及山水所具体构造而表现的自然与人文之互成关系，可塑成一种新的神圣性，一种与天地交接、与山水共情的生命形态，一种真正从人出发、为人所实现而又超越于人的归宿。

作者简介

渠敬东，北京大学博雅特聘教授。主要著作有《缺席与断裂：有关失范的社会学研究》《风景的神迹：成渠斋藏透纳版画》等。主编并翻译《涂尔干文集》（共 10 卷，商务印书馆），主编《山水》辑刊，合编《中国社会学经典导读》《中国社会学文选》。

在最宽泛的意义上，所谓"社会"，通常指的是"人世间"或"人间事"。社会学的工作就是通过经验事实的发现，寻找构成人世间的各个层面或领域的形态、机制、结构及规范，揭示生活世界之构造的规律。其中，人的心理、行动及为此提供的意义解释或象征意涵，也是极其重要的问题。由此，认知及其形成的知识系统也便具有了"力"而参与到社会的建构过程中，福柯所说的知识-权力和曼海姆所说的意识形态及乌托邦，都为此打开了思考空间。

不过，只从"人世间"的角度来研究社会还多少有些表面化，并不能揭示社会存在的本源。涂尔干在《宗教生活的基本形式》中有一句话说得很玄妙："倘若宇宙不被意识到，人就不可能存在，而且只有社会才能全面意识到宇宙的存在，因此，宇宙存在于社会之中。于是，宇宙就变成了社会内在生活的一部分。"[①] 对此有人会问，社会怎么会跟宇宙扯到一起？其实，涂尔干想说的是，没有神圣存在，便不会有人世间的世俗生活，仅从世俗主义出发来理解社会，乃舍本逐末之举。不过，这里的"宇宙"亦可代之以"宗教"，但涂尔干说的宗

教已然不是宗教学意义上的范畴了：一切语言与概念、理想与灵魂、信仰与仪式，都可谓神圣性的存在，皆为社会之基础①，否则，世间的人或人间的事都只会"像河流中的波浪滚滚而来，甚至在稍稍滞留的时候，也不能保持原样"②。

中国社会学的开创者们也有相似的看法。吴文藻有关物质、社会、精神的"三因子"学说，强调的即是社会对于物质与精神的连带功能。③ 费孝通重视乡土中国中"知识阶级"的作用，必是与儒家士大夫的理想世界有关。④ 而林耀华描述的地方社会，若没有祭祖和游神的仪式活动，怕是早就崩塌了。⑤ 瞿同祖讨论传统社会的法律实践，若无礼制的底色，或天道与人心的关联，规范秩序便也无从谈起。⑥

---

① 王铭铭．人文生境：文明、生活与宇宙观．北京：生活·读书·新知三联书店，2021：472-473.

② 涂尔干．宗教生活的基本形式．渠东，汲喆，译．上海：上海人民出版社，1999：597.

③ 吴文藻．吴文藻人类学社会学研究文集．北京：民族出版社，1990.

④ 费孝通．乡土中国．北京：生活·读书·新知三联书店，2013.

⑤ 林耀华．金翼：中国家族制度的社会学研究．庄孔韶，林余成，译．北京：生活·读书·新知三联书店，1989；林耀华．义序的宗族研究．北京：生活·读书·新知三联书店，2000.

⑥ 瞿同祖．中国法律与中国社会．新1版．北京：中华书局，2003.

由此看来，社会存于人世间，也存于人世外。倘若只从世俗主义层面来理解社会的构造，那么就必然存在一个非社会甚至反社会的世界，来为人世间奠定一个超越性的精神基础。文明的构造带有"政教关系"的性质，即便中国文明并无西方意义上的宗教性特征，但若是没有圣俗二分的构造，恐怕也是难以成立的。

政统与道统

1947年3月，费孝通再访英伦回国后，应《世纪评论》之邀陆续发表《乡土中国》系列文章。与此同时，他与吴晗等人在清华大学组成了社会结构研讨班，将中国社会的历史发展脉络与他以往的实地调查研究结合起来，探讨结构史的基本理论问题，《皇权与绅权》便是这一思考的最初理论成果。

学界往往以为，此书所及问题的关键与同期写成的《乡土重建》一样，是关于中国传统社会之双轨体制的阐述。《皇权与绅权》开篇所设的历史情境，即秦汉之际封建解体、皇权确立的时代，这种变迁可以说是政体从天子诸侯制度（贵族制）向皇帝制度（君主官僚制）的转型，也可以说是国家治理从封建制向郡县制的转变，或者，从知识阶级的角度说，是从"大夫士"向"士大夫"的转换。在费孝通看来，中国社会恰恰由此变化而出现了"所特具的一种人物"——绅士。

我们且不说费孝通如何受过英国近代社会思想的影响而强调中国绅士传统，单从其对中国社会的考察出发，很显然，绅士是皇权制度的产物，这里有几个主要原因：首先，"帝王本无种"，封土胙民的制度一旦瓦解，贵族出身论便不再是主流的结构了；其次，"朕即国家"，皇权至上，那么所有官僚就成了附属性的功能集团，这样一来，做官的目的即是上辅佐皇帝、效力国家，下保家族兴旺；最后，由于官僚系统具有任期制和流动性的特征，因此退任的官员或其在野的亲属可作为地方士绅，与朝内联手互补，维持势力，增强政治免疫和掩护的能力。在这个意义上，"绅士是士，官僚是大夫"构成了皇权与民众间的中间环节。①

不过，在传统社会中，无论是官僚还是绅士都并非仅仅具有权力层面的含义，他们还是垄断知识的阶级。而且，这种知识的主体还不是用于"百工之事"的自然知识，而是作为"天下之通义"的规范知识。"民可使由之，不可使知之"，这意味着皇权的威望和百姓的悦

---

① 皇权与绅权//费孝通文集：第5卷．北京：群言出版社，1999：473.

服是要靠士大夫阶级来进行文化建构的。因此，一切礼制的规范、经典的解释和历史的记述都掌握在他们手里。一旦现实的政治效力和传统的规范知识之间形成了上述关系，霸道和王道就会交错并行，两者时而相合，时而分道。

在费孝通看来，霸道和王道的关系是很微妙的，王道以孔子（即"素王"）为代表，常存在于"天高皇帝远"的地方社会，而衙门里的事情是皇权的统治范围，这可称为"上下分治"或"双轨政治"。这样的说法未必完全符合历史的实际。事实上，皇权常常可以下县，朝廷里的官员也会拼死上谏，所谓"上下分治"只是相对而言。不过，士大夫们牢牢掌握着文字、文书和文献，把自己称作"士人"、"君子"或"读书人"，专门占据着教化的位置，这一点倒是没错的。虽然在老百姓中识字的人不多，生活里"有语无文"，但他们把文字作为神圣供奉着，这恰恰说明了文化在传统上具有极强的规范性。

可是，话说到这里，尚不能证明中国文明具有政教并立的那种结构，倘若士人们不能造就出一种单立的精神世界，到头来依然逃不出皇权的主宰。在费孝通看来，儒家的意识形态建设并未单纯停留在治理的层面上，"托古"和"修史"的目的是要将理论、史实、传说和神话加以混融整合①，形成一种关于理想政治的系统性话语和图景，即"道统"。于是，道统与政统究竟是相互合一，还是彼此分离，便成了超出现实政治之范围、从根本上涉及文明之根底的标尺。在这样的学说体系里，周公乃是政道合一的代表，他虽在摄政的意义上拥有着最高权力，但依然守持封建宗法的规范而最终致政成王。不过，周公的这一角色也预设了一种政道分离的可能性，儒家学说从周公引出孔子，竟然像宗法作为世袭政统那样，师表于"万世"，成为"素王"，不仅在孔子的履历中加入了"尼山降圣""获麟绝笔"这样的神话要素，还要大兴庙祠，为后世千年的士子们祭拜瞻仰，这就构成了相对独立的道统。

道统之所以与政统有别，恰恰是因为二者的关联超出了制度与权力的层面，所谓的"双轨政治"只是政道分离的效果，而非原因。② 从现实社会的角度来说，政与道的关系，倒像是一种显与隐、进与退、露与藏的关系。既然是"道在师儒"，《论语》以"学而"开篇，强

---

① 王国维. 观堂集林. 石家庄：河北教育出版社，2001：159－166.

② 费孝通将政道关系与西方文明中的政教关系对比后指出："在中国，孔子也承认权力的双重系统，但是在他看来，这两个系统并不在一个层次里，它不是对立的，也不必从属的，而是并行的，相辅的，但不相代替的。"参见皇权与绅权//费孝通文集：第5卷. 北京：群言出版社，1999：489.

调的重点就是"笃信好学，守死善道"，而这一原则与现实政治的关系，即是"危邦不入，乱邦不居"。具体到师儒们的行动选择，则要"天下有道则见，无道则隐"（《论语·泰伯》）。也就是说，在"匪兕匪虎，率彼旷野"的据乱世中，"道"之"大修"，并不在于"居位"和"行事"，而在于"自修"和"归隐"（《史记·孔子世家》）。孔子所说"邦有道则仕，邦无道则可卷而怀之"（《论语·卫灵公》），便是此意。

非社会性的山林

在孔子看来，自修式的归隐具有非凡的意义，"兴灭国，继绝世，举逸民，天下之民归心焉"（《论语·尧曰》），可谓仁政的纲领所在。荀子也说过这样的话，"天下无隐士，无遗善"。因此，无论"逸民"还是"隐士"，都是颜师古所说的那些"有德而隐处者"[1]。孔子、司马迁对伯夷、叔齐等倍加推崇，后世将二者视为道统的典范，说明其承载着至高的文化价值。

难怪钱穆在讨论中国社会学的构造时曾说，除了人们周知的"身家国天下"这一"人生会合"的递进原则，就中国社会的形态学分析而言，还需要从城市、乡

---

① 班固. 汉书. 颜师古，注. 北京：中华书局，1962：955.

镇、山林和江湖四个方面来理解。前两者不难懂，城与市当然是政与商的中心，封建制中都邑有城，郡县制最低至县，所谓"县城"，其分布两千年大抵不变，是国体的基础。到了社会的基层，城之四围为镇，镇之四围为村，农民耕织生产，聚族而居，"民惟邦本，本固邦宁"（《尚书》），乡镇既是整个国家的生养之源，又有着宗法和乡族治理的浓厚氛围。

而所谓江湖，则可以说是"大社会"中的"小社会"，或是用"反社会"的方式来重建社会的努力。江湖多游侠义士，从荆轲到梁山泊的豪杰，他们都是任侠传统的化身①，或独行天下，或聚众举义，企图以激进的行动替天行道，匡扶正义。当然，他们一旦从隔离的世界中重返现实，投入城市或乡镇中来，往往会转化成为帮会组织，成为人们今天常说的带有黑色特征的"社会"。

城市、乡镇之外不仅有流动的江湖，还有山林。既称作山林，便是山重水复、层林密草的自然，郭熙讲的"林泉之志，烟霞之侣，梦寐在焉，耳目断绝"（《林泉高致》），意境犹在此处。人迹罕至的清净之地，是归隐修行的好居所，也是佛寺道观的藏身处，所谓名山大川

---

① 陶希圣认为，地主商人与无产农民两种势力的权衡交叉形成于先秦时期，贯穿中国历史，具体表现在辩士与游侠这两种不同出身的游间分子的活动。参见陶希圣. 辩士与游侠. 长沙：岳麓书社，2013.

或洞天福地，都是"非社会"的区域所在。钱穆说："儒林中亦有终身在山林者。"东汉初年严光隐居富春江畔，宋初孙复、石介在泰山，清初王夫之终身山林，皆影响甚大。这同时说明，归隐者从来都不是不谙世事的，相反，唯有山林才能让人得到真正的清明。

费孝通说，"退隐山林是中国人的理想"，"归去来兮"，士人总要寻得一处"逃避权力的渊薮"①，除去朝堂做官，还有云游在野的选择。不过，士与大夫、野与朝堂也不是截然二分的。归隐之士毕竟不是耕作的农民，"草盛豆苗稀"，他们不是劳力者，还是需要"朝内人"的供养。况且，历史上有很多隐士常常以在野之名务在朝之实，梁武帝时期的陶弘景便有着"山中宰相"的称谓。② 而那些身居朝堂的官僚也并非一味实干，内心里的山林世界也是挥之不去的。钱穆说，历史上的中国城市并不只是为货殖商人或庙堂官僚们所占据，逸民虽与儒林相抗衡，却实出于儒林，"故儒林之在城市，亦多慕为隐逸者"③。因此，中国城市总是遍布着仿效山

---

① 皇权与绅权//费孝通文集：第5卷．北京：群言出版社，1999：470-472.

② 陶弘景隐居茅山，屡聘不出，"国家每有吉凶征讨大事，无不前以咨询。月中常有数信，时人谓为山中宰相"（李延寿《南史》）。

③ 钱穆．现代中国学术论衡．北京：生活·读书·新知三联书店，2001：202.

林的园林美景，皇家、官员和商人们皆有此好，总要梦想出一个别离的世界来。可以说，中国城市的山林化常求静定而非动荡，这意味着，"中国文化之最高理想，与其最高精神，乃在通天人一内外"，即"人文与自然之和合成体，即人文之自然化，自然之人文化"①。

由此可见，上述四种社会形态与其说是基于功能论的划分，不如说更具有文明上的意味，而且彼此常常融合在一起，形成纷繁复杂的社会意域。城市和乡镇作为常态的社会，相互间的关联会反映出世俗生活的流动性：平头百姓努力争取科举出仕的机会，投入城市里的官僚政治体制中；而各级官场的要员们，要么费尽心思，在家乡扩建祖宅，兼并田地，做最大的地主，要么返乡心切，常常在丁忧期或退休后回到乡镇，叶落归根，与先祖们合葬一处成为他们最大的夙愿。由此，中国人在离乡与返乡、进城与出城中，不断往复回环，梦想着国家与宗族的延续和发达。

然而，江湖和山林则是非常态的"社会"，这两种"社会"分别是侠士和隐士所营造的理想世界。江湖亦隐匿于山林，虽是士人的一种寄托，但依然脱离不了世

① 钱穆. 现代中国学术论衡. 北京：生活·读书·新知三联书店，2001：203-204.

俗性的要求，他们希望依靠一种远离现实又改造现实的方式重建情义和正义的价值，因此颇具流动性。这些侠肝义胆的侠客常常行走于乡镇和城市中，形成独特的帮会势力，在中国社会的经济和政治生活中扮演着重要角色。①

无独有偶，费孝通曾在《乡土重建》中指出，研究中国传统社会的政治结构，必须注意皇权、绅权、帮权和民权这四种不同权力间错综复杂的关系，这与上述四种社会形态倒是有某种程度上的照应。② 只是费孝通深受像托尼这样的英国经济史家的影响，比较强调绅权在双轨政治中"无为主义"维度上的意义，即所谓地方或基层上的"无为政治"和"绅权缓冲"。或许，正是因为他当年还没有充分的"文化自觉"，所以对于山林中的士人如何寄怀咏志，尚未有切身体味。

事实上，无论是"不食周粟"的逸民风骨，还是

---

① 瞿同祖．清代地方政府．范忠信，晏锋，译．北京：法律出版社，2003.

② 而且，费孝通还谈到了这四种权力如何实现现代性转化的问题，"我所希望的是，皇权变质而成向人民负责的中央政权，绅权变质而成民选的立法代表，官僚变质而成有效率的文官制度中的公务员，帮权变质而成工商业的公会和职业团体，而把整个政治机构安定在底层的同意权力的基础上"。参见乡土重建//费孝通文集：第4卷．北京：群言出版社，1999：434.

修道成仙的宗教实践，无论求学于寺庙道观，还是云游于洞天福地，或过一种渔樵耕读的简单生活，都在为一切世俗社会的现实性开辟出一个别样的世界来。这个看似与日常社会毫无关涉的世界，却将一种恒久的精神力和神圣性注入人的心灵之中，成为道统的依存之所。深处尘世的人若无对这种最高理想的追寻和守持，社会便也没了文明的向度，必殁于权势与利害的丛林中。

人文化的自然

在《皇权与绅权》中，费孝通论政统与道统的分离是从封建解体后的秦汉之变入手的，同时他也认为，董仲舒的春秋学也曾做过最终的努力，试图用"灾异说"将双轨合一，以乾元统天，把文明引到"宗教的路子"上去。只可惜，董仲舒还是在现实中败给了公孙弘，于是乎，"习文法吏事，缘饰以儒术"便成了官僚的风气，"事上"即做官的目的，师儒也只是乡间诵读圣谕的人物了。①

之前说到，费孝通写作《乡土重建》本于一种极为

_____

① 皇权与绅权//费孝通文集：第 5 卷. 北京：群言出版社，1999：497 – 499.

迫切的现实问题意识，即基层乡村的溃败与行政的僵化所引发的对于中国社会变迁之文化症结的思考，他所关心的是塑造当前史的传统社会结构的起点，而非文化精神的流变。但其中所涉及的关键议题——非常态的山林文化系统对中国社会的构建究竟有何重要意义——已经关系到了士大夫阶层的人格构造和中国社会作为一种文明体的双重特质。

确实，秦汉之变对中国传统政治结构的影响至深至远，而魏晋以来文化结构变迁所带来的社会作用也不容忽视。柳诒徵曾将中国文化史分为自我之形构、印度文化的进入和远西文化之东来三个历史时期。其中，自东汉末期以来，经由魏晋到唐宋而形成的长时段文化变革，对于塑造士人和民众的思想观念、人格心性以及社会的精神气质皆颇具意义。同时，这也真正开启了山林的时代，士人们将道统的原则转化为可具体开展的自我修为及可完整呈现的世界观和宇宙论，并以此作用于社会领域的方方面面。

历史由两汉经三国而入两晋，此虽是政治中衰之际，却亦是文化新生之时。两晋南北朝是一个宗教混融、民族糅合、社会流动性极强的时期：一方面，西来的佛教已深入内地，士人甚至皇家贵族深受影响；另一方面，滨海地域天师道教也逐渐兴起，"传播于世胄高门，本为隐伏之势力，若渐染及于皇族"①。依据陈寅恪的说法，士大夫一改两汉时期的传统形象，开始在自然与名教之间出处进退，其原因在于"东汉末世党锢诸名士遭政治暴力之摧毁，一变其指实之人物品题，而为抽象玄理之讨论，起自郭林宗，而成于阮嗣宗，皆避祸远嫌，消极不与其时政治当局合作者也"②。一时间，"避世""清谈""格义"之风盛行，前有"竹林七贤"，后有"江左名士"，在"以官长君臣之义为教"的世俗政治中，创造了一种"旷达不羁、不拘礼俗"的独特风范，开辟了一片"崇尚自然、避世不仕"的自在天地。

在陈寅恪看来，"中国自来号称儒释道三教，其实儒家非真正之宗教，决不能与释道二家并论。故外服儒生之士可以内宗佛理，或潜修道行，其间并无所冲突"③。人们常说的那种宗教信仰的排他性，并不适用于传统中国。就这一时期的士大夫来说，江右琅琊王氏及河北清河崔氏既为天师道世家，亦为儒学世家。而即便是天师道世家，也多有出入佛教之人。由此可见，在中国文化传统中，所谓的宗教仪轨和信仰不是以后来的西

---

① 陈寅恪史学论文选集. 上海：上海古籍出版社，1992：155.

① 陈寅恪史学论文选集. 上海：上海古籍出版社，1992：155.
② 同①199.
③ 同①133.

方宗教概念之界定而起作用的，如钱穆说："两晋、南北朝时代的高僧，若论其内心精神，我们不妨径叫他们是一种'变相的新儒家'。他们研习佛法，无非是想把它来替代儒家，做人生最高真理之指导。他们还是宗教的意味浅，而教育的意味深。个人出世的要求淡，而为大众救济的要求浓。"①

佛道二教对于士人精神的培植启发了一个崭新的精神时代，即将"隐逸"和"山水"的思想纳入一种"越名教而任自然"的心性之中②。对此，陈寅恪做出过如下总结：

> 故自晋至今，言中国之思想，可以儒释道三教代表之。此虽通俗之谈，然稽之旧史之事实，验以今世之人情，则三教之说，要为不易之论……故两千年来华夏民族所受儒家学说之影响，最深最巨者，实在制度法律公私生活之方面，而关于学说思想之方面，或转有不如佛道二教者。③

随着汉王朝儒教意识形态的瓦解，经学烦琐僵滞的

---

① 钱穆. 中国文化史导论. 北京：商务印书馆，1994：149.
② 嵇康. 嵇康集校注. 戴明扬，校注. 北京：中华书局，2014：402.
③ 陈寅恪史学论文选集. 上海：上海古籍出版社，1992：512.

学风亦受到士大夫的质疑。玄学家痛斥名教的伪善，以自然之通达而追寻天地之逍遥。佛教也被赋予了格义的内涵，就像孙绰说的那样，"夫佛也者，体道者也。道也者，导物者也。应感顺通，无为而无不为者也"①。甚至于，周孔思想也被说成与释道同源，尽管二者发展的踪迹和途径殊有不同。② 郭象注《庄子·逍遥游》云：

> 夫圣人虽在庙堂之上，然其心无异于山林之中，世岂识之哉？徒见其戴黄屋，佩玉玺，便谓足以缨绂其心矣；见其历山川，同民事，便谓足以憔悴其神矣，岂知至至者之不亏哉？

在郭象的眼里，儒道之别似乎也没那么绝对，对圣人而言，身居"庙堂之上"，犹如心在"山林之中"，滚滚红尘里自有悠悠万事，山水天地间亦存忧愤之情真，"夫圣人之心，极两仪之至会，穷万物之妙数"，"出世"与"入世"，本乎一心。

由此看来，对于东西两晋南北朝的士大夫而言，"其行事遵周孔之名教，言论演老庄之自然"，并非难事，而且，因释道二教的流布和融汇，其人格心性之养

---

① 孙绰．喻道论//僧祐．弘明集．北京：中华书局，2011：74.

② 吉川忠夫．六朝精神史研究．王启发，译．南京：江苏人民出版社，2012：13－17.

成强化了"物己融合""反心内观"的维度。由此,"宗教的传播,亦多倚艺术为资用"①,中国的文化史由此进入了一个以诗文书画为载体而传承、守持和弘扬道统的时代。

士人的内在世界

六朝以来,士人精神的内向发展创造性地将孔子思想中的隐逸观与老庄哲学中的自然观结合起来,同时又融汇了从佛教的因缘和轮回概念中演化而成的心性论,从而超越了以往通过祭祀礼仪和神仙信仰而达成的天人关系,开始将山水天地的自然运化置于人性内在的生动气韵之中,为社会文化的神圣性赋予了新的意涵。

由此,山水便成了士大夫沉潜与游放的"清旷之域",成了超拔于现世的更为整全永恒之世界的依托。虽说在儒释道三者的关系中,其各自取舍不同,但都对于人与自然的联通交往展开了独特的探索。② 宗炳的"以形媚道"说,强调的是"栖形感类、理入影迹"的畅神体验;"澄怀观道,卧以游之",目的就是要在山水中"应目会心",在形而上的层次"应会感神,神超理

① 陈寅恪史学论文选集.上海:上海古籍出版社,1992:183.
② 余英时.士与中国文化.上海:上海人民出版社,1987:287-400.

得"于自然。同样，孙绰、王羲之和谢灵运也都游走过会稽的山水。孙绰曾发出"屡借山水，以化其郁结"的感慨；王羲之则有"仰观宇宙之大，俯察品类之盛"的千古之叹；山水诗祖谢灵运不仅开启了"选自然之神丽，尽高栖之意得"的山居世界，并踏破铁鞋，以"山行穷登顶，水涉尽洄沿"的心志游历名山大川，以此来体验"是身无常，念念不住"的顿悟成佛的觉悟。①

其中，陶渊明是一位决定性的"范式转换者"。陈寅恪认为，对于名教与自然关系的总清算以及由此形成的全新世界观，突出地体现在《形影神赠答释诗》之中。陶渊明的自然说，"既不尽同嵇康之自然，更有异于何曾之名教"，这里的关键处是寻得了一种士大夫可以自处、自洽、自得的安身立命之本，不再受"形影之苦"，而以"神辨自然以释之"。在陈寅恪看来，"形"与"影"之间的赠答分别代表了对旧自然说和名教论的看法。"天地长不没，山川无改时"，旨在说明天地山川之久长，远非人生可比，为何还要别学神仙，求长生不老，或沉湎于酒，以苟全性命呢？"存生不可言，卫生

① 萧驰.诗与它的山河.北京：生活·读书·新知三联书店，2018：92-113；刘宁.谢灵运、王维和文人山水画的"居游"理念//渠敬东，孙向晨.山水：第1辑　中国文明与山水世界.北京：生活·读书·新知三联书店，2021：90-104.

每苦拙"，则意味着名教所持的一种态度：既然长生不可得，那么唯有立名、立善可以不朽，以致精神之永恒。

然而，在《神释》中，陶渊明表达了一种新解："甚念伤吾生，正宜委运去。纵浪大化中，不喜亦不惧。应尽便须尽，无复独多虑。"这里，新自然说的要旨在"委运任化"，自然的运化之理乃是一种清醒的意识：己身亦为自然的一部分，因而随顺自然、合于自然，而非像玄学家那样服食求长生，或像名教论者那样惜生以立名，才是"神之所以殊贵于形影"之处。故陈寅恪总结说："盖主新自然说者不须如主旧自然说之积极抵触名教也。又新自然说不似旧自然说之养此有形之生命，或别学神仙，惟求融合精神于运化之中，即与大自然为一体。因其如此，既无旧自然说形骸物质之滞累，自不致与周孔入世之名教说有所触碍。"① 由此，这一运化的思想便在调和自然与名教的基础上，给出了一种新的人性孕生、表达和实现的方式，难怪在陈寅恪看来，陶渊明这一里程碑式的思想发明为"古今第一流"，与千年之后道教汇通禅宗而改进教义的做法，颇有近似之处。

由此，"神"的观念及领悟开始在士大夫的心灵中

---

① 陈寅恪史学论文选集．上海：上海古籍出版社，1992：141-142.

获得了重要地位，三教并立与融合，甚至彼此抵牾而催生新的思想，缔造了封建时代和帝国时代后的第三个文明转化阶段。陈寅恪盛赞了以《神释》为代表的中古变迁的社会意义：

> 此首之意谓形所代表之旧自然说与影所代表之名教说之两非，但互相冲突，不能合一，但己身别有发明之新自然说，实可以皈依，遂托于神之言，两破旧义，独申创解，所以结束二百年学术思想之主流，政治社会之变局，岂仅渊明一人安身立命之所在而已哉！①

由陶渊明开启的士大夫由自然而内观的哲学探索，随后在南朝颇具反思性的文化气氛中逐渐理论化了。道之所存，往往呈现于文学艺术的生发和研习活动中，也体现在随顺于自然造化的生活方式中。

刘勰的《文心雕龙》以《原道》为首，强调圣人所谓"道之文"是合于日月山川之形象的"天地之心"，"心生而言立，言立而文明"，才是"自然之道"的原本。由是观之，"傍及万品，动植皆文"，所有世间万物，无须外饰，本乎自然即可。在《神思》一篇中，他

---

① 陈寅恪史学论文选集.上海：上海古籍出版社，1992：137.

提出了"思理为妙，神与物游"的思想，"神"从来不是超然于外的，只是居于胸臆之中，是一个人的心志和气质使然，"物"亦不是客观事物，而是由感觉经语言形成的心灵投射。这一切，皆是因为"神用象通，情变所孕。物以貌求，心以理应"，《周易·系辞上》所说的"圣人立象以尽意"，才是理解"道"之显现的关键。早前宗炳在《画山水序》中所说的"圣人含道暎物，贤者澄怀味像"，便是此意。

谢赫"六法"篇幅短小，却是士大夫如何表现自然造化之功的精要概括。"六法"虽讲的是人物画法，但仍是普遍适用于各类题材的法则；虽以画理为主，但对于文化程式的构造及士人品格的评判皆有价值。尤其是"气韵生动"作为第一法，实则是陶渊明所说"委运任化"这一自然之道的最佳说明。绘画中的生机和韵律，不单指对象的表现形态，更指作者内在的修为境界。就像宋人郭若虚说的那样，"六法"中其他五法皆可学，唯独第一法，"如其气韵，必在生知，固不可以巧妙得，复不可以岁月到，默契神会，不知然而然也"①。一个人若不像天地久长、山水流转那样"依仁游艺"，历尽人间百途，尝尽人生百味，便不会有此"高雅之情"，因

---

① 郭若虚．图画见闻志．杭州：浙江人民美术出版社，2019：25.

此，"人品既已高矣，气韵不得不高。气韵既已高矣，生动不得不至"。

在文明史的意义上，新自然说在名教与玄学之间走出第三条道路，发端于魏晋，造极于唐宋。这种崭新的自然观和人生境界，使得士大夫阶层不再诵讨依附传统的贵族身份而获得文化上的地位，也不再通过寄托于外在的神祇和物质来获得超越生命的力量，而是从内心、日常入手，去探寻自然造化与人性深度之间的关联。此种意义上的政道关系当然与西方长达千年的政教关系不同：从人之本身出发，从人参乎天地、寄情山水的角度出发，"外师造化，中得心源"，这才是中国文明构建自身神圣性的基础。

魏晋至隋唐时期，佛教由小乘转进大乘，再经由天台转入禅宗，逐渐摆脱了外在束缚，以一种天真自在的方式落在了日常的天机上。对士人来说，道教也逐渐演化成玄理与行修的内学，在形神与心性之间推衍。① 所有这些转变，无不凝结于山林这一重要领域的精神成长上。在唐人诗歌中，山水育风土，山水有清音，山水可发出哀鸣悲愤，山水亦绽放着烂漫天真。诗文书画的空

---

① 程乐松．耽玄与尘居：唐宋道教思想与社会研究．北京：宗教文化出版社，2021.

前合流，开始孕育出"文人"的概念。①

　　文人观的开创者非王维莫属。王维隐居终南，又作辋川别业，其间的诗句常为即目所见和即兴所感，却又超然物外，将整个世界凝现于顷刻之间，由此将人在自然之中的沉潜和触发相互融合，将入世的感悟与出世的情味交互展现。一瞬即永恒，一画即世界，便是人文所寻求的天人关系的最高境界。同样，王维也是文人山水画的鼻祖，《山水诀》开篇即挑明："夫画道之中，水墨最为上。肇自然之性，成造化之功。或咫尺之图，写千里之景。东西南北，宛尔目前，春夏秋冬，生于笔底。"画之道，便是要在尺幅内呈现自然的万千气象和生成流变，而水与墨的交融，则要求不再死守物象的形体不放，而是循着感悟的心迹来呈现自然的化境。苏轼评价王维"诗中有画，画中有诗"，或张彦远强调"书画同体""书画同道"，都旨在说明人文之自然化或自然之人文化过程于表现意义上的同源性。

　　郭若虚曾说："若论佛道人物仕女牛马，则近不及古；论山水林石花鸟禽鱼，则古不及近。"这里讲的古今之变就在于唐宋时期世族门第的式微，给了白衣秀才平地拔起的机会，士人脱去了贵族气，而着意从自然与

---

　　①　萧驰.诗与它的山河.北京：生活·读书·新知三联书店，2018.

人生的关系中去体悟世间的造化与心得。其中，禅宗对于心源与境界的提升以及理学对于法度与格物穷理的强调，都集中于人生之修养和天机之参悟的维度上。自然，亦为心性，天地造化融会于一心，再呈现出一个恒久的世界来，便成了一种道统的依傍。米友仁说得好，"山水心匠，自得处高也"。

于是，我们便从郭熙等人的画作和画论中，看到了"三远""三大"的世界构造法。宋人从"平""高""深"的三度空间以及自然生命的时间序列，乃至笔墨语言的多种表达方式出发，将儒释道三教合一所开辟的人生理想与天理秩序转化为诗书画合体的具体形式，以超越性的精神人格来继承王道传统。以此培育而成的胸中气味，将万千沟壑揽于内心，来守成天意和天命。[①]

山林的多重社会交往

然而，山林及山林中的逸民隐士也往往会引来成见和误解：一是认为唯有人踪皆灭的山林才是士人的隐居之地，这是一种自然主义上的避世论；二是认为只有彻底规避社会，断绝与所有人的交往，才能做到一尘不

---

① 渠敬东. 山水天地间：郭熙《早春图》中的世界观. 北京：生活·读书·新知三联书店，2022.

染，顺乎悠游自在的天性，这是一种伦理学上的绝世论。难怪韩愈曾讽刺说："山林者，士之所独善自养，而不忧天下者之所能安也。如有忧天下之心，则不能矣。"

其实，孔子也早就做过这样的提醒。《论语·微子》曾描述过这样的场景：孔子一行路遇隐者长沮和桀溺，子路上前问津，不料引发了他们的盘问和嘲讽，桀溺大发议论："滔滔者天下皆是也，而谁以易之？且而与其从辟人之士也，岂若从辟世之士哉？"此番感慨是说，在洪水滔天的乱世，谁能来改变？与其跟着孔子"避人"，为何不跟着我们去"避世"？子路再来请教孔子，孔子当然不会这样看，他说："鸟兽不可与同群，吾非斯人之徒与而谁与？天下有道，丘不与易也。"孔子的主张很清楚，归隐的目的不是与鸟兽同群，把自己仅仅作为自然的一分子，虽然天下无道之时，君子当"卷而怀之"，但之所以要这样做，恰恰是为了改变社会！

从这个角度说，世上从来就没有独存的山林，也没有单一的道统。出世和入世、山林与社会总是相伴而生的，士人于乱世中归隐，目的并不在于自我保全，对"人世间"或"人间事"也非闭目塞听。诸葛孔明"躬耕南阳"，说自己"苟全性命于乱世，不求闻达于诸侯"，待刘备三顾茅庐，"遂许先帝以驱驰"。他的《隆中对》是奠定三国大势的战略总纲，文首的"躬耕陇亩，好为《梁父吟》"，与文末的"霸业可成，汉室可兴"形成了鲜明对比。

儒林中终身山林者，如东汉初年严光隐居富春江畔，或宋初孙复、石介于泰山修行，清初王夫之终老林泉，凡此种种。亦有待价而沽者，三国孔明、庞统，乃至明初刘基，均为隐士出山，贡献了赫赫的历史功绩。前文所述陶弘景，以在野之名务在朝之实，身在山中，却可让梁武帝言听计从，当然也从来不少赏奉。而以在野之法求在朝之位，历史上亦大有人在，山林成为谋求权力之手段，欺世人之耳目，也是难免的事实。①

从广义人文的角度讲，山林并不只是隐士的修行之地，而与王朝的政治命运和天下图景密切相关。沙畹论泰山，开篇便指明："中国的山岳俱为神明。她们被看作自然崇拜的力量，有意识地运行着，因而能够通过祭祀致获祯祥，也会为祈祷所动。"② 从两周到秦汉，山川祭祀蔚然发展，秦汉大一统，"封禅、郊祀是皇帝巡游

---

① 蒋星煜．中国隐士与中国文化．上海：上海人民出版社，2009：31-33.

② 沙畹．泰山：论一种中国信仰//渠敬东，孙向晨．山水：第1辑中国文明与山水世界．北京：生活·读书·新知三联书店，2021：2.

天下，在全国范围内定期举行的活动"①，既整合了战国以来东西两大祭祀系统，又奠定了一套独特的宇宙论模式。魏晋以后，此传统继续传承，禅礼活动中符瑞多现，山神庙主也往往伴有各种灵验的事迹，神巫代言天命，以"降灵宣教"的形式发挥着社会政治作用。②

同样，"山岳亦是身具超凡能力之人的居所，还有众多仙子或地灵嬉戏于此……他们是神仙、受福之人，正如汉代铜镜铭文所说的那样，'上泰山，见神仙。食玉英，饮醴泉'"③。于是，在众神的山川中，洞天福地、寺院道观纷纷兴起，山林成为南北流民"神仙"崇拜的传递之所，也成为宗教信仰及知识的聚散之地。山居世界的"不死之福庭"，既是神主的府第，又是智慧的学园，这一独特的文化场构成了有别于现实政治的另一个世界中心，不仅与城市和乡镇保持物质生活的往来，也

---

① 李零认为："秦汉祠畤分东西二系，《史记》《汉书》说的封禅主要指山东境内封禅泰山、祭祀八主和巡行海上的活动，郊祀主要指陕西境内围绕甘泉泰畤、汾阴后土祠和雍五畤的祭祀。"参见李零. 秦汉祠畤的再认识：从考古发现看文献记载的秦汉祠畤//渠敬东，孙向晨. 山水：第1辑　中国文明与山水世界. 北京：生活·读书·新知三联书店，2021：66.

② 魏斌. "山中"的六朝史. 北京：生活·读书·新知三联书店，2019.

③ 沙畹. 泰山：论一种中国信仰//渠敬东，孙向晨. 山水：第1辑中国文明与山水世界. 北京：生活·读书·新知三联书店，2021：3.

在精神生活上组建了与朝廷、官员和民众多重、多形态的互动圈①，并反过来深刻影响着权力政治的走向②。

不过，就士人的最高追求来说，如陈寅恪所论以陶渊明为代表的新自然说，已经将山林和田园转化为一种内在的心性，"久在樊笼里，复得返自然"，或者说，"丘山"之爱并不仅仅指具象化的一丘一壑、一草一木，更是一种胸中的容量，一种"心远地自偏"的境界。郭熙《林泉高致》中说道："《白驹》之诗，《紫芝》之咏，皆不得已而长往者也。"山水的真谛，乃是愈不可得者愈为真，消除了尘世的浮念，才是山水最真的世界。③

可以说，山林与社会的交界面是极为丰富的，从百姓的民间信仰到帝王的国家祭祀，从僧侣道士的修行到文人墨客的居游，都往往行走和流动于此，甚至连那些世俗的功名利害，也常常交接于庙堂与林泉之间，讳莫如深。可对于真正的士大夫来说，出世与入世，则唯发于一念，他所面临的并不仅仅是身处何地的选择，更重要的是，他能否同时开辟出两个世界，在现实的家国责

---

① 魏斌."山中"的六朝史.北京：生活·读书·新知三联书店，2019：332 - 343.

② 胡宝国.从会稽到建康：江左士人与皇权.文史，2013（2）：97 - 110.

③ 渠敬东.山水天地间：郭熙《早春图》中的世界观.北京：生活·读书·新知三联书店，2022：8.

任和利害权衡中，守住内心的一片天真。

余 论

我们关于山林与社会的讨论，既不是概念辨析，也不是历史考证，而是针对现代社会人与世界的关联方式，给出另一种文明意义上的可能路向。中国是一个文明体，延续几千年，并塑造了人文地理上的东亚文化圈。任何一个文明体的存在，都不能仅仅局限于实在的社会性的保持和发展，还必须拥有一种超越性的心灵和精神，化育成具体的历史和人，构筑成连续的生命而存续。与西方文明中的政教结构不同，中国文明始终以政统和道统的双重体系而发展，而山林，则依不同历史时期形成的不同概念（即祭祀礼仪中的"山川"、人神交通中的"山海"、文人艺术中的"山水"以及现代民族国家中的"山河"），承载了道统的本体构造。

在现代资本主义的浪潮里，天与地、山与水在具体的社会运行中渐渐失去了位置，随之，人也失去了在自然和宇宙中的位置。世俗主义的世界历史、物质主义的生产和消费方式、思维和实存上的对象化机制，将人的生命带入无所不在的观念、知识甚至身体上的权力关系之中。这种资本主义的文化矛盾，既表现为行为主义与实证主义相结合的科学意识，又表现为绝对主义和相对主义相混融的价值立场，从而使文明的进程遭遇前所未有的危机。或许，山林世界以及山水所具体构造而表现的自然与人文之互成关系，可塑成一种新的神圣性，一种与天地交接、与山水共情的生命形态，一种真正从人出发、为人所实现而又超越于人的归宿。

8 从甲骨文看殷商人的宇宙观

在殷商人的心目中，宇宙可以分为人间
和鬼神两个世界，而这两个世界又不是没有
关系的。

作者简介

张玉金，1988 年毕业于北京大学中文系，获博士学位。现为
辽宁师范大学文学院特聘教授、华南师范大学文学院二级教授。
主要从事出土文献语言研究、古文字学和汉字学研究。代表作有
《出土战国文献虚词研究》《出土战国文献动词研究》等。

所谓宇宙，是指一切物质及其存在形式的总体。"宇"指无限空间，"宙"指无限时间。宇宙观指人们对宇宙的总体的根本的看法。

宇宙，哲学上也叫世界，宇宙观也叫世界观。人们的社会地位不同，观察问题的角度也不同，因此形成不同的世界观。唯物主义的世界观和唯心主义的世界观相对立，辩证法的世界观和形而上学的世界观相对立。辩证唯物主义的世界观是无产阶级及其政党的世界观。

本文利用殷墟甲骨文来探究殷商时代人们的宇宙观。殷墟甲骨文，有王卜辞和非王卜辞之分，是殷王室和一些上层贵族的占卜记录。所以这种材料所反映的宇宙观，应该是殷王、王室和上层贵族的宇宙观，其他阶层的人，其宇宙观如何，因材料缺乏，无法详细探讨。但是，殷商社会是由各阶层的人组成的，尽管社会地位不同，但某些观念应该是大体相同的。所以由殷墟甲骨文基本上可以看出殷商人的宇宙观，至少可以看出统治阶级的宇宙观。

此前已有一些学者讨论过这个问题，如钟柏生发表过《殷代卜辞所见殷人宇宙观初探》一文①，其他相关

① 钟柏生．殷代卜辞所见殷人宇宙观初探//第三届国际汉学会议论文集：古文字与商周文明．台北："中央研究院历史语言研究所"，2002.

问题也有不少学者做过探讨。本文在钟柏生和其他一些学者研究的基础上，对这个问题做进一步的探究。

人间的结构

关于殷王朝所处的社会发展阶段，不同的学者有不同的看法，有氏族社会说、部族社会说、军事民主制下的部落联盟说、奴隶制社会说、封建社会说等。本文倾向于奴隶制社会说。

在持奴隶制社会说的学者看来，殷王朝的社会结构是由奴隶主、奴隶、平民三类人所构成的。其中杨升南的观点可用下表来表示：

各级奴隶主	商王		
	王室成员	帚（妇）、子	
	内、外服职官	内服职官（略）	侯、伯、田、任、卫
奴隶	众、臣、仆、羌、刍、工、妾、屯、奚、垂		
平民	邑人		

资料来源：王宇信，杨升南. 甲骨学一百年. 北京：社会科学文献出版社，1999：474－482。

奴隶主阶级

奴隶主阶级是统治阶级，其中处于最高位置的是王。商王的地位非常崇高，独一无二，所以可以自称为

"余一人"。王具有军事权,他指挥军队操练、作战;王具有占测权,他向人们解释占卜的意思,从而将神权和王权都掌握在自己手中;王掌握祭祀权,他是祭祀活动的主角,从而掌控着整个王族;王具有行政权,他领导王室成员和内外服的职官,统治其治下的人民。但是,王要服从上帝的选择,要符合上帝的意愿和安排,在上帝的支持下行使职责。下面是一些有"王"出现的卜辞:

(1)☑贞:余一人其有□?(合 4998)

(2)丁酉贞:王作三师:右、中、左?(合 33006A)

(3)戊午卜,宾贞:乎取牛百,以?王固(占)〔曰〕:吉。以,其至。(合 93 反)

(4)壬辰卜,宾贞:王取祖乙馭?(合 296)

(5)壬子卜,㱿贞:王乎雀复,若?(合 6904)

(6)辛丑卜,㱿贞:帝若王?(合 14198 正)

王之下,是王室成员,包括妇、子等,这些人是与商王有血缘关系的人,或者是有婚姻关系的人。例如:

(7)己亥贞:令王族追召方,及于□?(合 33017)

(8)己丑卜,㱿贞:翌庚寅妇好娩?(合 154)

(9)辛丑卜,㱿贞:妇好有子?二月。(合 94 正)

"王族"应是以王之亲族组成的军事组织。"妇好"是殷王武丁的配偶。"妇好"所有的子,应是武丁的儿子。

殷王朝的官员分为内服官僚系统和外服官僚系统，属于奴隶主阶级的下层。

关于内服官僚系统，学者们的意见不一。依据杨升南的说法，商王之下地位最高的职官是辅佐之臣，如师、保、傅、卿等，而行政、宗教、文化等一切事宜都由大史寮处理。大史寮下设五个部门：

一是政务类职官。主要有尹、多尹、百姓。

二是事务类职官。这又细分为四类：主管农业的有小耤臣、小刈臣、小众人臣、田；主管畜牧业的有牧、亚牧、牧正、刍正、马小臣、牛臣、羊司、豕司、犬司等；主管田猎的有犬；主管手工业的有司工、百工、多工等。

三是军事职官，有师、亚、马亚、卫、戍、射、小多马羌臣、使。

四是文化宗教类职官，有贞人、巫、舞臣、作册。

五是宫廷内职官，有宰、寝等。

有辅佐之臣名和大史寮名的例子如：

(10) 戊申卜，殻贞：惠师呼往于微？（合7982）

(11) ☒利令，其唯大史寮令☒。（合36423）

"师"是官名。卜辞有"师般"的人名，指名叫"般"的师官。

有政务类职官名出现的例子如：

（12）令尹作大田？

勿令尹作大田？（合9472正）

（13）甲午贞：其令多尹作王寝？（合32980）

卜辞中的"尹"为治事之官，"多尹"即指多位尹官。

有事务类职官名出现的例子如：

（14）己亥卜，贞：令吴小耤臣？（合5603）

（15）☑小刈臣☑。（乙5915）

（16）贞：惠吴呼小众人臣？（合5597）

（17）戊戌卜，宾贞：牧匄人，命冓以愛？（合493正）

（18）丙寅卜：更马小臣☑。（合27881）

（19）［己］酉卜，亘贞：呼多犬卫？（合5665）

（20）甲寅卜，史贞：多工亡尤？（合19433）

"小耤臣"是管耕种耤田的小官。"小刈臣"是管庄稼收获的小官。"小众人臣"是管众人事务的小官。"牧"是主管放牧之官。"马小臣"是管理马匹之小官。"犬"是田猎情报官。"多工"即百工，为官员，管理各种手工业。

有军事职官名出现的例子如：

（21）丁未卜，贞：惠亚以众人步？二月。（合35）

（22）贞：其令马亚射麋？（合26899）

（23）惠戍呼旋执于之，擒，王受祐？（合26993）

（24）贞：翌己卯命多射？二月。（合46正）

（25）丁亥卜，宾贞：惠彗呼小多马羌臣？十月。
（合5717正）

"亚"为内服官，掌军旅、祭祀。"马亚"为武职官。"戍"也是武职官。"多射"是指多位射手。"小多马羌臣"是管马羌之小官，马羌是羌部族之一。

有文化宗教类职官名出现的例子如：

（26）乙丑卜，争贞：于祖丁御？（合1854）

（27）乙亥扶：用巫今兴母庚，允使？（合19907）

（28）作册西？（合5658反）

"争"是贞人名，占卜时负责贞人事务。"巫"是接事鬼神的官。"作册"是指史官，参与王朝重要祭祀，代宣王命或祝词等。

有宫廷内职官名出现的例子如：

（29）壬午王田于麦禁（麓），只商歆兕。王易宰丰寝小黹兕。才五月，隹王六祀彡日。（补11299反）

"宰"作为官名，当为商王小臣之属。

外服官僚系统的官名，主要有侯、甸、男、卫、邦伯等。依据裘锡圭的研究，侯本是驻扎在边地保卫王国的主要武官，地位重要，武力比较强，所以较早转化为诸侯；"甸"本作"田"，甸是商王派驻到商都外某地农垦的职官，带领族众并拥有武装，后来转化为诸侯；卜辞中的"男"作"任"，男的身份大概是侯、伯派到王朝服役的职官，其中一部分人后来也转化为诸侯；卫、牧本是商王派驻外地的从事畜牧、保卫商王朝的职官，也带领族众并拥有武装，后来也转化为诸侯。侯、田（甸）、牧、卫向诸侯转化要受地理条件的限制，即那些距离王都较远的人才能逐渐转化。而邦伯即是地方诸侯。[①]

有上述外服官名出现的例子如：

（30）贞：命侯？

勿命侯？（合 13506 正）

（31）以多田（甸）伐有封，酒☒。（合 27893）

（32）丁巳卜，史贞：呼任（男）肉虎，亞（逢）？（合 10917）

（33）☐亥贞：在录卫来？（合 32937）

（34）壬戌卜：王其寻二方白（伯）？大吉。（合 28086）

奴隶阶级

杨升南认为，殷商时代的奴隶阶级有"众、臣、仆、羌、刍、工、妾、屯、奚、垂"等。

---

① 裘锡圭．甲骨卜辞中所见的"田""牧""卫"等职官的研究：兼论"侯""甸""男""卫"等几种诸侯的起源//文史：第 19 辑．北京：中华书局，1983：1-14．

对杨先生的观点，根据新的研究成果，可作三点修正：

一是"众"还是看成平民阶层好。对此，宋镇豪、刘源曾有论述："卜辞中有'王众'，众常在商王同姓贵族（如皐）的率领下进行作战与农业生产，以及众从不充当人牲等事实也确可说明他们与羌、寇等具有奴隶身份的阶层不属于同一类人，故笔者认为把卜辞中的众视为商人宗族的平民阶层是一种较可接受的看法。"①

二是"垂"字，陈剑释为"瓜"，读为"夫"，训为成年男子（奴隶）。②

三是"匿"字，周忠兵释为"眙"，读为"臺（僮）"，义为身份低下的奴隶。③

这样，殷商时代的奴隶阶级有"臣、匿（台）、仆、羌、刍、工、姜、屯、奚、瓜（夫）"等。

有奴隶名出现的例子如：

（35）癸巳卜，宾贞：臣执？

贞：臣不其执？（合643正丙）

___

① 宋镇豪，刘源. 甲骨学殷商史研究. 福州：福建人民出版社，2006：289.

② 陈剑. 释瓜//复旦大学出土文献与古文字研究中心. 出土文献与古文字研究：第9辑. 上海：上海古籍出版社，2020：66-103.

③ 周忠兵. 出土文献所见"仆臣臺"之"臺"考//"中央研究院历史语言研究所"集刊：第九十本第三分，2019：367-398.

（36）匿不死？（合 17083 甲）

（37）☑仆卜☑。（合 17961）

（38）丙子卜，㱿贞：今来羌率用？

丙子卜，㱿贞：今来羌勿用？（合 248 正）

（39）己卯卜，古贞：來执逸弖自宁？王固曰：其惟丙执；有尾；其惟辛，家。（合 136 正）

（40）戊辰卜：今日雍己夕，其呼殷执工？（屯 2148）

（41）侑妾于妣己？（合 904 正）

（42）壬辰卜，宾贞：执多屯？（合 817）

（43）壬子卜，宾贞：惟我奚不正？十月。（合 644）

（44）壬辰卜，㱿贞：呼子窒御有女于父乙，血窒，晋反、三瓜（夫）、五窒？（合 924 正）

"臣"是奴隶名，卜辞中一部分臣为在殷王室服役的家内奴隶。"匿（台）"为身份低下的奴隶。"仆"也是下等奴隶，《左传·昭公七年》有："故王臣公，公臣大夫，大夫臣士，士臣皂，皂臣舆，舆臣隶，隶臣僚，僚臣仆，仆臣台。马有圉，牛有牧，以待百事。""羌"是羌族的俘虏，被抓来做奴隶，也做牺牲。"弖"是打草奴隶。"工"指工奴。"妾"是女奴。"屯"是屯族的俘虏，被抓来做奴隶，也做牺牲。"奚"像是被捆缚来的俘虏，做奴隶，也被用作牺牲。"瓜（夫）"常被用作牺牲，身份也应是奴隶。

平民阶级

属于这个阶级的，除了"邑人"之外，如前所述，还有"众"。

有平民名出现的例子如：

（45）癸酉卜，王贞：自今癸酉至于乙酉，邑人其见方抑，不其见方执？一月。（合799）

（46）辛巳卜，贞：命众御事？（合25）

（47）丙子贞：命众御召方，执？（合31978）

"邑"有城邑的意思，"邑人"应指住在城邑里的人，应与"众"一样是平民，是自由民。

鬼神的世界

在殷商时代人的心目中，存在着一个鬼神世界。这个世界由三个部分构成：一是天神，二是地祇，三是人鬼。

天神的世界

殷商人所信奉的最高神、主宰神是"帝"。在帝之下，有帝臣、东母、西母、日、云、风、方神，可能还会存在雨、雷等天神。

帝在殷人的心目中，就像人间的君王一样，掌握着宇宙间的一切权力。帝是自然界的主宰，也是人类祸福的操纵者。帝可以降灾、为祸，也可以降吉祥、为福、助王征讨、降时雨以保收成等。

出现帝名的例子如：

（48）癸〔卯〕卜，宁贞：帝其作王囚？

癸卯卜，争贞：帝弗作王囚？（合 12312 正）

（49）庚戌卜，贞：帝其降莫？（合 14157）

（50）贞：帝惟降欰？

贞：帝不惟降欰？（合 14171）

（51）辛丑卜，㲉贞：帝若王？

贞：帝弗若王？（合 14198 正）

（52）辛亥卜，㲉贞：伐舌方，帝受我祐？（合 6270
正）

（53）丙寅卜，争贞：今十一月帝令雨？

贞：今十一月帝不其令雨？（合 5658 正）

（54）贞：帝令雨，弗其正年？（合 10139）

陈梦家曾归纳帝的神功有以下 16 个方面：一是令雨，
二是令风，三是命令产生云霞之气，四是降艰，五是降
祸，六是降潦，七是降食，八是降若，九是帝若，十是受
祐，十一是授年、害年，十二是帝咎王，十三是帝左王，
十四是帝与邑，十五是官（忧），十六是帝令。[①] 可见帝
的神功是非常全面的，权威很大。

---

① 陈梦家. 殷虚卜辞综述. 北京：科学出版社，1956：562 - 571.

有其他天神名出现的例子如：

（55）惟帝臣令？（合 217）

（56）王侑岁于帝五臣，正，隹亡雨？

☑祷侑于帝五臣，有大雨？（合 30391）

（57）壬申卜，贞：侑于东母、西母，若？（合 1997）

（58）贞：于东母侑报？（合 10940）

（59）戊戌卜，内：呼雀戜一牛？

戊戌卜，内：呼雀戜于出日于入日宰？（合 6572）

（60）癸酉出入日岁，其燎？（合 34164）

（61）甲戌贞：其宁风三羊三犬三豕？（合 34137）

（62）辛亥卜，内贞：禘于北方曰勹、风曰㲋，祷年？

辛亥卜，内贞：禘于南方曰㠗、风夷，祷年？

贞：禘于东方曰析、风曰劦，祷年？

贞：禘于西方曰彝、风曰丯，祷年？（合 14295）

（63）☑帝史风二犬？（合 14225）

（64）己丑卜，争贞：亦乎雀燎于云龙？

贞：勿乎雀燎于云龙？（合 1051 正）

（65）癸酉卜：侑燎于六云六豕，卯羊六？

癸酉卜：侑燎于六云五豕，卯五羊？（补 10639）

"帝臣"应该就是指上帝之臣。"帝五臣"指什么，众说纷纭。或以为当近于《九歌》中的东皇太一、东君、云中君、大司命、小司命，或者近于《周礼·大宗伯》中的司中、司命、飌（风）师、雨师，或者近于郑玄注《周礼·小宗伯》五帝之日、月、风师、雨师以及司中、司命。或以为是指五方之神，或者指日月星辰风云雷雨这些神灵，因在帝之左右，供帝驱使，所以叫帝使。甲骨文中的帝五臣到底指什么，尚须研究，但应该是天神。

关于东母、西母，或以为是指日、月之神而天帝之配偶，但确切含义尚不能肯定。殷人是祭祀太阳的，但主要祭"出日"和"入日"（落日），可能这时的太阳离人最近，也不那么炽热、明亮。殷人是祭祀风的，而且风神又细分为北风、南风、东风、西风，它们的名字分别叫殴、夷、劦、丯。风神还是上帝之使者。相应地，殷人所崇拜的方神，也细分为北方神、南方神、东方神、西方神，其名字分别叫勹、兊、析、彝。殷人是崇拜云神的，它是帝之臣属，故有"帝云"之称。云有多种颜色，根据云的不同色彩可以预知天气。殷人有时在"云"前加数词，卜辞中有"二云""四云""五云""六云"等，可能指各种颜色的云或者指几朵云。卜辞中有"三舝云"之语，应读为"三色云"。当时祭云的目的，或是久旱不雨而求雨，或是久雨不晴而望晴，或只是为推测天气。

卜辞尚无祭祀星的记载，故不能确知殷人是否崇拜星神。

卜辞中"帝令雨""帝令雷"的记载：

（66）丙寅卜，争贞：今十一月帝令雨？

贞：今十一月帝不其令雨？（合5658正）

（67）☑帝其于生一月令雷？

贞：帝其及今十三月令雷？（合14127正）

帝所令者，可能是主管下雨、打雷的天神，若如此，在殷人的心目中，可能已有雨神、雷神。

地祇的世界

在殷人的心目中，地祇有岳、山、河、洹、瀧、土（社）、𥹩（稷）等。这些神灵中，山神通常居住在山上，水神通常居住在水中，社稷神通常也居住在地上，故可通称为地祇。

出现地祇名的例子如：

（68）庚辰卜，贞：侑于岳三羌、三小宰，卯三牛？（合377）

（69）丁酉卜，扶：燎山羊，晌豖，雨？（合20699）

（70）庚戌卜，㱿贞：于河侑报？

庚戌卜，㱿贞：勿于河侑报？三月。（合418正）

（71）庚午卜：其侑于洹，有［雨］？

弜［侑于］洹？（合28182）

（72）戊午卜：王燎于瀧二宰，薶三宰又一珏？（合
14362）

（73）壬申卜：奏四土于𡚦〔宗〕？（合 21091）

（74）甲辰宜大牢、燎小宰土？（合 33311）

（75）庚申卜，殼贞：燎于𡚦？（合 418 正）

"岳"是指太岳神。"山"就是指山神，卜辞中所祭
祀的山神，有"五山""九山""十山"，所指的是什么
山、哪些山尚不太清楚。"河"就是指黄河之神，祭祀
黄河神的地点有"斗""襄""今水"等。"洹"指洹水，
又名"安阳河"，今名"洹河"，这里指洹河之神。"瀧"
指瀧水之神。"土"即"社"，指社神。𡚦，刘桓认为是
"鬼"之异构，可读为"稷"，应指谷神。[①] 这些神明不
是住在山上，就是在水中，大抵通常住在地上，因而可
统称为"地祇"。

人鬼的世界

人死之后为鬼。由于生前地位、身份不同，人死后
所居之处也不同。一类是死后住在天上的，另一类是死
后住在人间阴暗处或地下的。

---

① 刘桓．甲骨集史．北京：中华书局，2008：16-19.

1. 死后住在天上的殷人

殷商时代的人相信，殷王室的先公先王死后是住在天上的。这一点可由殷墟甲骨文、金文和古文字材料得到证明：

（76）贞：咸㞢于帝？

贞：咸不㞢于帝？

贞：大甲㞢于咸？

贞：大甲不㞢于咸？

甲辰卜，殻贞：下乙㞢于咸？

贞：下乙不㞢于咸？

贞：大甲㞢于帝？

贞：大甲不㞢于帝？

贞：下乙㞢于帝？

贞：下乙不㞢于帝？（合1402正）

（77）乙酉卜，争贞：惟父乙降齨？

贞：不惟父乙降齨？（合6664正）

（78）虩虩成唐，又（有）严在帝所。（叔尸镈）

（79）王曰：呜呼？我生不有命在天？（《尚书·西伯戡黎》）

关于例（76）中的"㞢"，或以为是配天而祭或配帝而祭；或训为"从"，认为下乙㞢于咸（商王朝开国之王商汤），意即下乙从于咸而享受祭祀；或训为

"迎"，大甲宁于帝，意即大甲为帝所迎。笔者认为"宁"
是居住的意思。① 殷人的先公先王死后在天上，为了表
达对上帝的敬意，有时要到上帝那里去，并住在那里，
"咸宁于帝""大甲宁于帝"就是这个意思。后逝世的先
公先王，不但有时要居住在上帝那里，有时还要到其长
辈祖先那里居住，"下乙宁于咸""下乙不宁于咸"就是
这个意思。

例（77）中的"齼"是齿疾一类的意思。这种疾
病，是由父乙降下来的，那么父乙应该居住在天上。例
（78）中说，显赫的成汤，他的英灵在上帝的住处。例
（79）也说明，殷商时人们认为先公先王是"有命在
天"的。

殷王朝的名臣，死后也到天上，居先王左右。殷王
的法定配偶，死后与先王共同受祭祀，应该也是在天上
跟殷王在一起。其余的亲属，如"兄""子"死后可能
也与殷王、殷后在一起。例如：

（80）祷伊尹，亡大雨？

弜祷于伊尹，亡雨？（合27657）

（81）☑王［宾］示壬奭妣庚，［亡尤］？（合23303）

---

① 张玉金．古文字考释论集．广州：广东高等教育出版社，2018：
1-19.

（82）贞：侑于示壬妻妣庚宰，叀勿牡？（合938正）

（83）侑于辛母妣己羌？

勿侑于妣己？（合1829）

（84）叀母己眔子癸酻？（合27633）

（85）其侑兄丙眔子癸？（合27610）

2. 死后住在人间阴暗处或地下的殷人

死后能住在天上的，是殷人中的先公先王，以及与先公先王有血缘关系或婚姻关系的人，或一些名臣。这些人是少数。

而一般的殷人死后是不能上居于天的。人死之后为鬼，卜辞中常见"鬼"字，这些鬼活着的时候，可能就是殷商时代的一般人。一般的殷人死后都变成鬼吗？奴隶主中的低层级人员、平民阶层、奴隶阶级死后会变成鬼吗？这些都不得而知。可以说的是，甲骨文中的"鬼"，是由一般殷人死后变成的。有"鬼"出现的卜辞如：

（86）贞：亚多鬼梦，亡疾？四月。（合17448）

□□卜，争〔贞：亚〕多鬼〔梦〕☒〔有〕☒？（合17449）

（87）庚辰卜，贞：多鬼梦，叀疾见？

贞：多鬼梦，叀言见？（合17450）

（88）庚辰卜，贞：多鬼梦，不至固？（合17451）

（89）丁未卜，王贞：多鬼梦，亡来媸？（美217）

（90）☐今夕鬼宁？（合 24987）

（91）贞：今夕王☐宁？

贞：惠鬼？（合 24991）

（92）王固曰：兹鬼彪。（合 13751 正）

（93）☐贞：求鬼，于𤓉告？（屯 4338）

"亚"指祭祀场所或宗庙类建筑。例（86）是卜问梦见亚内有多鬼，会不会有病、是不是得病的先兆。例（87）是说梦见了多鬼，是会遇见疾病，还是会遇到口舌之争。例（88）、例（89）是说梦见了多鬼，会不会有忧患、艰厄来到。例（90）、例（91）可能是询问鬼是否安宁。例（92）是占测说这个鬼可能会"彪"。"彪"字不知何义。例（93）中的"求"读为"咎"。鬼为祟，于是问是否宜向谷神报告。

由上引诸例可以看出，殷商时代的人梦见鬼（尤其是多位鬼）一般认为是不吉利的，它可能会带来疾病、忧患、艰厄和口舌之争。鬼不安宁，会带来灾咎。鬼降下灾咎，要向神灵报告，或可消灾。殷商时代人的心目中，鬼对他们可能只有害处，没有好处。至于鬼的居所，可能就是在人间的阴暗处或地下。

结　语

由殷墟甲骨文可以看出，在殷人的心目中，宇宙可以分为人间和鬼神两个世界，而这两个世界又不是没有关系的。

人间的结构，可分为三个阶级。一是奴隶主阶级。这个阶级又可分为三个层次：最高层是殷王，居于最高位置，地位独一无二；其次是与殷王有血缘关系或者婚姻关系的人，如王室成员，包括妇和子等；最后是内服官僚和外服官僚。二是奴隶阶级，如臣、嚚（台）、仆、羌、刍、工、妾、屯、奚、瓜（夫）等。奴隶地位低下，多来自俘虏，还常被用作祭牲。三是平民阶级，主要有众和邑人等。

鬼神的世界，亦可分为三个部分。一是天神，地位最高的是帝，他是整个宇宙的主宰者，管理鬼神的世界，亦主宰人世，包括殷王；在帝之下，还有帝臣、东母、西母、日、云、风、方神，可能会存在雨神、雷神。二是地祇，主要有山岳神、河川神、社稷神，有岳、山、河、洹、滳、土（社）、𥛅（稷）等。三是人鬼，人死之后为鬼。

人鬼的类别和居所，跟其生前的地位和出身有关。殷代的先公先王，死后回到天上，辅佐上帝；殷王朝中的官僚，其中少数贡献大、有名望的，可能到天上，辅佐先公先王；殷王的法定配偶，如"妇"，与殷王有血缘关系的一些人，如"兄""子"，死后可能也与先公先王一起住在天上。至于一般的殷人，死后都成了"鬼"，鬼居住在人间的阴暗处或地下。鬼有时不安宁，降下灾咎。梦见鬼，尤其梦见多位鬼，则一般不是好事，可能会带来疾病、忧患、艰厄和口舌之争。

9 揭暄对欧洲宇宙学与理学宇宙论的调和

> 从揭暄的工作中，我们可以看到当时中国学者在试图统一中西科学和自然哲学方面所作出的努力，同时也可以看到这种努力的一些成果——至少他从知识体系上补充了传教士所介绍的西方天文知识中一些明显的缺失。

作者简介

石云里，中国科学技术大学科技史与科技考古系讲席教授兼人文与社会科学学院执行院长，国际科学史研究院通讯院士。发表学术论文 100 余篇，出版有《中国古代科学技术史纲：天文卷》等 4 部专著。

从利玛窦起，欧洲天文学知识开始以空前规模传入中国。由于当时中国正处在所谓的"历法危机"之中，而欧洲天文学在天象预报方面恰恰显示出了能够解决这种危机的潜力，所以最终赢得了很高的声誉，以至于在明清易代之后成为官方天文学的正式版本。从科学的角度来说，当时主流的中国天文学家对于西方天文学考虑得较多的是技术层面上的问题，也就是那一套以几何模型为基础的计算方法。从这个角度来看，西方天文学至少有两点在当时得到了肯定：第一，比中国传统历法具有更高的精度（到明清易代之后严肃的中国天文学家恐怕只有极少数人对这一点不予承认）；第二，有着一套以几何模型为基础，借助几何及逻辑方法而展开的说理系统。后一点尤其得到传教士及其中国追随者们的强调。例如，早在1613年，李之藻就指出，西方天文学具有"不徒论其度数而已，又能论其所以然之理"（《请译西洋历法等书疏》）的明显优点。徐光启也认为，对中国天文学的发展来说，"而能言其所为故者，则断自西泰子之入中国始"（《简平仪说》序）。而正像清后期学者许桂林所指出的那样，清初王锡阐和梅文鼎等人实际也都承认，"西人论天能言其所以然"①。然而，对以方以智为代表的一些标榜追求"物理"的思想家来说，这种技术层面的知识并不能使他们感到满足，而徐、李诸人所推崇的所谓西法能言的"故"，在他们看来仍属于技术层面（事实上的确如此，因为基于几何模型的解释并不涉及实际的物理原因）。他们把探询的目光投向更深一层的问题：传教士所引入的那种已为中国官方所接受的几何化的宇宙模型的自然哲学基础或者物理基础是什么？明清之际的其他一些学者，如熊明遇及其学生游艺都比较重视这个问题。而自称为方以智弟子的揭暄可能是当时唯一一个以最为系统的方式讨论过这个问题的人。② 尽管在讨论过程中，揭暄像方以智那样尽力摒除中西之见，对来自中西方的自然知识全都抱着为我所用、"六经注我"的态度，但是，在涉及宇宙物

① 许桂林. 宣西通：卷 2//续修四库全书：子部：天文算法类：第 1035 册. 上海：上海古籍出版社，2003：53. 关于梅文鼎等清代学者对西法 "能言其所以然" 的推崇，参见 HENDERSON J. Ch'ing Scholars' Views of Western Astronomy. Harvard Journal of Asiatic Studies，1986，46（1）：125－127.

② 当代较早注意到揭暄在宇宙学方面工作的可能是日本学者吉田忠（Yoshida Tadashi），他曾撰文对揭暄的宇宙模型进行过简要概括，同时介绍了《璇玑遗述》的成书背景及其通过《天经或问》而在日本产生的影响。参见 Yoshida Tadashi. Cosmogony in the Xuanji Yishu of Qi(e) Xuan. 香港大学中文系集刊，1987，1（2）：13－20.

理机制的问题上，毕竟当时传入的西方自然科学及哲学知识中值得他相信而可供利用的系统的理论并不多。因此，他只能站在宋明理学家们已经建立起来的宇宙框架中，试图为当时传入中国的技术层面上的西方天文知识给予物理上的说明，最终在理学宇宙论和西方天文学之间建立了一种独特的统一体。而从他身上，我们可以看到当时中国学者在对西方天文学进行同化过程中的一些努力，以及通过这种努力所得到的一些结果。

揭暄字子宣，号半斋，又号韦纶，江西广昌人。生卒年不明，大约生活在明万历年至清康熙年间（约1610—1702）。[①] 其父揭衷熙（字静叔）为当地名儒，"工古文词"，"尤殚心理学"[②]。如同明清之际的许多杰出人物一样，揭暄自幼显现出多方面的才能，曾参加过科举，"日试六艺为诸生，已更试七艺，饩二十人中"。除标准的儒学研究外，他对兵书战策兴趣尤浓，早年的传世著作中除有《性书》《禹书》《道书》等儒学书籍外，还有《兵书》和《战书》各一部。[③] 清兵过江后，

---

① 石云里．揭暄的潮汐学说．中国科技史料，1993（1）：90-96.

② 何三省．广昌志介烈传//薄树人．中国科学技术典籍通汇：天文卷：第6册．郑州：河南教育出版社，1993：289.

③ 刘大千．广昌志文学传//薄树人．中国科学技术典籍通汇：天文卷：第6册．郑州：河南教育出版社，1993：289.

揭氏父子曾率族人和同乡起兵效忠南明隆武政权，衷熙辟为推官，揭暄为职方司主事。^① 不久，衷熙在运饷途中为保护朋友遭流寇虐杀，揭暄凭借一己之力，用计生擒匪首和杀父者，分别手刃于父亲遇难之所和坟前，终于替父报仇。^② 隆武政权覆灭后，揭暄与儿子揭匡闻退隐山林，度过了一段忧伤而无奈的日子。^③ 顺治十六年（1659 年）前后，揭暄在江西开始与方以智结交，对方以智执弟子礼。^④ 曾为方以智刊《通雅》，校《物理小识》，还在康熙元年（1662 年）前往桐城与方以智之子方中通讨论天文学，写成《揭方问对》一书（可能已经佚失）。^⑤ 又与当时著名的天文学家游艺交好，约在1665 年在福建同游艺相处数日，讨论了有关天文和宇宙学方面的许多问题。^⑥ 他关于天文和宇宙问题的学说主

① 盛谟．揭半斋先生父子传//薄树人．中国科学技术典籍通汇：天文卷：第 6 册．郑州：河南教育出版社，1993：290 - 291.

② 刘大千《广昌志文学传》、何三省《广昌志介烈传》、温兰《见知录复仇传略》和盛谟《揭半斋先生父子传》等文献中皆有此事之记载。参见薄树人．中国科学技术典籍通汇：天文卷：第 6 册．郑州：河南教育出版社，1993：289 - 291.

③ 同①．

④ 任道斌．方以智年谱．合肥：安徽教育出版社，1983：221.

⑤ 揭暄．《数度衍》序//方中通．数度衍．刻本．胡氏继声堂，1673（清康熙十二年）.

⑥ 揭暄．《天经或问》序//薄树人．中国科学技术典籍通汇：天文卷：第 6 册．郑州：河南教育出版社，1993：161.

要集中在《昊书》和《璇玑遗述》两部著作中。前一部书完成于1645年之前①，共八卷，是为"原天地之故"而作的②，讨论的均为自然方面问题，其中有两卷（卷一和卷三）讨论的是宇宙学和天文学方面的问题。后一部书原名《写天新语》，其意旨是"以明天地万物之故"③。全书共六卷，外加图一卷，除卷六中的部分篇幅讨论的是气象学问题外，其余部分都集中在宇宙以及天文学方面，其中一些内容是对《昊书》中相关讨论的进一步发展，但更多的内容是揭暄同方以智结识后的产物。据揭暄的学生介绍，该书最初是揭暄在江西盱江资圣寺"偶同浮山愚者（即方以智）茶话，辨难成帙"的，开始只有一篇，后来扩展到五篇，在到桐城与方中通讨论后扩展为十余篇。④ 揭暄自己也承认，此书是方以智

---

① 谢毓玄.《昊书》序//揭暄. 昊书. 刻本. 抚州：揭氏家族濠塘房，1859（清咸丰九年）.

② 《昊书》凡例//揭暄. 昊书. 刻本. 抚州：揭氏家族濠塘房，1859（清咸丰九年）.

③ 何之润.《璇玑遗述》跋//薄树人. 中国科学技术典籍通汇：天文卷：第6册. 郑州：河南教育出版社，1993：288. 该书书首还收有方以智的序文，故其基本完成时间当在1671年方氏去世之前。何之润在跋文中指出，书中虽有两三篇已经刻于游艺和方以智的书中，"惟十余篇与订正各条尚未付梓。特编成数卷，俾言天者知所宗也"。可见，何氏汇编此书时可能并未立即刻印。

④ 何之润.《璇玑遗述》跋//薄树人. 中国科学技术典籍通汇：天文卷：第6册. 郑州：河南教育出版社，1993：288.

在天文和宇宙学方面"因取从来所不决者，设为问答数则，命予答之"而写成的①，还有一部分内容则是来自他和方中通合著的《揭方问对》。② 这表明，虽然《璇玑遗述》全书的署名只是揭暄一人，但该书实际也包含了方氏父子的思想成果。这同时也表明，尽管方以智当时已经遁入空门，并不再亲自从事自然哲学方面的著述，但他对这方面的知识和研究并没有因此变得漠不关心。相反，从他与揭暄的讨论来看（除这些讨论外，《璇玑遗述》许多章节后面还有以"愚者曰"的形式出现的方以智的批语），出家后的方以智对有关外在天地世界的知识似乎仍然保持着极大的兴趣。

从揭暄所处的时代背景来看，他之所以要写《昊书》和《璇玑遗述》这样两部著作，原因至少有两点：

第一，他深受明朝末期在对"格物"的解释上出现的一种新思潮的影响，把所格之物从内心扩展到了外在世界，把客观物体、各种技术以及自然现象都纳入儒者应该研究的范围。用裴德生（Willard Peterson）的话来说，这是一种可以"与 17 世纪欧洲自然哲学凡俗化过

---

① 揭暄.《天经或问》序//薄树人. 中国科学技术典籍通汇：天文卷：第 6 册. 郑州：河南教育出版社，1993：161.

② 揭暄.《数度衍》序//方中通. 数度衍. 刻本. 胡氏继声堂，1673（清康熙十二年）.

程相并行的思想倾向"①。方以智虽然是这一思潮最重要的代表人物，但很明显，在同他认识以前，揭暄已经具有了这样的思想倾向，《昊书》的写作即可作为证明。书中对上自天文、下至地理、中及草木虫鱼的各种自然现象进行了广泛的讨论，旨趣与《物理小识》和《璇玑遗述》类似，《璇玑遗述》中有一些内容实际在《昊书》中已有初步讨论（如潮汐问题②）。

第二，在对天地万物进行讨论的过程中，揭暄非常强调对"故"（也就是原因）的追寻，这就是他把"原天地之故"和"以明天地万物之故"作为《昊书》和《璇玑遗述》写作宗旨的原因所在。但他对"故"的理解明显与李之藻和徐光启等人的不同，他并不满足于仅仅把它理解为技术层面上的问题。在他看来，在天地宇宙方面，尽管传教士传入了大量的技术层面上的新知识，却未从哲学尤其是自然哲学的高度予以充分说明，或者，即便有一些说明（如《寰有诠》等书中所介绍的亚里士多德对宇宙体系的自然哲学论述），也难以让自

---

① PETERSON W. Fang I-Chih: Western Learning and the "Investigation of Things" //Wm. Theodore de Bary（ed.）. The Unfolding of Neo-Confucianism. New York: Columbia University Press, 1975: 401.

② 石云里. 揭暄的潮汐学说. 中国科技史料, 1993（1）: 90 - 96.

己完全相信和接受。① 因此，他认为西学在"言其故"方面存在着缺陷。这种思想在他写作《昊书》时就已经形成，在该书的"凡例"中他就从这个方面对西学提出了批评，指出尽管在天地万物的讨论方面"西儒亦推之"，却"不知其所以然而然"②。在遇到方以智之后，这种思想必定得到了强化，因为方以智同样批评西学"详干质测而拙干言通几"③。而在方以智和揭暄看来，在宇宙学和天文学上，所谓的"通几"主要就是指对天地运行的深层原因的探讨。④ 在为游艺《天经或问》所作的序中，方以智就提及："万历之时，中土化洽，太西儒来……特其器数其精，而于通几之理，命辞颇拙。"⑤ 揭暄则说："利西入世，皆称为郯子，考其测验仪象诸器，法精密殆不能过。至自然本然，数法所不到者，则亦有不

----

① 关于揭暄对《寰有诠》的批判，参见石云里.《寰有诠》及其影响//《中国天文学史文集》编辑组.中国天文学史文集：第6集.北京：科学出版社，1994：250–251.

② 《昊书》凡例//揭暄.昊书.刻本.抚州：揭氏家族濠塘房，1859（清咸丰九年）.

③ 方以智.《物理小识》自序//《文渊阁四库全书》影印本.上海：上海古籍出版社，1987：1b.

④ 关于"质测"和"通几"的关系，关增建有过精到的讨论，参见关增建.方以智"通几"与"质测"管窥.郑州大学学报（哲学社会科学版），1995（1）：11–14.笔者对其"通几"不等于哲学的观点非常赞同.

⑤ 方以智.《天经或问》序//薄树人.8中国科学技术典籍通汇：天文卷：第6册.郑州：河南教育出版社，1993：160.

决之疑，亦有两可之说，未免揣摩臆度，纷纷不一。"①
在《璇玑遗述》一开始，他又批评西方天文学"其说愈
精，其理愈晦，其算愈确，其故愈支"②。对既要"质测"
又要"通几"的揭暄和方氏父子来说，这种状况当然是难
以让他们感到满意的。在《天经或问》序文中，方以智明
确号召游艺等较年轻的学者，应该利用古来圣贤凭其智慧
得到的至理来解决这些问题（"自非神明，难晰至理，积
数千年圣贤之智，而我生其后，何不可资以决之而遗诸将
来耶？"③）。揭暄的工作可以视为对这一号召的具体响应。

在揭暄生活的年代，由传教士介绍到中国来的西方
宇宙模型实际经历了从古希腊亚里士多德的水晶球体
系，到第谷体系的变化。前者认为宇宙是由围绕地球的
一系列同心的固体水晶球（由亚里士多德所提出的第五
元素"以太"组成）组成的，日月五星以及恒星就像
"木节在板"那样固定在各自天球上④，由这些天球带动

① 揭暄．《天经或问》序//薄树人．中国科学技术典籍通汇：天文
卷：第6册．郑州：河南教育出版社，1993：161.
② 揭暄．璇玑遗述：卷1//薄树人．中国科学技术典籍通汇：天文
卷：第6册．郑州：河南教育出版社，1993：292.
③ 方以智．《天经或问》序//薄树人．中国科学技术典籍通汇：天
文卷：第6册．郑州：河南教育出版社，1993：160.
④ 利玛窦．乾坤体义：卷上//《文渊阁四库全书》影印本．上海：
上海古籍出版社，1987：6a.

运转。后者虽然仍旧把地球放在宇宙中心，却认为，太阳系五大行星都是绕太阳运转的，只有太阳和月亮是绕地球运转的。在第谷体系中，亚里士多德所认为的水晶球是无法存在的，否则就无法解释五大行星何以会穿过太阳的天球。对于这种宇宙体系上的前后矛盾，传教士在介绍第谷体系时作了这样的解释：

> 问：古者诸家曰天体为坚为实为彻照。今法火星圈割太阳之圈，得非明背昔贤之成法乎？

> 曰：自古以来，测候所急，追天为本，必所造之法与密测所得略无乖爽，乃为正法。苟为不然，安得泥古而违天乎？以事理论之，大抵古测稍粗，又以目所见为准，则更粗。今测较古，其精十倍，又用远镜为准，其精百倍。是以舍古从今，良非自作聪明，妄违迪哲。[①]

很显然，这只是一种按照技术层面上的标准所作出的解释，根本没有从自然哲学或者物理学上说明：水晶球体系之所以错，错在哪里？而且，既然固体天球不存在了，那第谷体系中的那种天体排列及运动又是由什么东西

---

① 徐光启，等．新法算书：卷36//《文渊阁四库全书》影印本．上海：上海古籍出版社，1987：6b.

来维持的？传教士不但没有正面回答这些问题①，而且还请读者在诸如此类的问题上去读《寰有诠》这种本质上与第谷体系矛盾重重的亚里士多德宇宙学著作。② 我们注意到，在包括梅文鼎在内的清初许多天文学家的著作中，水晶球体系的影响不但没有消失，而且还十分明显。③ 这在很大程度上可能与传教士的这种含混态度有关。

从《璇玑遗述》中征引的书目来看，揭暄对《崇祯历书》的内容无疑是十分熟悉的。尽管他对第谷宇宙模型的接受并不彻底，认为只有金水二星是绕太阳运动的，而火木土三星仍然与太阳、月亮一样绕地球运行（揭暄在《昊书》中所持的就是这样一种宇宙模型④，其

---

① 尽管他们也提到，日、月和金星三个天体的运动"皆繇一能动之力，此能力在太阳之体中也"（徐光启，等．新法算书：卷36//《文渊阁四库全书》影印本．上海：上海古籍出版社，1987：6b.），但这么一两句话当然是不能解决问题的。

② 徐光启，等．新法算书：卷36//《文渊阁四库全书》影印本．上海：上海古籍出版社，1987：8b；石云里．《寰有诠》及其影响//《中国天文学史文集》编辑组．中国天文学史文集：第6集．北京：科学出版社，1994：250-251.

③ HENDERSON J. Ch'ing Scholars' Views of Western Astronomy. Harvard Journal of Asiatic Studies，1986，46（1）：131-133；江晓原．明清之际西方天文学在中国的传播及其影响．北京：中国科学院自然科学史研究所，1988.

④ 卷1//揭暄．昊书．刻本．抚州：揭氏家族濠塘房，1859（清咸丰九年）.

来源仍是一个有待讨论的问题），但是，他非常彻底地否认了固体天球的存在（《崇祯历书》虽然在日月五星运动的解释上放弃了固体天球概念，但在解释恒星运动时仍然坚持恒星"别为一天，如木节在板，不能移易"，揭暄甚至连这一点也不予接受①）。现在，他要做的就是要为这个宇宙模型提供一套物理上的解释。而在实施这项计划时，他回到了宋明理学家所建立起来的宇宙理论，尤其是朱熹的宇宙学说。

在宇宙学说方面，朱熹有以下四个观点十分突出②：

第一，他支持"左旋说"，认为所有天体只参与从东到西、每日绕地一周的运动；日月五星在恒星背景上所表现出的"右旋"（自西向东）运动是由于它们左旋速度逐次减慢而造成的一种视觉效果。③

第二，天不是固体的，而是流体状态的气，包围在大地四周，充塞天地之间，没有空隙。此所谓"天却四方上下都周匝无空阙，逼塞满皆是天。地之四向底下却

---

① 石云里. 揭暄对天体自转的认识：兼论揭氏在清代天文学史上的重要地位. 自然辩证法通讯，1995（1）：57.

② 关于朱熹宇宙学说的系统讨论，参见 KIM Y S. The Natural Philosophy of Chu Hsi. Philadelphia：The American Philosophical Society Press，2000：138-161.

③ 黎靖德. 朱子语类：卷2//《文渊阁四库全书》影印本. 上海：上海古籍出版社，1987：2a-9b.

靠着那天。天包地，其气无不通"①。

第三，组成天的气"只是个旋风，下软而上坚，道家谓之刚风"。针对屈原《天问》中"圜则九重"的说法，他认为并不是说"天有九重，分九处为号"，而只是说"旋有九耳，但下面气较浊而暗，上面至高处则至清至明耳"。也就是说，天是由九重清浊不同的气旋组成的。而且，这些气旋离地越远，旋转速度越快。"问：天有形质否？曰：无，只是气旋转得紧，如急风然。至上面极高处转得愈紧。""道家有高处有万里刚风之说，便是那里气清紧。低处则气浊，故缓散。"② 很明显，朱熹所说的"刚"或者"坚"不是简单地说天具有固体那

---

① 黎靖德．朱子语类：卷1//《文渊阁四库全书》影印本．上海：上海古籍出版社，1987：9b.

② 《渊鉴斋御纂朱子全书》卷49。转引自 MCCLATCHIE T. Confucian Cosmogony：A Translation of Section Forty-nine of the "Complete Works" of the Philosopher Choo-Foo-Tze. Shanghai：American Presbyterian Mission Press，1874：52，68-70. 道家的刚风之说较早见于晋代葛洪的《抱朴子》。五代学者邱光庭曾引用此说，并由此进一步讨论了浑天结构中地、水、气和天之间的关系："《抱朴子》云：'从地向上四千里之外，其气刚劲，居物不落。'以此推之，则周天之气皆刚，非独地之上也。是知日月星辰，无物维持而不落者，乘刚气故也。内物既不能出，而外物亦不能入。则日月星辰，虽从海下而回，莫得与水相涉……天周于气，气周于水，水周于地。"（邱光庭．海潮论//董诰，等．全唐文：卷899. 上海：上海古籍出版社，1983：9385．）朱熹的观点应是由此而来，但他认为，即便是最外层的天球也是由气组成的，没有固态的形质。

样的刚性，而是说与其高速运动相关的一种约束特性。气旋转速度极高的地方，这种"刚"性也就越强。正是在这个意义上，他又认为天"里面重数较软，至外面则渐硬。想到第九重，只成硬壳相似"，以至于也承认，天在"气外须有躯壳其厚，所以固此气也"。

第四，借助于自己的气旋模型，朱熹对地为什么居于宇宙中心而不落下提出了一种解释，认为这是由于天的气旋高速运动，形成了一种向内的约束力，"天包乎地，其气极紧……形气相催，紧束而成体"①。"天以气而运乎外，故地摧在中间，隤然不动。使天之运有一息停，则地须陷下"；天转的速度甚至不能减慢，因为"若转才慢，则地便脱坠矣"②，从而使这种气旋模型有了更强的动力化色彩。当然，朱熹的气旋说应该是与其"左旋说"相一致的，也就是说，气旋的旋转方向也是左旋的："天运不息，昼夜辗转，故地摧在中间。使天有一息停，则地须陷下。惟天运转之急，故凝结得许多渣滓在中间。地者，气之渣滓也……天以气而依地之

---

① 黎靖德《朱子语类》：卷 2//《文渊阁四库全书》影印本．上海：上海古籍出版社，1987：11b.

② 《渊鉴斋御纂朱子全书》卷 49。转引自 MCCLATCHIE T. Confucian Cosmogony：A Translation of Section Forty-nine of the "Complete Works" of the Philosopher Choo-Foo-Tze. Shanghai：American Presbyterian Mission Press，1874：68.

形，地以形而附天之气。天包乎地，地特天中之一物尔。"①

朱熹在自然哲学（包括宇宙学）方面的言论被其后学收编为一类，列入《朱子语类》等书。这一方面表明了朱子言论编纂者对这类问题的关注，同时也无疑会激起其他朱子学者对同类问题的兴趣。活动在明代前期的学者黄润玉就是一个例证。他对朱熹所关注的那些自然哲学问题表现出了极大的热情，平时在读书批注和言谈中经常会就这类问题发表自己的看法。后来他的孙子将他在读书批注和言谈中的言论汇编成册，其中就特别辟出了"太极""天地""天文""五行""时令""地理""潮汐""鬼神"等节，单独作为一卷。此册书稿被黄润玉命名为《海涵万象录》，其中"天地"部分专门记述了黄润玉有关宇宙学问题的言论。

从《海涵万象录》中可以看出，在宇宙学方面，黄润玉最关注的问题是宇宙运动的动力机制问题。例如，关于地为什么可以静止在天的中心而不掉下去，他就接受了"天包地外，而地是大气举之"②的观点，并援引

---

① 黎靖德. 朱子语类：卷1//《文渊阁四库全书》影印本. 上海：上海古籍出版社，1987：9a.

② 黄润玉. 海涵万象录：卷1//张寿镛. 四明丛书：第3集. 刻本. 宁波：四明张氏约园，1933：2b.

了据他说是他孩提时代所做过的一个试验："予幼时戏将猪水胞盛半胞水，置一大干泥丸于内，用气吹满胞。毕见水在胞底，泥丸在中，其气运动如云。是即天地之形状也。此太虚之外必有固气者。"① 这个试验实际上并不能显示出黄氏所声称的结果，却反映了他对这个问题所作的思考。有趣的是，这个试验后来竟成为一些宇宙学研究者在天地位置关系以及"大气举地说"方面的一个"经典模型"，它的一个略有变形的版本直到明末清初还被包括方以智和揭暄在内的许多学者引用并得到进一步发挥。②

在天体运动机制方面，黄润玉有较多的论述。他明确把气旋作为推动日月五星和恒星运动的动力来源，以此来解释恒星以及日月五星左旋速度的不同，指出：

---

① 黄润玉. 海涵万象录：卷1//张寿镛. 四明丛书：第3集. 刻本. 宁波：四明张氏约园，1933：3a.

② 例如，揭暄在讨论天地问题时说道："西学有脬豆之喻，浮山大师（方以智）阳符云：'吹脬置豆，豆自居中，故能知天地之位，以肠吹豆，豆必直上，故能知形以气举。冬至以灰入脬，令童男女吹之，则气带灰旋转不已，久之凝中成块，此初分天地之寔征也。'予见戏术以甘遂甘草为二丸纳脬，一上则一下，此往而彼来，相交距距，亦可以知日月之离合。"（揭暄. 璇玑遗述：卷1//薄树人. 中国科学技术典籍通汇. 天文卷. 第6册. 郑州：河南教育出版社，1993：297.）方以智的"脬豆之喻"同黄润玉的试验应该具有某种渊源关系，但揭暄说"脬豆之喻"来自"西学"，此事尚待查考。

天之南北二极如倚杵，天体如磨，二极如磨心。天体浑是一团气，如磨转，但近心处不大转，在外气愈远愈转。其星为天体，在最远处；次日，次纬星，次月，在内气中至缓……混沌中一气充塞，运动者总名天。万象皆随天运，独地质静，而气贯其中……七曜之迟速因寓气之内外不同，愈在外则愈速，故知天如轮转，而心不动也……

天地间一气右［左］旋，如车轮之转，地如车之轴，居中毂之中。毂转迟，轮转疾，此天之气近地者缓，远地者急，七政行迟者在缓气中，行速者在急气中也……

六合中一气右［左］旋，高远处气急转，至近地处气缓转。日月五星皆随气转，但在上者行速，在下者行迟。故月在日下，则行迟。何谓？月行一日十三度，日行一度。①

这实际是对朱熹气旋说的进一步发展。有学者认

---

① 黄润玉. 海涵万象录：卷1//张寿镛. 四明丛书：第3集. 刻本. 宁波：四明张氏约园，1933：3b，4a. 两处的"右旋"当为"左旋"之误，因为只有这样才能有日月五星"在上者行速，在下者行迟"的效果。《丛书集成初编（未出部分）》第30册所收《百陵学山》本《海涵万象录》之编校者亦疑"右旋"有误，并改为"左旋"。参见黄润玉. 海涵万象录：卷1//丛书集成初编（未出部分）：第30册. 北京：中华书局，1991：1-2.

为，在17世纪之前，中国的天文学家和宇宙学家对描绘或者解释行星运动极少表现出兴趣[1]，这看来是一种错觉。

在《璇玑遗述》第一卷第一篇开头，揭暄就从"左旋说"和"右旋说"的讨论入手来论述宇宙结构问题。在这里，他明确表示赞同朱熹的"左旋说"，同时批评西方天体运动的几何模型虽然在计算上越来越精细，却引入了越来越多的几何轮圈，结果使天体运动的物理原理更加令人模糊难解。[2] 他认为，所有的天体运动都可归结为一种运动，也就是"左旋"运动，其余运动都由此派生而来。[3] 至于天何以会左旋，并导致不同天体的种种不同运动，揭暄则借用了朱熹等人发展起来的气旋学说来加以解释。

首先，像朱熹那样，揭暄认为天就是地球以外的"未凝之气"，而地球和日月星辰则是"凝成之气"。天

---

[1]　HENDERSON J. Ch'ing Scholars' Views of Western Astronomy. Harvard Journal of Asiatic Studies，1986，46（1）：129.

[2]　揭暄. 璇玑遗述：卷1//薄树人. 中国科学技术典籍通汇：天文卷：第6册. 郑州：河南教育出版社，1993：292.

[3]　揭暄. 璇玑遗述：卷1//薄树人. 中国科学技术典籍通汇：天文卷：第6册. 郑州：河南教育出版社，1993：292，302；揭暄. 璇玑遗述：卷3//薄树人. 中国科学技术典籍通汇：天文卷：第6册. 郑州：河南教育出版社，1993：320.

地之间所充满的就是这两种形式的气，没有真正的虚空，"天内虚，非虚也，虚者气充塞之……地与天皆气所结，虚与实皆气所充，上下连属，莫有间断，浑然一物耳"。在论述这个问题时，揭暄既引述了朱熹关于地外皆天皆气的观点，同时在对这个问题的"互质"中还提道："西儒云：'气不可见者，亦实有体。自地至天悉无他物，其体至大，包举全地……性学通论，天地之间绝不得微有空隙。'"① 这表明，在这个问题上，揭暄尽力从中西两方面为自己寻找依据。

其次，他接受了朱熹的"刚风"说，却稍微进行了一些衍发，把整个地外之气分为三个层次："自地至月，自月至二十八宿，自二十八宿至空洞无有为三停：自地至月，内一停，为虚气，故能浮云往来，鼓異生息。自二十八宿至空洞无有为外停，亦虚气往来，蒸蒸外向，故能恒存，不徒不倚。中一停则坚凝浑厚，栖泊日月星辰。"② 由此他提出了所谓的"天体中坚"的命题，指出前人说天"外刚内柔，特就内体一面而言耳。若上极下

---

① 揭暄. 璇玑遗述：卷1//薄树人. 中国科学技术典籍通汇：天文卷：第6册. 郑州：河南教育出版社，1993：300.

② 揭暄. 璇玑遗述：卷2//薄树人. 中国科学技术典籍通汇：天文卷：第6册. 郑州：河南教育出版社，1993：305.

际，则刚者正在中停"①。他认为天体这种"中坚"的性质正是维持天体有规律运动以及大地不至于偏离本位的先决条件："天包列曜于内，使非坚以维之，则列曜飞越，何以运行而不易？地厚三万里，周九万里，可谓重矣，使非坚以贞之，则地宜陨坠，何以举之若轻尘？"②当然，像朱熹一样，他的"坚"也是与天之气的高速运动相关的一种约束特性："刚则健，健则疾，疾故坚。"③不过，揭暄认为，天作为气应该看成一个整体，而不必像西方天文学家讲的那样有界线分明的层次之分。

　　基于这样的宇宙框架，揭暄开始像黄润玉那样，借助于气旋来解释各种天体的运动。当然，这些运动主要集中在"中停"的气旋中。在这一停中，气旋速度以恒星所在的区域为最快（"列星深入天之刚健"④），一日一周天，是周天气旋运动的动力来源，两边的气旋都由它带动旋转。由于气本身的流体性质，所以，随着到二十八宿所在区域距离的增加，气旋速度将逐次减小，最后完全不动（"刚者健行，柔者受掣，其位渐远，其气渐

　　① 揭暄. 璇玑遗述：卷1//薄树人. 中国科学技术典籍通汇：天文卷：第6册. 郑州：河南教育出版社，1993：299.

　　② 同①.

　　③ 同①.

　　④ 揭暄. 璇玑遗述：卷3//薄树人. 中国科学技术典籍通汇：天文卷：第6册. 郑州：河南教育出版社，1993：322.

涣，其力渐薄，其行亦渐微，追随不及，以次而杀。其实气随气转，所鼓惟一"①）。对于日月和行星而言，它们运动的动力就是来自这些速度不同的气旋的推动，它们所表现出的不同形式的运动都导源于它们同气旋之间的各种相互作用。揭暄在《璇玑遗述》中对自己的这种观点反复进行了阐述②，但其要点基本包含在他所画的"昊天一气浑轮旋转总图""日掣金水黑星环转图""土木摄小星环转图"等图及其图说中。其中，"昊天一气浑轮旋转总图"解释了天体的整体运动情况：

> 天浑沦一气，无分重数。特其气甚厚，外刚内柔，以外掣内，渐远渐杀，以至不动。各政附于气中，居有高下，因有迟速。又因掣而有倒退，如圆槽置珠，立干挪之，盘进则丸自退，又因日火对冲而成小轮，如急水流觞，急进缓退，自成小圈也。但行远地，轮弦则西进，近地气缓，则东退耳。上

---

① 揭暄.璇玑遗述：卷1//薄树人.中国科学技术典籍通汇：天文卷：第6册.郑州：河南教育出版社，1993：302.
② 揭暄.璇玑遗述：卷1//薄树人.中国科学技术典籍通汇：天文卷：第6册.郑州：河南教育出版社，1993：292-297；揭暄.璇玑遗述：卷3//薄树人.中国科学技术典籍通汇：天文卷：第6册.郑州：河南教育出版社，1993：320-328；揭暄.璇玑遗述：卷4//薄树人.中国科学技术典籍通汇：天文卷：第6册.郑州：河南教育出版社，1993：331-335.

下往返，两旁升降，视之似为迟留顺逆焉，实测共
为一气，共为此一掣，共属左旋。万气皆由一气，
万动总由一动也。[①]

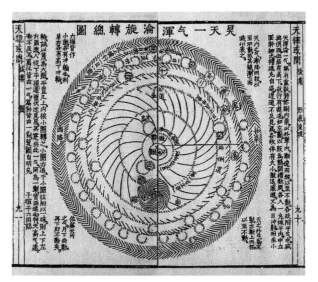

昊天一气浑轮旋转总图

资料来源：《璇玑遗述》。

也就是说，最外层的气旋是天体运动最初的动力来
源，最外层的气旋带动内部气旋运动，但由于流体的性
质，所以越向内，气旋的速度就会变得越慢，到接近地

---

① 揭暄．璇玑遗述：卷末//薄树人．中国科学技术典籍通汇：天文
卷：第6册．郑州：河南教育出版社，1993：391-392．

球的地方就会变得完全不动（当然，向外也是一样，"天之外体为反掣，亦渐远渐杀，以至于不动"①）。至于日月五星的本轮（"小轮"）运动的产生，揭暄认为是这些天体的惯性与太阳的"对冲"等作用造成的（详见下文的解释），而"小轮"的作用则造成了行星迟留顺逆的视运动现象。除了多出对"小轮"产生机制的解释外，揭暄对天体运动动力机制的解释同黄润玉等人的解释可以说同出一辙（当然，黄润玉对于天体排列次序的认识与揭暄不同）。

基于这样一种模型，揭暄还从自然哲学、模拟试验以及伽利略的望远镜天文新发现等方面进行分析，最后独立得出了天体普遍存在自转的结论。② 尽管伽利略早在 1610 年就已经认识到了太阳自转的存在，但在他生活的年代，来华传教士对这一点以及后来欧洲天文学家对天体自转现象的普遍发现均未作介绍。在这种情况下，揭暄的发现应该说是他自己宇宙理论的一个胜利。而同时，天体自转的存在也成为其天体运动动力机制中的重要组成部分。这些知识已经超出了理学和西学两者的范畴，可以说是揭暄在对理学宇宙论同西方天文学进

---

① 见"昊天一气浑轮旋转总图"中所附的文字说明。

② 石云里. 揭暄对天体自转的认识：兼论揭氏在清代天文学史上的重要地位. 自然辩证法通讯, 1995 (1): 53-57.

行杂交后收获的果实。这些果实就是他在另外两幅图中所要描绘的内容。

"日掣金水黑星环转图"解释了金星和水星绕日运动的情况：

> 日从内掣，金水与黑子因抱日环转，上下往返，左右升降，人从地平横视，为迟留顺逆，实则绕行无异也。星近日故见黑，金远日见弦望。①

日掣金水黑星环转图

资料来源：《璇玑遗述》。

---

① 揭暄．璇玑遗述：卷末//薄树人．中国科学技术典籍通汇：天文卷：第6册．郑州：河南教育出版社，1993：392.

由于传教士在介绍太阳黑子的发现时主要采纳了 C. Scheiner 对其本质的解释，认为它们都是接近太阳的行星在凌日时造成的视觉效果①，所以揭暄接受了这种观点，而把黑子看成与金水二星相同的近日行星。为了解释它们的运动机理，他另外引入了一种以气作为媒介的天体引力，认为太阳同金水二星之间就存在这样的引力（"金水与日相副而行，其体虽离，其气则相摄。如针之指南，气之随鼻，珀之拾芥，潮之从月"②）。尽管在揭暄之前已经有邢云路讨论过太阳对行星的某种引力作用③，传教士也提到过控制行星的能动之力"在太阳之体中"（见上文所引），但揭暄的观点仍然具有自己的创造性：他认为由于太阳的自转，其所发出之气也会随之运转，进而推动金水等星绕日周行，"太阳之气属火而体圜，性利磨荡，虽为天所带动，寔则自转不已，迅

---

① 傅汎际译义、李之藻达辞《寰有诠》卷三《论天体所以不坏》，汤若望《远镜说》"利用篇"、《主制群征》卷上《以天行向征》，以及《新法算书》中的《五纬历指》《新星解》、《测天约说》"太阴篇"等文献中都有对这种解释的介绍。

② 揭暄. 璇玑遗述：卷1//薄树人. 中国科学技术典籍通汇：天文卷：第6册. 郑州：河南教育出版社，1993：295；揭暄. 璇玑遗述：卷3//薄树人. 中国科学技术典籍通汇：天文卷：第6册. 郑州：河南教育出版社，1993：327.

③ 薄树人. 中国古代关于控制行星运动的力的思想. 中国历史博物馆馆刊，1989（12）：4-11.

疾劲励，近之者为其所掣，势迫而急，愈近则愈急。又物之合为一体者其转维均，异体而转者，则内速外缓，近速远缓。金水与日，气虽相摄，体则活动，故金转一周，水已转五周"①。

"土木摄小星环转图"主要是解释土星（实际是土星环，但当时认为是其卫星）和木星卫星的运动机理。揭暄认为，它们的运动机理与金水绕日相同：

> 四星之抱木，亦犹金水之抱日，上下周行；两星之环土，亦犹黑子在日中，隐现随从。②

土木摄小星环转图

资料来源：《璇玑遗述》。

---

① 揭暄. 璇玑遗述：卷1//薄树人. 中国科学技术典籍通汇：天文卷：第6册. 郑州：河南教育出版社，1993：296；揭暄. 璇玑遗述：卷3//薄树人. 中国科学技术典籍通汇：天文卷：第6册. 郑州：河南教育出版社，1993：327.

② 揭暄. 璇玑遗述：卷4//薄树人. 中国科学技术典籍通汇：天文卷：第6册. 郑州：河南教育出版社，1993：336.

显然，揭暄所认为的太阳对金水等星以及土木对其卫星的引力在范围上是有限的。他之所以认为只有金水二星是绕日运转的，可能有这方面的原因。因为，如果太阳的这种引力可以远达火木土等地外行星，则意味着地球也要处于其作用范围之内，从而导致地球是否也存在运动的问题。当然，揭暄并不否认太阳的这种引力对火木土三星的影响，但是他认为，这种引力作用只有在"对冲"（日、地、星成一直线，也就是大冲）时才会产生明显的效果。因为，在这个特殊位置上，地球及其周围空间会像透镜那样对太阳之气产生一种聚焦作用，而聚焦后的太阳之气同样会对行星产生引力作用，使得火木土三颗行星产生绕"气日"的小轮运动（当然，这个运动是附加在它们原有的本轮运动上的），就像金水二星绕太阳的运转一样，甚至连月亮在同太阳对冲时也会产生同样的效应（"天之对冲乃大火镜也……故日之所在为一日，气之所聚又一日也，金水附日，抱日为轮。火土木对日，抱日气为轮……匪惟木火土也，月亦有之"①）。我们注意到，揭暄在解释月亮的吸引何以会使地球两面的海水同时起潮时，使用的是同一种形式的

---

① 揭暄.璇玑遗述：卷3//薄树人.中国科学技术典籍通汇：天文卷：第6册.郑州：河南教育出版社，1993：326.

解释：由于相同的"聚焦"作用，月球发出的气会在月地"对冲"处形成一个"气月"，气月会像实月一样对地球背月面的海水产生吸引，从而导致背面潮汐的产生。[1]

到此为止，揭暄已经在理学的宇宙框架内，以一种较简单的方案解释了经自己略加改造的西方宇宙模型的物理机制，而且，经过对理学宇宙学说的发展，他甚至还同时解释了天体自转、太阳黑子、木土卫星的运动机理问题。从他的工作中，我们可以看到当时中国学者在试图统一中西科学和自然哲学方面所作出的努力，同时也可以看到这种努力的一些成果——至少他从知识体系上补充了传教士所介绍的西方天文知识中一些明显的缺失。清代在对《崇祯历书》进行修改而编订《历象考成》时，揭暄的思想明显对编纂者产生了一定的影响。其中在谈到天体运动动力原因时提到"宗动天以浑灏之气挈诸天左旋"[2]，其源头应该是在揭暄这里。而其学说通过游艺《天经或问》传到日本之后，在日本也产生了很大影响。尤其是在明治之后，日本学者志筑忠雄在其"混沌分判图说"中就把揭暄的模型转换到了日心地动体系之中，并用牛

① 石云里．揭暄的潮汐学说．中国科技史料，1993（1）：90-96.

② 何国宗，等．历象考成：卷1//《文渊阁四库全书》影印本．上海：上海古籍出版社，1987：3a.

顿的向心力和离心力理论解释了行星轨道的形成。①

从上述讨论中可以看到，揭暄的宇宙论可以非常正当地看作理学宇宙论与西学碰撞交融的结果。在他的宇宙学讨论中，理学宇宙论至少给他提供了三个方面的基础：

第一，讨论的问题。可以看出，天体运动的物理机制问题也是朱熹等理学家在宇宙论方面所特别关注的问题。同时，也正是由于理学宇宙论中存在对这些问题的关注，并且实际一直没有完全中断（只不过不同时期受重视的程度可能不一样），所以揭暄等人才会从西方的几何天文学体系中看出他们所认为的那种不足（也就是"拙于言通几"），进而展开自己的讨论。

第二，使用的基本语言。我们已经看到，揭暄所用的基本术语，如"气""左旋""刚健"等，大多来自理学宇宙学传统。对于新近从西方引进的那些术语，如"宗动天""本天""小轮"等，他则试图以原有的理学术语加以批判或者诠释。

第三，凭借的基本模型。可以清楚地看到，揭暄的天体动力模型（也就是气旋模型）与朱熹、黄润玉的模

①　Yoshida Tadashi. Cosmogony in the Xuanji Yishu of Qi(e) Xuan. 香港大学中文系集刊，1987，1（2）：13-20.

型是一脉相承的。尽管面对西方天文学所带来的许多新知识，揭暄不得不对这个模型加以发展，但他的最终模型和朱熹等人的早期模型并不存在根本冲突的地方，而可以看作在原型基础上合乎理学自然哲学逻辑的一种发展。

相比之下，西方天文学为揭暄提供的则是大量新的有待解释的现象，以及由此带来的对求知欲的刺激，当然还有一些可供利用的自然哲学和科学的具体知识。在很大程度上，揭暄的宇宙学可以说是在西学刺激下，理学宇宙学自宋代以来的一次空前的发展。而反过来，这种发展本身也是在面临西学挑战的情况下，理学宇宙学在包容性方面所受到的一次"考验"。

10 紫禁城文武建筑布局与文德光华

> 以文武构筑天下最大的房子，这个最大
> 的房子就叫仁，心里就会装着仁。正位叫
> 礼，大道为义，当仁、礼、义行于天下时，
> 天下归仁，礼乐社会也就诞生了。

作者简介

　　王子林，1989 年毕业于北京大学考古系，同年入故宫博物院工作，从事宫廷文物的保管、陈列与研究工作。现为故宫博物院故宫学研究院执行院长兼秘书长、二级研究馆员，著有《日升月恒：紫禁城的文德光华》《抱蜀不言：乾隆七十三年的坚守》等。

紫禁城虽然总体上按《周礼》设计，有气势宏伟的五门三朝，但它体现的是礼制。《礼记》郑玄注曰："天子五门：皋、库、雉、应、路。鲁有库、雉、路，则诸侯三门与?"天子五门、诸侯三门，这是严格的礼制规定，以便天子行使权力。在紫禁城的规划设计中，左右对称的文武两组建筑群，既是对《周礼》的继承，又超越了《周礼》，将道统的精神灵魂注入其中，使文武二楼不仅在都城、宫城的布局中起到功能性的作用，还是文武之道、仁义之道和阴阳之道的体现；使紫禁城、北京城的规划呈现出一个全新的面貌，上升到精神层面，昭示了古代精神文化的价值取向，也就是文化生生不息的传承与弘扬。如果说宋代为天地立了一颗仁心，那么明代则为北京城、紫禁城立了一颗仁心。

文武建筑布局

朱元璋定都南京，创建紫禁城，于正殿奉天殿东西两侧分别建文楼、文华殿和武楼、武英殿。朱棣迁都北京，承其宫城规制。北京紫禁城建成之日，大学士杨荣、李时勉等亲睹宫城壮丽，杨荣《皇都大一统赋》曰："文楼、武楼之特耸，左顺右顺之并建。若乃震位毓德，文华穹隆。亦有武英，实为斋宫。"金幼孜《皇都大一统赋》曰："奉天屹乎其前，谨身俨乎其后。唯华盖之在中，竦摩空之伟构。文华翼其在左，武英峙其在右。"李时勉《北京赋》曰："东崇文华，重国家之大本；西翊武英，严斋居而存诚。"陈敬宗《北京赋》曰："翊以文楼、武楼、左阙、右阙之崪嵂。"文武二楼位于正殿奉天殿东西两侧，文华殿翼其左，为国家之大本，武英殿峙其右，为谨身之斋居存诚。东文西武的布局在宫城规划中体现了出来，它不仅对三大殿形成拱卫之势，而且还具有某种精神价值的作用，可见文武二楼在宫城布局中的重要性。

北京城东文西武的格局，最早为姜舜源先生所提出。《五行·四象·三垣·两极与紫禁城》称："（紫禁城内）凡是属于文化、文治方面的宫殿、设施多在东侧，从木从春；属于兵刑、武备性质的宫殿、设施多在西侧，从金从秋。最典型的如文华殿、武英殿，文东、武西拱卫着中央三大殿。太和殿举行大朝时，文武百官也按文东、武西序立于御道两侧。……太和殿广场东南的体仁阁、弘义阁在明代称文楼、武楼；御花园内万春亭、千秋亭，一东一西，分列于中轴线两侧。内阁为文职衙门，在午门内东侧；而军机处初为武职衙门，故在乾清门外西侧。……与此相同，京城孔庙和全国最高学府国子监，也都设在东城。举人进京会试，由城南东侧的崇文门入城，而军队出师征战，则由京城西南侧的宣武门出城。"① 韩增禄《易学与建筑》亦称："在古代君主的都城建筑及其相应的礼制活动中，一个重要体现，就是左文右武的总体布局。这种布局，一直延续到明、清两代。由于历来的天子都是面南而治的，其都城均呈坐北向南之方位。这样，左文右武就成了文东武西。例如，在金中都城的建筑中，文楼位于千步廊之东，武楼位于千步廊之西。在明、清北京城的规划设计、建筑命名，乃至入朝的礼制上，也体现了文东武西之制。如内城南面的城门，东面是崇文门，西面是宣武门。贡院、文庙、国子监等，都建在东城……皇城第一门大明门，前面的天街两侧，各有一座牌坊，位于东侧通向东江米巷的牌坊名曰'敷文'，位于西侧通向西江米巷的牌坊名曰'振武'。皇城正门前面千步廊两侧，文职的中央衙署都建在东面，武职的中央衙署都建在西面。皇城正门外，东面为长安左门，进行殿试的贡士从东面的崇文门、长安左门、天安门左门入；西面为长安右门，兵部官员押解俘虏到午门外献俘，从长安右门、天安门右门入。在紫禁城正门内，文华殿在东面，武英殿在西面；

---

　① 姜舜源. 五行·四象·三垣·两极与紫禁城. 紫禁城，1989 (6)：19.

太和门内，明代东侧是文昭阁（简称文楼），西侧是武成阁（简称武楼）。朝廷议事，则是文武大臣按照左文右武的定制位列两厢。"①

文武二楼的起源

文武二楼的设立源于周代朝门外的两块石头嘉石和肺石。

《周礼·秋官·大司寇》记："以嘉石平罢民……以肺石达穷民，凡远近茕独老幼之欲有复于上而其长弗达者，立于肺石，三日，士听其辞，以告于上而罪其长。"《周礼·秋官·朝士》亦记："左嘉石，平罢民焉；右肺石，达穷民焉。"唐人贾公彦疏曰："云嘉石，文石也者。以其言嘉，嘉善也。有文乃称嘉，故知文石也，欲使罢民思其文理以改悔自脩。"又曰："云肺石，赤石也者。阴阳疗疾法，肺属南方火，火色赤，肺亦赤，故知名肺石是赤石也，必使之坐赤石者，使之赤心不妄告也。"设于朝廷门外左边的是嘉石，右边的是肺石。设嘉石的目的是使有罪过但还没有触犯刑法的人跪在嘉石上，以令其悔改；设肺石的目的是让那些无靠的孤老独幼者有途径申诉冤屈，如遇有冤而地方长官不肯受理的

---

① 韩增禄. 易学与建筑. 沈阳：沈阳出版社，1997：60-61.

情况，可立于肺石上三天，以显其赤心不妄告，士便会出来受理其诉讼，上报主管官员，对案件进行审理，并对地方长官给予处罚。到西晋时建立了直诉制度，在朝堂外悬设登闻鼓，允许重大枉屈者击鼓鸣冤，直诉中央甚至皇帝。唐宫城承天门朝堂外东置肺石、西设登闻鼓，就是这一制度的反映。《唐会要》记："其年二月制，朝堂所置登闻鼓及肺石，不须防守，其有挝鼓石者，令御史受状为奏。"唐玄宗建大明宫时，于含元殿前建钟楼和鼓楼，则把二者演变为配楼的形制。《新唐书》记："武班居文班之次。入宣政门，文班自东门而入，武班自西门而入……百官班于殿庭左右，巡使二人分莅于钟鼓楼下。"宋代继承唐宫阙之制，于殿庭左右设钟鼓二楼。《宋史》记："太宗召工造于禁中，逾年而成，诏置于文明殿东鼓楼下。"又记："设鼓楼、钟楼于殿庭之左右。"金中都仿北宋汴京，分为宫城、皇城和廓城，宫城位于中央，皇城在宫城的南边。皇城正南门宣阳门内辟驰道直达宫城正南门，驰道东西两侧建有千步廊。据《金图经》记载，道东建文楼，道西建武楼。元大内继承了这一制度，萧洵《故宫遗录》云："由午门内可十步为大明门，仍旁建掖门，绕为长廊，中抱丹墀之半，左右有文武楼，楼与庑相连。中为大明殿。"元人陶宗仪《南村辍耕录》解释说："钟楼又名文楼……鼓楼又名武楼。"可知，金代和元代的文武二楼，实际上就是唐宋时期的钟鼓二楼。

文武布局元大都城已见端倪，如元大内正殿大明殿东有文楼（钟楼）、西有武楼（鼓楼）；大都城东有崇仁门（明东直门）、西有和义门（明西直门）。然而，元大都布局强调的是建筑的星象分野，如《析津志》所言"世祖皇帝统一海寓，定鼎于燕。省部院台、百□庶府，焕若列星"，李洧孙《大都赋》亦称元大都"仿紫极而建庭，榱题炳乎万宿。……都省应乎上台，枢府协乎魁躔。霜台媲乎执法，农司符乎天田。詹事、宣政、卫尉之院，错峙而鼎列；宣徽、泉府、将作之署，棋布而珠连"。故元大都城布局虽有东文仁西武义建筑，但并未强调这一特性，使之成为都城的格局，而明代北京城却突出了这一建筑特点，形成了鲜明的东文西武格局。李时勉《北京赋》曰："列大明之东西，割文武而制异。"明确指出北京城是按左文右武来布局的。在承天门与大明门之间、千步廊左右，即是六部五府的分布区域，吏、户、礼、兵、工部及鸿胪寺、钦天监、翰林院等文职机构分布于东，中、左、右、前、后五军都督府及太常寺、通政使司、锦衣卫、刑部等武职机构分布于西。它们与紫禁城中的文楼、文华殿和武楼、武英殿及都城的崇文门和宣武门遥相呼应，突出了左文右武的都城格局。

文武格局并非永乐帝的首创，是遵南京祖制的结果。朱元璋建都南京以后，于洪武二十五年（1392年）改建宗人府、五府、六部和太常司官署，同时下令南京城要按东文西武格局进行规划布局。《大明太祖高皇帝实录》记载："南方为离明之位，人君南面以听天下之治，故殿廷皆南向。人臣以左文右武，北面而朝，礼也。五府六部官署宜东西并列，其建六部于广敬门（按：洪武门）之东，皆西向；建五府于广敬门之西，皆东向。惟刑部掌邦刑，已置于西北太平门之外。于是以宗人府、吏户礼兵工五部，列于广敬门之东；中左右前后五府、太常司列于广敬门之西，悉改造，令规摹宏壮，命主事高有常董其役。"朱元璋在营建南京城时，强调人君要南面而听天下，人臣则要按左文右武排序，北面而朝，这是礼的体现，故将宗人府及吏、户、礼、兵、工五部等文官官署布置于洪武门东侧，将中、左、右、前、后军都督府等武官官署布置于洪武门西侧，使整个都城形成了左文右武的格局。这是都城发展史上的大事件，是都城规划的创新。都城不仅是礼的体现，也是儒家仁义思想的体现，是一阴一阳之谓道的体现。

左文右武的都城布局，很有可能是汉唐时期朝会时文官居左、武官居右站班秩序演变而成的建筑形制。

《史记》记："汉七年，长乐宫成。……功臣列侯诸将军军吏以次陈西方，东乡；文官丞相以下陈东方，西乡。"《新唐书》记："武班居文班之次。入宣政门，文班自东门而入，武班自西门而入……百官班于殿庭左右，巡使二人分莅于钟鼓楼下。"而汉唐的左文右武的站班，可能源于《周礼》的官员排位。《周礼·秋官·朝士》所记"左九棘，孤、卿、大夫位焉，群士在其后。右九棘，公、侯、伯、子、男位焉，群吏在其后"，极有可能是左文右武的雏形。另一种可能是《周礼》的天、地、春、夏、秋、冬六官也是按左右布局的，即天、春、夏官署分布于左，地、秋、冬官署分布于右。

文武建筑布局是对天下太平的向往

从星象角度看，北京城左文右武的格局与天象壁星和奎星有关。壁星为北方七宿——斗、牛、女、虚、危、室、壁——之中的壁宿。最初它由四颗星组成方形，东边的两颗星称为东壁，被认为是天上的图书府。紫禁城文华殿的对联曰："西昆崚群玉之峰，宝气高腾册府；东壁耿双星之耀，祥辉遥接书林。"文华殿上应东壁二星。奎星为西方七宿——奎、娄、胃、昴、毕、觜、参——之中的奎宿，由十六颗星组成一个封闭的形状，被认为是天上的武库。二者正好东西相望。《礼记·曲礼下》曰："在府言府，在库言库。"郑玄注曰：
"官谓版图文书之处，府谓宝藏货贿之处也，库谓车马
兵甲之处也。"宋代陈祥道解释曰："《曲礼》曰：'在府
言府，在库言库。'天文东璧为文府，西奎为武库。"
《晋书·天文志上》卷十一记："西方。奎十六星，天之
武库也。"

　　弓箭收于橐鞬，兵器藏于武库，喻天下太平。《礼
记·乐记》记："庶民弛政，庶士倍禄。济河而西，马
散之华山之阳而弗复乘，牛散之桃林之野而弗复服，车
甲衅而藏之府库而弗复用。倒载干戈，包之以虎皮。将
帅之士，使为诸侯。名之曰'建橐'。然后天下知武王
之不复用兵也。"何谓天下太平？民众不受苛政的压迫，
士人的俸禄得到增加。放马南山，再也不用来拉战车；
放牛桃林，再也不为战争服役；把兵车战甲封藏于府库
里，不再使用；盾和矛都倒放并包上虎皮；带兵的将
领，都封为诸侯，且对众宣布今后"建橐"不复用事，
天下人就都知道武王不再使用武力了。这才是圣帝明君
的伟业。

　　"天不变，道亦不变"，既然天是这样的布局，大地
上的都城也应该是这样的布局。紫禁城的文武布局象征
天上的璧星和奎星，是对天下太平的无限向往。

　　东文西武的建筑格局，在思想上则是传统文武之道

的体现。永乐元年（1403年）春正月，刚登上皇位的朱棣在奉天殿接受文武百官朝贺，颁布敕谕曰："上天之德，好生为大。人君法天，爱人为本。四海之广，非一人所能独治。必任贤择能，相与共治。尧舜禹汤文武之为君此道，历代以来，用之则治，不用则乱，昭然可见。……尔文武群臣，职无崇卑，体朕斯怀，各尽其道……为民造福。其悉力一志，敬之，慎之。"（《明实录》）

春正月，如孔子《春秋》所记为大一统的标志，是政教之始。"欲为君尽君道，欲为臣尽臣道"，永乐帝称治理天下靠的是君臣一心，文武群臣各尽其道，为民造福。这个道是从尧舜禹汤文武那传下来的，而尧舜文武之道又是法天之道。天道是什么呢？就是"上天之德，好生为大"。天把恩惠施给普天之下，没有私心，故法天的本质是要爱人为本。这则敕谕无疑是对日后紫禁城文武建筑格局的注脚，同时它也道出了儒家治国的道统思想，即尧、舜、禹、汤、文、武的为君之道，为法天之道。所谓法天之道，即为上天之德，上天之德即是好生为大，故为君之道就是要爱人为本，爱人为本即为仁德（仁道），以此治理国家则为行仁政。

文武二楼与重其文德

文武之道源于《论语·子张》："文、武之道未坠于地，在人，贤者识其大者。"朱熹注曰："文、武之道，谓文王、武王之谟训功烈与凡周之礼乐文章，皆是也。"文武之道指的是文王、武王推行的礼乐典制。《中庸》有"文武之政，布在方策"，说的是周文王、周武王的政治措施都记录在典籍中。"其人存，则其政举；其人亡，则其政息。"孔子称这样的人在世，这些政事就能实施，他们去世，这些政事也就废弛了。《中庸》曰："无忧者其惟文王乎！以王季为父，以武王为子。父作之，子述之。武王缵大王、王季、文王之绪，壹戎衣而有天下。身不失天下之显名，尊为天子，富有四海之内，宗庙飨之，子孙保之。武王末受命，周公成文武之德，追王大王、王季，上祀先公之天子之礼。"文王继承父志，开创基业，武王晚年接受天命，战无不克。至周公时，才成就了文武之德，可以制礼作乐。

《礼记·杂记下》曰："张而不弛，文武弗能也；弛而不张，文武弗为也。一张一弛，文武之道也。"强调宽严相济乃为治国的文武之道，与《论语》《中庸》所说的文王、武王之道稍有不同，但本质是一样的。

《论语·八佾》曰："郁郁乎文哉！吾从周。"故《中庸》说孔子"祖述尧、舜，宪章文、武，上律天时，下袭水土。辟如天地之无不持载，无不覆帱，辟如四时之错行，如日月之代明。万物并育而不相害，道并行而不相悖。小德川流，大德敦化，此天地之所以为大也"。孔子将一切以文武之道为圭臬。文武之道是文王从尧舜那儿继承下来的，也就是说文武之道源自尧舜之道，尧舜之道是道统的雏形。那么，尧舜之道是什么呢？《孟子·离娄章句上》曰："尧舜之道，不以仁政，不能平治天下。今有仁心仁闻，而民不被其泽、不可法于后世者，不行先王之道也。"朱熹注曰："先王之道，仁政是也。范氏曰：'齐宣王不忍一牛之死，以羊易之，可谓有仁心。梁武帝终日一食蔬素，宗庙以面为牺牲，断死刑必为之涕泣，天下知其慈仁，可谓有仁闻。然而宣王之时，齐国不治，武帝之末，江南大乱，其故何哉？有仁心仁闻而不行先王之道故也。'"尧舜之道就是仁道，要切切实实地把恩惠施予普天之下，而不是只有所谓"仁心""仁闻"而已。文武之道上遵循天时、下符合地理，就好像天地那样没有什么不能覆盖的，也没有什么不能承载的；又好像四季的交替运行、日月的相互照耀。万物共同生长而不相害，道路并行而不冲突。小德如河水一样长流不息，大德则可使万物敦厚纯朴。文、武与尧、舜联系在一起，并提高到与天地同辉的高度，二者的特点是具有包容、仁慈万物的大德。《孟子·告子章句上》曰："是故文、武兴则民好善，幽、厉兴则民好暴。"

尧舜之道，其核心是文德。"文德"一词出自《尚书·大禹谟》，"帝德广运，乃圣乃神，乃武乃文"，"班师振旅。帝乃诞敷文德，舞干羽于两阶"，是说舜的仁德之风广泛传布天下，既如圣人又如神明，文经天地，武勘祸乱。禹停止征伐三苗，班师而归。舜接受了益和禹的建议，开展礼仪教化，推行文德，并在朝堂两阶之间举行干羽舞，表示偃武修文。《诗经·大雅·江汉》有"矢其文德，洽此四国"，是说宣王推行文德，天下和睦。《论语·季氏》有"远人不服，则修文德以来之"，修治文德就可以使远方之人归服。故文德为仁慈、敦厚、温和、纯正等义。《尚书·尧典》曰："允恭克让，光被四表，格于上下。"郑玄注曰："言尧德光耀及四海之外，至于天地，所谓大人与天地合其德，与日月齐其明。"尧具有诚实、恭敬而又谦让的品德，所以光耀四海，与天地同辉。《尚书·舜典》曰："帝舜曰重华协于帝。"称舜继承了尧的志向，名重华。孔颖达疏曰："此舜能继尧，重其文德之光华。用此德合于帝尧，与尧俱圣明也。"唐代孔颖达将尧舜之德称为"文德"。

"文"是一个美好的词。《逸周书》云："经纬天地曰'文'，道德博闻曰'文'，勤学好问曰'文'，慈惠爱民曰'文'，愍民惠礼曰'文'，锡民爵位曰'文'。"至《尚书·舜典》记"正月上日，受终于文祖"，称尧太祖的宗庙为文祖，则是赋予"文"这个词最高境界。姬昌死后谥号为"文王"，说明他继承了文祖之德。《诗经·周颂·思文》曰："思文后稷，克配彼天。"郑笺称"文"为"文德"义。昔尧遭洪水，黎民阻饥，直到周的先祖后稷出现，后稷有文德，播殖百谷，才解决了百姓吃饭的问题，功能配天。《诗经·大雅·皇矣》曰："帝谓文王，'予怀明德，不大声以色，不长夏以革。'"这说的是上帝说文王有仁慈之德，从不厉声厉色教育百姓。《诗经·周颂·清庙》曰"秉文之德""对越在天"，意为天德清明，文王有文德。《中庸》曰："《诗》曰：'维天之命，于穆不已！'盖曰天之所以为天也。'于乎不显，文王之德之纯！'盖曰文王之所以为文也，纯亦不已。"天命是美好而不停息的，文王是最具有这种德的禀赋者，故称文王之德纯正，辉煌而光明，因为它来自尧舜、来自上天。

周文王是具有文德的典型代表。后世将具有文德的君王称为太平天子，如唐代杜牧《感怀诗一首》所言"扶持万代人，步骤三皇地。圣云继之神，神仍用文治"，为了世世代代遵循三皇治国原则，唐太宗以文德治理天下，于是天下太平。

把都城设计为文武分离的格局，是文武之道的体现，也是治理天下的方法在建筑上的体现，目的是"秉文之德，对越在天"。文武之道源于周文王、周武王治国礼乐典制，为孔子所推崇，成为儒家的理想政治，其核心是仁政。如《孟子·梁惠王章句上》所言"王如施仁政于民，省刑罚，薄税敛，深耕易耨，壮者以暇日修其孝悌忠信，入以事其父兄，出以事其长上"，就可以实现天下太平的理想。

体仁、弘义二阁与仁义之道

《中庸》言"文武之政，布在方策"之后，接着说"故为政在人，取人以身，修身以道，修道以仁。仁者，人也，亲亲为大。义者，宜也，尊贤为大"。推行文武之道的根本在于人，人的根本在于修身。修身要遵循道德，遵循道德要以仁义为本。仁，就是人自身具有的爱人之心，亲爱亲人是最大的仁；义，就是事事做到适宜，尊重贤人是最大的义。说明文武之道实际上就是仁义之道。

《大清会典则例》卷一二六记："顺治元年，定鼎燕京，上大清门牌额。二年定正中三殿名，殿前曰太和门，门之左曰昭德门，右曰贞度门，东庑之中曰协和门，西庑之中曰雍和门，太和门之后曰太和殿，殿之左曰中左门，右曰中右门，东庑之中曰体仁阁，西庑之中曰弘义阁。"顺治二年将文昭阁（文楼）改称体仁阁，武成阁（武楼）改称弘义阁。文更易为仁，武更易为义，不仅继承了明代的建筑遗产，而且在文理上亦继承了儒家文化传统。

汉代《周易乾凿度》记："夫万物始出于震。震，东方之卦也。阳气始生，受形之道也，故东方为仁。"震指东方，黄道与赤道交于东方角宿，为春分，阳气始生，万物出于此，故东方为仁。《周易乾凿度》又曰："兑，西方之卦也，阴用事而万事得其宜，义之理也，故西方为义。"西方为兑卦，万物各得其宜，为阴为义。《礼记·乐记》称："春作夏长，仁也；秋敛冬藏，义也。"所以文武二楼又是仁义之道的体现。文武本为仁义，故清代虽易名，实质上仍继承了道统谱系中的核心价值观。

弘义，出自东汉班昭《女诫》"夫妇之道，参配阴阳，通达神明，信天地之弘义，人伦之大节也"。弘义即大义，指要遵守社会伦理道德。

体仁，出自《周易》"君子体仁足以长人"，君子首先要效法天德，体现为仁德，才能够去教化他人。"君子德风，小人德草"，塑造一个仁爱的社会。唐代孔颖达《周易正义》所言"君子之人，体包仁道，泛爱施生，足以尊长于人也。仁则善也，谓行仁德。法天之元德也"，君子本性为仁，仁即善，践行之则谓仁德，仁德效法天的元德。

仁，按汉代许慎《说文解字》的解释，是亲的意思，指对人友善。从甲骨文"仁"字求源，则仁源于对祖先的尸位祭祀。面对祖先产生诸如虔诚、敬重、不忍、哀悼等感情，即是仁的原始面目。[①] 故《论语·学而》称"君子务本，本立而道生。孝弟也者，其为仁之本与"，孝悌是仁之本，"仁"正是"孝"在对死去祖先或亲人尽祭尽哀这个环节上的表现。故孔子对宰我不愿守孝三年，十分愤怒，骂宰我不仁。《孟子·离娄章句上》说"不得乎亲，不可以为人"，《论语·泰伯》也说"君子笃于亲，则民兴于仁"。说得再透彻一点，如果一个人对离去的亲人都没有悲戚之情，那他怎么可能心怀仁爱呢？仁是孔子一生所追求的人生境界，他赋予了仁丰富的道德内涵。《论语》中记载有关仁的话题有一百余条，其中孔子的弟子曾四次问仁是什么。如："仲弓问仁。子曰：'出门如见大宾，使民如承大祭。己所不欲，勿施于人。在邦无怨，在家无怨。'""樊迟问仁，子曰：'爱人。'"仁的核心是爱人，不要把自己的欲望强加给别人。《中庸》说："仁者，人也。"孔子对颜渊说，实行仁德，完全在于自己，不在于别人。仁，是一

---

① 谢阳举."仁"的起源探本.管子学刊，2001（1）：44-49.

种爱,"泛爱众,而亲仁",由对亲人的爱推及他人,"人皆有所不忍,达之于其所忍,仁也"。仁同时也是一种克己的修养工夫。它不但是对德性的统称,具有恭、宽、信、敏、惠的品德,还要做到平时起居端庄恭敬、做事严肃认真、对待他人忠诚有信。仁是"先难而后获"的付出,同时还要长期地坚持下去,做到"无终食之间违仁,造次必于是,颠沛必于是"。所以仁是一种发自人内心的道德情感,是孔子思想的核心和终极价值。

孟子不仅发挥了孔子的仁,还把仁与义结合起来。在与梁惠王的对话中,孟子首先提出"何必曰利,亦有仁义而已"。《孟子·尽心章句上》曰:"王子垫问曰:'士何事?'孟子曰:'尚志。'曰:'何谓尚志?'曰:'仁义而已矣。'"

梁襄王曾问孟子:"天下恶乎定?"孟子回答说:"定于一。"梁襄王追问:"孰能一之?"孟子说:"不嗜杀人者能一之。"天下一统,百姓乐业,只有推行仁政才能实现。孟子认为,虽然伯夷、伊尹和柳下惠几人的好恶不同,但所行之道却是一样的,那就是仁。孟子还说:"继之以不忍人之政,而仁覆天下矣。"以悯恤别人的心情来实施悯恤别人的政治,那就是仁政。孟子把仁义移植到仁政上,"今王发政施仁,使天下仕者皆欲立于王之朝，耕者皆欲耕于王之野，商贾皆欲藏于王之市，行旅皆欲出于王之涂，天下之欲疾其君者皆欲赴愬于王"，"当今之时，万乘之国行仁政，民之悦之，犹解倒悬也"，指出推行仁政，百姓就会像人被倒挂着而给解救了一样高兴。《孟子·滕文公章句下》曰："苟行王政，四海之内皆举首而望之。"不行仁政，则"仁义充塞，则率兽食人，人将相食"。《孟子·离娄章句上》曰："尧舜之道，不以仁政不能平治天下。"又曰："三代之得天下也以仁，其失天下也以不仁。国之所以废兴存亡者亦然。天子不仁，不保四海；诸侯不仁，不保社稷；卿大夫不仁，不保宗庙；士庶人不仁，不保四体。"

怎样才能保证仁义的推行呢？

一是将仁义道德化。唐代韩愈称道德的内容就是仁义。他在《原道》一文开篇就称："博爱之谓仁，行而宜之之谓义，由是而之焉之谓道，足乎已无待于外之谓德。仁与义为定名，道与德为虚位。"他说博爱叫作仁，去践行仁就是义，沿着仁义之路走下去便是道，使自己具备完美的修养，而不去依靠外界的力量就是德。仁与义是意义确定的名词，道与德是意义不确定的名词。"凡吾所谓道德云者，合仁与义言之也，天下之公言也"，所以韩愈称他自己所说的道德，都是结合仁义说的，是天下之公论，不容置疑。

二是将仁义本性化。孟子主张人性本善，"仁义礼智，非由外铄我也，我固有之也"，人皆有"四端"，生而有之，为先天所赋予。

三是将仁本体化。宋代程颢、程颐将仁义统归为仁，称："学者须先识仁。仁者，浑然与物同体，义、礼、知、信皆仁也。"张栻曰："人之性，仁义礼智四德具焉。……故仁为四德之长，而又可以兼包焉。"将仁从四德中抽离出来，与人性相结合，二程说"仁自是性"。

四是将仁心灵化。天地原本无心，《老子》所谓"天地不仁，以万物为刍狗"，是冰冷而无温度的言辞。故到宋代，以张载为代表的儒士提出要为天地立心。为天地立什么心呢？就是一颗仁心。朱熹把仁看成上天生成万物的那颗心，即仁心。上天将仁心赋予人与万物，人与万物得此心为心，这就是上天之德的表现。朱熹说："盖仁也者，天地所以生物之心，而人物之所得以为心者也。惟其得夫天地生物之心以为心，是以未发之前，四德具焉，曰仁义礼智，而仁无不统。"明代曹端《通书述解》称："仁者，天地生物之心，而人所受以生者，为一心之全德、万善之总名。体即天地之体，用即天地之用；存之则道充，居之则身安。故孟子既以天之尊爵目之，复以人之安宅名之。"故儒家的学说不仅充满高度，也充满了温度，使儒家文化成为一种生命文化。

当达到了上面的要求时，一个明确的目标也就产生了：守天下国家只能靠仁。《周易·系辞下》曰："天地之大德曰生，圣人之大宝曰位，何以守位曰仁。"《大戴礼记·武王践阼》记武王践阼时，曾问士大夫，有没有藏之简便，行之有效，让子子孙孙永远遵守的治国之策呢？吕尚曰："且臣闻之，以仁得之，以仁守之，其量百世。以不仁得之，以仁守之，其量十世。以不仁得之，以不仁守之，必及其世。"简单来说，长治永安的方法只有一个，就是以仁守之。《论语·卫灵公》亦曰："知及之，仁不能守之，虽得之，必失之。知及之，仁能守之，不庄以莅之，则民不敬。知及之，仁能守之，庄以莅之，动之不以礼，未善也。"

清代将文楼改称体仁阁、武楼改称弘义阁，目的是强调用仁守天下。

文武二楼与天之大德

《周易乾凿度》称东方为震卦，是阳气所生之处；西方是兑卦，是阴用事而得其宜。古人以左即东为阳，以右即西为阴。体仁阁位于东方，属阳；弘义阁位于西方，属阴。东为阳，西为阴，整个紫禁城和北京城被分成了阴阳两半，故文武二楼背后又体现了一阴一阳之谓道的思想。

什么是一阴一阳呢？

宋代王宗传《童溪易传》称："窃原《易》之始作也，则亦本诸一奇一偶而已矣。天下之理，有动必有静，有刚必有柔，有屈必有伸，有消必有长，盖亦有无对待而能无穷者，故曰'一阴一阳之谓道'。圣人得其说，据依之以为《易》，故一奇一偶立，而阴阳兴，阴阳兴而动静、刚柔、屈伸、消长之理在是矣。"王宗传认为一阴一阳之谓道，是指对立双方的矛盾运动，形成了宇宙运动的基本规律。简单地说，就是对立运动是形成万物的基础。一阴一阳的本义源于《易经》伏羲六十四卦次序图，从下往上数，第一层是太极，第二层是一阴一阳，即两仪，第三层是第二层所生之一阴一阳，即四象，第四层是第三层所生之八卦，八卦再生出六十四卦，如此循环下去，可至无穷无尽。每层都是一阳生出一阴一阳，且一阴也是生出一阴一阳，这就是阴阳变化的道路，故称一阴一阳之谓道。这个道也就是天生万物之道。因为原始为一，一生二，二生三，三生万物，也就是说可以无穷无尽地生下去，故天地有大德曰生。一阴一阳之谓道即一阴一阳之谓生。

明人吕坤《呻吟语》曰："万物生于阴阳。"生命是阴阳交会的产物。《周易》彖辞称："大哉乾元，万物资始，乃统天。云行雨施，品物流行。"万物的产生源于宇宙中的一股浩大的元气。"元"，孔颖达疏引《子夏易传》解释称"元，始也"，它是万物的创始，具有统御天体运转的功能。有了它才能分离出阴阳二气，二气相交，才能行云布雨，普降甘沛，各类事物因此而获得了各自不同的形体。成书于战国时期的另一部儒家重要的经典《周礼》解释万物的产生是阴阳交会的结果。郑玄注曰："天地之所合也，四时之所交也，风雨之所会也，阴阳之所和也，然则百物阜安。"《礼记》亦认为万物产生的根本在于阴阳的交会，"地气上齐，天气下降，阴阳相摩，天地相荡，鼓之以雷霆，奋之以风雨，动之以四时，暖之以日月，而百化兴焉"。地气即阴气上升，天气即阳气下降，阴阳二气相互摩擦，天地相互激荡，雷霆来鼓动，风雨来振奋，四时来运行，日月来照耀，万物因此而化育生长。[①]

阴阳的交会产生生命，而且永无停息，说明生是天的本性。生即仁，朱熹曰："仁是天地之生气。"又曰："仁是个生底意思，如四时之有春。彼其长于夏，遂于

---

① 王子林. 抱蜀不言：乾隆七十三年的坚守. 北京：故宫出版社，2021.

秋，成于冬，虽各具气候，然春生之气皆通贯于其中。仁便有个动而善之意。"由天地生物，上升到仁，由仁上升到天心即"动而善之意"，如此盈天地皆在仁之孕育之中。朱熹称："'天地以生物为心'，天包着地，别无所作为，只是生物而已。亘古亘今，生生不穷，人物则得此生物之心以为心。"天地之心只想着生物。大德曰生，因万物为其所生，故而万物秉赋此心。人因先天秉赋天的本性，故而具有仁心。所以阴阳之道便是生生不息之道，这就是天道。人的本心即天心，天心即仁心，仁心即道心，也就是说人的本性是善的，是充满生气的。有了此心，就可以赞助天地，发育万物。生命是从哪里来的？这个终极的命题在儒家这里得到了圆满解决。

阴阳之道是北京城、紫禁城文武格局背后隐藏的自然规律。早在先周时代，周的先祖公刘建城时便"相其阴阳，观其流泉"，认为城市的规划要与阴阳结合。"万物负阴而抱阳，冲气以为和"，万物的产生是由于阴阳的结合，城市有阴阳，则有生气。从文武之道到仁义之道，再到阴阳之道，使紫禁城的文武建筑布局上升到了本体论的高度，即天的本性上。天的本性是主生的，故而才产生了万物，有了生命。紫禁城的文武建筑正体现了这一本质，被注入了上天之德，成为紫禁城的精神灵魂。这个精神灵魂，就是道统的核心。

道统的传承与核心价值

要将一种文化定为千年不变之文化，而且要代代相传，为此，儒家创造了道统，并把道统建立者和传承者祖先化与圣人化，以唤起后人的责任与担当。同时最重要的是道统核心精神的确立，把道统转化为传心，使道心成为一身之主，坚守道统成为自觉行为。

道统最早由朱熹提出。他在《四书集注》"中庸章句序"中称："《中庸》何为而作也？子思子忧道学之失其传而作也。盖自上古圣神继天立极，而道统之传有自来矣。"尧、舜、禹相传就是道统相传。道统源于《尚书》所记，尧传舜是"允执厥中"，舜传禹是"来，禹！……天之历数在汝躬……人心惟危，道心惟微，惟精惟一，允执厥中。……慎乃有位，敬修其可愿。四海困穷，天禄永终"。舜将"允执厥中"作了扩充和深化，发展为十六字。尧传舜、舜传禹的核心思想是"允执厥中，四海穷困，天禄永终"，即永守本心，不然百姓困苦，天命就会终结。天命的传承与百姓是否过得好有关，也就是要对百姓施善政即仁政。

汉代董仲舒称："道之大原出于天，天不变，道亦不变，是以禹继舜，舜继尧，三圣相受而守一道。"道出自天，与《尚书》相接，即"天之历数在汝躬"，一以贯之。

道统的确立，有两个方面的内容：一是出自天，二是施仁于民。为何这样说呢？前面已经论证，天之大德在于生，生即是仁，天的本性是善。尧、舜、禹亲爱百姓，具有天的德性，故而天授之。《孟子·万章章句上》称"天子能荐人于天，不能使天与之天下"，是说天子能够向天推荐人，却不能强迫天把天下给予他，要荐之于天，而天受之；暴之于民，而民受之。让天接受的方法是使之主祭，而百神享之，是天受之；使之主事，而事治，百姓安之，是民受之。强调了"天视自我民视，天听自我民听"，百姓的眼睛就是天的眼睛，百姓的耳朵就是天的耳朵，天命在于德。孟子举了一个例子，分析百姓选择了启而没有选择益的原因：益相禹，历年少，施泽于民未久，而启贤，能敬承继禹之道，历年多，施泽于民久。所以孟子说"匹夫而有天下者，德必若舜禹，而又有天子荐之者"（《孟子·万章章句上》）。比如孔子，虽是圣人有大德，因没有天子的推荐，便不能得到天下。世代相传而得到天下的，若天要废弃他，则必定像夏桀、商纣那样残暴无德，而益、伊尹、周公虽是圣人，因为逢的君主不像桀、纣，便不能得到天下。所以《孟子》记录并引用了孔子所说的一句话：

"唐虞禅，夏后殷周继，其义一也。"唐尧虞舜以天下让
贤，夏商周三代却世世代代传于子孙，道理是一样的。

在这样的思想下，孟子将三代君主，包括汤、文
王、武王和圣人位列在一起，构成一个道的传承体系，
其核心是德，即仁。《孟子·尽心下》曰："由尧、舜至
于汤，五百有余岁。若禹、皋陶，则见而知之。若汤则
闻而知之。由汤至于文王，五百有余岁。若伊尹、莱
朱，则见而知之。若文王，则闻而知之。由文王至于孔
子，五百有余岁。若太公望、散宜生，则见而知之。若
孔子，则闻而知之。由孔子而来，至于今，百有余岁。
去圣人之世，若此其未远也。"孟子第一次说出了儒家
认定的代代相袭的圣人名单，他要接续之以弘扬仁义，
称自己"杨墨之道不息，孔子之道不著，是邪说诬民，
充塞仁义也。……我亦欲正人心，息邪说，距诐行，放
淫辞，以承三圣者"。

唐代韩愈《原道》曰："尧以是传之舜，舜以是传
之禹，禹以是传之汤。汤以是传之文、武、周公，文、
武、周公传之孔子，孔子传之孟轲。轲之死，不得其传
焉。荀与杨也，择焉而不精，语焉而不详。"韩愈对孟
子的道统作了简化，确定尧、舜、禹、汤、文王、武
王、周公、孔子、孟子是道相传的关键人物。然而道传
至孟子时就断了，故他要承担起拯救道统的责任，如其

在《送王秀才序》中所言，"孟轲师子思，子思之学盖出曾子，自孔子没，群弟子莫不有书，独孟轲氏之传得其宗，故吾少而乐观焉。……故学者必慎其所道，道于杨、墨、老、庄、佛之学而欲之圣人之道，犹航断港绝潢以望至于海也。故求观圣人之道，必自孟子始"。

宋代石介《徂徕集》将道统提前至华夏族的始祖伏羲，并赞扬了韩愈的作用，曰："道始于伏羲氏，而成终于孔子。道已成终矣，不生圣人可也，故自孔子来二千余年矣，不生圣人。若孟轲氏、扬雄氏、王通氏、韩愈氏，祖述孔子而师尊之，其智足以为贤。孔子后，道屡塞，辟于孟子，而大明于吏部，道已大明矣。……噫！伏羲氏、神农氏、黄帝氏、少昊氏、颛顼氏、高辛氏、唐尧氏、虞舜氏、禹、汤氏、文、武、周公、孔子者，十有四圣人，孔子为圣人之至。噫！孟轲氏、荀况氏、扬雄氏、王通氏、韩愈氏五贤人，吏部为贤人而卓。不知更几千万亿年复有孔子，不知更几千百数年复有吏部。"石介认为道统的传承有赖于两位核心人物，一位是孔子，一位是韩愈。孔子是圣人之至，韩愈是贤人之卓。

宋代朱熹以"道统"一词来总揽道的传续，从此道统为中华文明的起始、继承和发展确立了一个渊源之说，称道统是由子思作《中庸》而明于天下的。他指出

"人心惟危，道心惟微，惟精惟一"是道统相承的"十六字心传"，道统相传实传心，要坚守道心，去人心："《中庸》何为而作也？子思子忧道学之失其传而作也。盖自上古圣神继天立极，而道统之传有自来矣。其见于经，则'允执厥中'者，尧之所以授舜也；'人心惟危，道心惟微，惟精惟一，允执厥中'者，舜之所以授禹也。……夫尧、舜、禹，天下之大圣也。以天下相传，天下之大事也。以天下之大圣，行天下之大事，而其授受之际，丁宁告戒，不过如此。则天下之理，岂有以加于此哉？自是以来，圣圣相承，若成汤、文、武之为君，皋陶、伊、傅、周、召之为臣，既皆以此而接夫道统之传，若吾夫子，则虽不得其位，而所以继往圣、开来学，其功反有贤于尧、舜者。"

元代吴澄强调道统出于天，继承石介之说，称道统始于伏羲、神农和黄帝之时，并延伸至周子、二程、朱子，曰："道之大原出于天。羲、农、黄帝，继天立极，是谓三皇，道统之传，实始于此。黄帝而后，少暤、颛帝、高辛继之，通尧、舜谓之五帝，尧、舜、禹、皋，君臣也，而并，此唐、虞之际，所以为盛也。成汤、伊尹生于商之初兴，而傅说生于商之中世，文、武、周、召生于周之盛际，而夫子生于周之既衰。夫子以来，始不得位，而圣人之道不行，于是始教授弟子，而惟颜、曾得其传，颜子早死，曾子传之子思，子思传之孟子，孟子没而不得其传焉。我朝周子始有以接孟子之传于千载之下。其时有邵子者，亦非常人也，二程子则师于周子，张子则友于二程，而传其学。中兴而后，又有朱子，集周、程、张、邵之大成，是皆得夫道统之传者也。圣贤继作，前后相承，吾道正脉赖以不坠。"（《全元文》卷五一一）

道统，实际上是在为天地立一颗仁心，有了仁心，才能构建一个文化传承的脉络，所以这条脉络的核心为文德，即仁，故笔者认为称为"文统"更为契合，起于文祖，终于文公（朱熹）。道统千年相传，其赖以不坠的根基就是仁，所以圣圣相传即是传心，"人心惟危，道心惟微，惟精惟一，允执厥中"。故朱熹曰："心之虚灵知觉，一而已矣，而以为有人心、道心之异者，则以其或生于形气之私，或原于性命之正，而所以为知觉者不同，是以或危殆而不安，或微妙而难见耳。然人莫不有是形，故虽上智不能无人心，亦莫不有是性，故虽下愚不能无道心。二者杂于方寸之间，而不知所以治之，则危者愈危，微者愈微，而天理之公卒无以胜夫人欲之私矣。精则察夫二者之间而不杂也，一则守其本心之正而不离也。从事于斯，无少间断，必使道心常为一身之主，而人心每听命焉，则危者安，微者著，而动静云为自无过不及之差矣。"心分为人心和道心，道心也就是本心即天心，守其本心、须臾不离，就能战胜贪欲之心，允执其中。

尧、舜、禹既是中华民族的祖先，又是文化的源头，所相传的道统，是生生不息之谓仁的道统精神。所以，某种程度上中华文明可以说是三位一体：祖先、文化和生命。祖先就是我们的文化，文化就是我们的生命。所谓道统就是文化的代代传承，因此坚守道统就是坚守生命，如《论语·里仁》所言，"无终食之间违仁，造次必于是，颠沛必于是"。紫禁城文武建筑格局体现了这一坚守。

结　论

当我们站在太和殿的月台上，放眼望去，东边是体仁阁，西边是弘义阁，凡与文、仁、春有关的建筑皆位于东方，凡与武、义、秋有关的建筑皆位于西方。东方是太阳升起的地方，春回大地，阳气升腾；西方是太阳落入的地方，七月流火，阴气凝聚。由此形成城市中的一阴一阳，与宇宙、天地、世界的阴阳组合是一致的。大地东西平面与天地上下立面组成一个阴阳交流的空间，万事万物因此而皆禀赋此阴阳二气。阴阳二气是产生生命的动力和源泉，因而人皆具有仁心，这是文脉代代相传的根基。

　　文武建筑的左右严格对称，既强调了秩序，又突出了文武之质。"居天下之广居，立天下之正位，行天下之大道"，以文武构筑天下最大的房子——这个最大的房子就叫仁，心里就会装着仁。正位叫礼，大道为义，当仁、礼、义行于天下时，天下归仁，礼乐社会也就诞生了。

　　紫禁城、北京城的文武建筑布局，是传统文武之道、仁义之道和阴阳之道的体现，其文武理念原出于天，始于文祖，辉煌于文王。阴阳交流产生生命，因而天是主生的，其本性是善。从尧舜开始，经孔子、孟子、朱熹等人的发挥，将之上升为天道。天道主生，天道要传下来，要依赖于圣人，儒家所创造的尧、舜、禹、汤、文、武、周公、孔子、孟子这个道统，以仁为根本，成为道统的精神灵魂。"惟天地万物父母，惟人万物之灵"，天地产生了万物，人作为万物之长，要代行天地之仁义；"能尽人之性，则能尽物之性；能尽物之性，则可以赞天地之化育"，保持天心，以仁存心，就能充分发挥自己的本性，就能充分发挥万物的本性，最终达到赞助天地化育生命的目的。建立在这个道统精神之上的北京城、紫禁城因此有一颗仁心，才能如月之恒、日之升，如南山之寿，永不崩塌。

11 蠡测中华文明的唐代高度

> 无论是物质文明、政治文明还是精神文明，唐代都达到了前所未有的高度。某种意义上，可以说唐朝开启了中国历史的新进程。

作者简介

刘后滨，北京航空航天大学人文与社会科学高等研究院教授。毕业于北京大学历史学系，曾任中国人民大学图书馆馆长、历史学院教授，哈佛燕京学社和亚利桑那州立大学访问学者，北京大学人文社会科学研究院邀访学者，北京大学中国古代史研究中心兼职研究员。主要研究方向为中国古代政治制度史、唐宋法制史、隋唐五代史。著有《盛唐奠基》《唐代中书门下体制研究》《唐代选官政务研究》等书，曾主持国家社科基金重大项目"《唐六典》疏证"等。

唐宋文明是中华文明的高峰，唐宋之间既有连续性又有明显的区别。宋以后中国文明进程发生转折，到明清之际与近代西方文明发生碰撞，鸦片战争以后遭到西方文明的直接冲击。由此造成对唐代文明时代定位和参照体系确立的认知困扰。在走出西方中心论的新世界文明史视角下重新审视唐代文明，需要建立东亚世界自身的叙事体系，确立唐代的历史方位。唐代即使在时段划分上属于中世纪，其时代特征也是开放包容、自信昂扬的。无论是物质文明、政治文明还是精神文明，唐代都达到了前所未有的高度。

走向盛唐的历史节拍

要准确理解唐朝的时代特征，需要建立起多维度的历史坐标。

从经济和社会发展的角度看，唐朝进入了传统农耕经济繁荣发展的新阶段。农具的小型化、系列化，使个体农户独立生存能力得到提高，进而导致社会结构和阶级关系的调整。如果说汉代失去土地的农民在沦为奴婢之外主要形成流民群体，到了唐代，农民在土地被兼并之后则往往成为逃户。而随着租佃制的形成，逃户即使无法在原有制度内被安辑，很大一部分也能够以租佃农户的身份重新回到土地。在唐高宗、武则天至唐玄宗时期，一方面是土地兼并的加速，户口逃亡严重；另一方面，却出现了由规模经营带来的经济高度发展。唐前期继承了北朝到隋朝发展起来的《田令》，对土地占有实施较为严格的调控，使土地兼并的进程与社会经济发展相适应，没有造成严重的社会后果和政治危机，并为土地管理制度和赋税制度的转型提供了历史舞台。在6至7世纪历次政治动荡带来的社会结构调整大背景下，不同于门阀士族的一般地主阶级迅速成长，如陈寅恪所说的隋末唐初的"山东豪杰"①，到唐朝建国半个世纪前后，已经成长为重要的政治力量。个体农户独立生存能力的提高，为新型社会力量的形成提供了基础。两种力量的汇合，就使得唐朝建国之后的第二个五十年间出现了前所未有的发展高度和繁荣局面。

从种族与文化融合的角度看，唐朝是经过长期民族融合以后开花结果的一个时期，这种融合体现在种族与文化两个方面。隋朝重建大一统之前的魏晋南北朝时期，南北对立，民族纷争。从4世纪初到6世纪末，将

①　论隋末唐初所谓"山东豪杰"//陈寅恪集：金明馆丛稿初编．2版．北京：生活·读书·新知三联书店，2009：243-265.

近三百年的时间里，胡汉之间的隔膜较深。南朝的史学家称北朝胡人是"索虏"，北朝史学家则称南朝汉人为"岛夷"。但是，历史的发展结果，却是以华夏正统自居的南朝被北方统一。重新统一中国的力量，就是构成隋唐新民族与新文化主体的北方胡汉混合政权。魏晋南北朝时期的民族融合，大体经过了以下几个阶段：第一个阶段是魏晋之际，进入中原地区的北方少数民族及其建立的地方政权纳入了中原王朝的统治范围之内，其部落组织被改造为中原王朝的编户齐民；第二个阶段是西晋末年到南北朝时期，进入中原地区的少数民族纷纷建立统治华北或华北局部地区的政权，同时本民族开始汉化；第三个阶段是北周到隋朝建立，中原政权回归到融入了胡人种族与文化的汉人手中，但这是一个新的种族与文化。第一个阶段可以十六国最初的政权"汉"的建立者刘渊及其匈奴部族为代表，原本居于塞外的匈奴部族，用刘渊从祖刘宣的话说，是"自汉亡以来，魏晋代兴，我单于虽有虚号，无复尺土之业，自诸王侯，降同编户"（《晋书·刘元海载记》）。第二个阶段就是十六国和北朝，是几百年血与火的年代。第三个阶段则可以隋朝的建立者杨坚和唐朝的建立者李渊为代表，其家族和统治集团都属于胡汉混合型的种族与文化。形象地说，可以将这一民族融合过程归纳为从刘渊到李渊的过程。

唐前期很少有种族隔阂，在政策上没有种族歧视。唐太宗的民族政策，历史上惯称为"羁縻"政策。唐朝征服一个民族政权之后，并不改变其生产方式和生活习惯，而在当地设立羁縻府州，任命他们的首领做羁縻府州的都督、刺史，继续直接统治本民族。这种政策无疑具有一定的开明性和积极意义，也给社会发展带来了新的活力。

从政治与制度建设的角度看，唐朝是中国帝制时代政治发展的一个新高峰。唐朝取代隋朝的统治，是对大一统的重建与巩固，其法制建设和治理能力都有很大提高。隋朝的统治推高了北魏孝文帝改革以后形成的历史洪流，但是隋炀帝施政节奏过快，超出了时代的承受能力，以致步履踩空，二世而亡。唐朝建立后，在统治方针、法令制度和政治思想上都有了新的推进，在风云激荡的历史节拍中开创出皇权官僚政治的全新局面。隋朝灭亡的教训成为唐初政治建设的核心参照，隋朝法令和制度建设的成就却铺垫起了唐朝政治文明的基础。正如贯通南北的大运河的开凿，在隋朝是亡国之政的象征，到了唐朝却是财赋调度所仰仗的千里通波，是朝廷权威的保证。

唐朝建立后，踩着雄浑的历史节拍，不断推高王朝国家的统治能力和社会经济的发展水平。从太原起兵到贞观时期,新生的唐王朝带动的是以瓦岗英雄为代表的豪杰群体的功名追求。太原起兵和武德政治是一次回旋,对接历史洪峰的是与山东豪杰、瓦岗英雄汇合的李世民团队。经过贞观之治,进入唐高宗时代,则带来了全民性的建功立业的时代热潮。在这股热潮的推动下,唐朝积极经营边疆,对外开疆拓土,对内调整制度,将大量涌现的立功者纳入统治阶层。显庆年间编定《姓氏录》,就是这股热潮直接推动的结果。随着唐高宗和武则天的儿子们纷纷掉棒,武则天本人接住了这股历史洪流,并在后女皇时代的动荡中实现了历史的转折,唐朝走向开元之治。走向盛唐,是一次又一次的历史闯关。

到唐玄宗统治的时期,唐朝进入盛世,史称"开元之治"。这个盛世不仅体现在军事力量的强大和疆域的辽阔,还体现在经济繁荣、社会稳定、文化包容等特点上,唐朝呈现出一个世界性帝国的盛世特征。理解开元之治,需要从不同角度来观察。一是从朝廷的角度来看。开元是一个政治上非常有作为的年代,重用宰相姚崇整顿政治风气,重用张说制礼作乐,在政治史、制度史和思想文化史上都创造了一个全新的局面。二是从士人的角度来看。我们以沈既济的视角为例来说明。沈既济是一个从开元时期走过来的经历过唐朝盛世的官员,在安史之乱以后做出了深刻反思，从贞观、高宗、武则天讲起，到开元、天宝年间，"百余年间，生育长养，不知金鼓之声、燧燧之光，以至于老"（《通典·历代制下》）。唐朝建国 100 年间没有听过战鼓声，边境上没有举过烽火，有两代到三代人都生活在太平盛世，是非常不容易的。"故太平君子唯门调户选，征文射策，以取禄位，此行己立身之美者也。"（《通典·历代制下》）为什么会有诗歌的盛唐气象？这是一个重要的铺垫，长期安定，经济在发展，形成了一个很好的局面，"父教其子，兄教其弟，无所易业。大者登台阁，小者仕郡县，资身奉家，各得其足，五尺童子，耻不言文墨焉"（《通典·历代制下》）。这是一个士人视野下的开元之治。三是从普通民众的角度来看。民众体会到的是什么样的开元之治呢？杜甫《忆昔》诗描写了老百姓的生活富足、安居乐业，还有经历安史之乱后体会到的繁华表象背后逐渐积累的社会矛盾。

制度创造的自我作古

盛唐时代政治、经济、社会、文化等方面众多成就的背后，是制度建设和礼乐文明新经典的构建。经过南北朝和隋朝的反复调整，无论是编制民户的户籍制度、管理土地的均田制度、征派赋役的租庸调制度、构建军事力量的府兵制度、建设官僚队伍的选举制度和考课制度，还是维护皇权的一系列禁卫制度和礼乐制度，以及国家政务运行的一整套体制机制，到贞观、永徽时期已经臻于完备，而且形成了严密的法令体系，即以律、令、格、式为代表的"中华法系"。

中国古代法律的典籍化或法典化形成于西晋，以泰始律令的编纂为标志。秦汉律令是围绕国家政务运行逐渐制定和编纂的，从朝廷、郡县到官吏个人都因为行政的需要而编纂律令，律令的实用性较强。经过西晋和南北朝的法制建设，尤其是北魏孝文帝时期的制度建设，中古法制发展呈现出新的方向。唐代继承了北朝国家的制度建设成果（北齐河清律令是关键），律令更加体系化，是高度成熟的法典，而且律令格式敕相互配套，并与礼典和官制之典形成鼎足而三的制度体系。既有研究表明，秦汉律令与隋唐律令有着根本性区别，如冨谷至把秦汉律令和隋唐律令分别视为"裁判规范"和"行为规范"[①]，朱腾则进一步归纳出秦汉律令是朝廷各阶层的行动中的法，具有极强的实用主义倾向，隋唐律令从制定之初就不是以法的适用为主要目的，而是为了宣示政治正当性、明确国家制度、展现儒家义理等①。唐代律令已不再是汉代那种法令常规性或稳定性等级意义上的区分，而是有了法的类别（并非部门法）意义，律令格式分类背后有着更深层的法理逻辑。总之，唐初制定的律令，不仅是通行的汇编敕例的法律条文，也是真正意义上的法典。其意义不仅在于提供了正刑定罪的法规和政务运行的准则，而且体现了治国安民之道，是道与术的高度统一。

随着唐玄宗时代政治稳定、国力强盛、军事征服不断获胜，开元君臣对于帝国的统治建立起了高度的自信。在法令的法典化和制定法的体系化业已完成的前提下，在更高层次上制礼作乐成为新的时代需求。如果说唐代制定法的体系化以开元二十五年（737 年）删定的律令格式最为完备（律在永徽律之后总体较为稳定），那么，与律令格式并行发挥社会生活规范作用的礼则以《大唐开元礼》的编撰为标志而进入到一个新的历史阶段。而开元十年（722 年）至二十六年（738 年）编撰的《唐六典》则是一部通过"事归于职"融合了律令格式和前史职官的官制书，体现了开元时代的经学思想和

① 朱腾."律令法"说之再思：以秦汉律令为视点.法律科学（西北政法大学学报），2022（3）：188–200.

政治理想。

《唐六典》题名为唐玄宗御撰，是借助《周礼》的典范作用，通过制礼作乐的方式，探索正在深层转型的制度发展，兼具制度通史、法令摘编作用，依托律令官制体系融汇新生制度元素的礼乐文明新经典。其与《大唐开元礼》一道构成了盛世制礼作乐的华章，在历史上发挥的实际作用足可与《周礼》和《礼记》等经典媲美，又与唐玄宗御注的《孝经》《道德经》《金刚经》一道，形成了一套新的经典体系。

《唐六典》的制度典范意义，在于为制度深层转型时期提供了前进的基准框架，不仅为其后三个多世纪的国家体制规划了方向，而且对整个中国帝制后期历史的发展都有着举足轻重的影响。

精神活动的探险开拓

文学史上的初唐，呈现出来的是时代精神上的盛唐。"初唐四杰"堪称盛唐精神的探险者。虽然见识了太多艰辛困顿，前途未卜，现实充满无法预见的种种未知，但他们却以超乎寻常的坚定与执着，自由驰骋在对理想的追逐和对未来的诗意想象之中。他们通过诗歌创作，把逐梦路上的艰难困苦以及壮志豪情化作追求功名和梦想的动力。

《新唐书·王助传》载："勃与杨炯、卢照邻、骆宾王皆以文章齐名，天下称王杨卢骆，号四杰。炯尝曰：'吾愧在卢前，耻居王后。'议者谓然。"杨炯的表态本身就是一种高度的自信，王杨卢骆并称，他并非真的以位列卢照邻之前而惭愧，却也真心以位居王勃之后为耻辱，所以当时的文坛同时存在"杨王卢骆"之说。无论杨、王之间如何争雄，以"四杰"为代表的十人群体通过诗歌驰骋文坛，共同构筑起整个时代的精神高度。

然而，在《资治通鉴》这样一部严谨史学著作的叙事中，"初唐四杰"却被认定为"浮躁浅露"，司马光还特意交代了这些人后来的结局。历史学家的褒贬有着强大的影响力，"初唐四杰"所谓"浮躁浅露"的恶评从此几成定论。"四杰"仕途不显，这是事实，然而他们的悲惨命运被赋予"浮躁浅露"的性格原因，却是事后诸葛亮的误读。

那是一个人人有梦想的时代，人们对不可知的未来毫无畏惧。少年武则天被选入宫，在悲泣的母亲面前说出了"见天子庸知非福，何儿女悲乎"（《新唐书·则天武皇后传》）的豪言壮语，一如王勃《送杜少府之任蜀州》诗中喊出的"海内存知己，天涯若比邻。无为在歧路，儿女共沾巾"。在分岔路口的悲悲切切，本来就不属于这个时代。即使是基层大众，在国家的强大动员下，为了求取功名，也有"百姓人人投募，争欲征行，乃有不用官物，请自办衣粮，投名义征"（《旧唐书·刘仁轨传》）的行为。

如果说唐代是中国传统文明的青春期，唐高宗、武则天时代就是大唐帝国的青春期。历史为生活在那个时代的人提供了建功立业的广阔舞台。几百年来的政治风云和民族融合，造就了唐代文化的博大与包容。经过北魏以来均田制的强大制度调节，以及农业生产技术的进步，民众个体生存能力得以提高，累积起巨大的社会能量和发展潜力。气候变化和生态环境也在这个时期垂青崛起的世界性帝国，熟悉唐代历史典故的宋朝人宋敏求在《春明退朝录》中感慨："唐时，黄河不闻有决溢之患。"这些都为消解现实中包括政治斗争、民族冲突和阶级矛盾在内的各种紧张局面提供了资源和空间。文人士子渴望成才、追求功名，不论出身，无问西东。在政治风云中家道中落的旧族，因时事变幻而乘势突起的新贵，以及依靠创新制度和灵活政策而发家致富的百姓，都鼓荡起冲破现实改变命运的万丈雄心。

依靠门第与家世的选官原则正在被抛弃，新生的科举制度提供了依靠才学进身的仕宦途径，并带来了新的价值观念。高门间的婚姻和可依托的家世尽管依然在支撑着上流阶层的身份认同，然而是否科举及第已经成为人生成功与否的核心标准。即使如祖孙三代都担任最高层命令文字撰写之职的河东薛氏，到唐高宗时期担任宰相的薛元超这一代，也要感喟自己未能科举出身的憾恨人生。据唐人刘𫗧《隋唐嘉话》记载，薛元超曾对自己的亲属说："吾不才，富贵过分，然平生有三恨：始不进士擢第，不得娶五姓女，不得参修国史。"说明进士擢第与娶五姓（世所谓世家大族之崔、卢、李、郑、王）女已经处于同等重要的人生位置。在这个科举制的早期发展阶段，是否有能力和有条件应举还受制于家庭背景。但是，科举制带来的依靠个人努力改变命运的价值追求，却已经深植于各阶层人士的心中。对于没有应举条件的士子来说，应募从军、立功沙场也就成为一种自然的选择。即使通过科举（包括各种科目）及第的文人，也都在同一个时期通过杨炯的诗句集体喊出了"宁为百夫长，胜作一书生"（杨炯《从军行》）的豪言壮语。堪称唐代第一代边塞诗人的骆宾王也写有《从军行》诗，表达了"不求生入塞，唯当死报君"的豪情壮志。比"四杰"稍晚一些的王昌龄所写的《从军行》，展现的是"黄沙百战穿金甲，不破楼兰终不还"的坚定与豪迈。

稍晚于"四杰"的郭元振，少有大志，十八岁便进士及第。但在担任县尉期间，居然盗铸私钱、掠卖人口，被武则天召来追查，却因为写了一首《宝剑篇》诗而获得女皇的赏识，迅速加官进爵，进入快速升迁的轨道中。诗中借龙泉宝剑的奇绝自况，表达自己的怀才不遇和不甘平庸，即使身处绝境也决不放弃，"何言中路遭弃捐，零落飘沦古狱边。虽复沉埋无所用，犹能夜夜气冲天"。诗句中迸发出昂扬的斗志、与命运抗争到底的力量、刚毅恢宏的气势，如同用锋利的牙齿猛烈撕咬天空，愤怒但不绝望，不平也不肯懈怠。或许，武则天从他的牢骚中看到了满腹才华、参天抱负和无限勇气，不仅没有责怪，反而深受震动，给了他一个施展才华和展现能力的机会。初唐诗人，就是这样一群积极奋发、独具魅力的人！即使是抒发怀才不遇的感慨，也仍有一股冲天的剑气。或许，正是从怀抱梦想的诗人身上，武则天看到了那个时代走向辉煌的希望。

以"四杰"为代表的文学史上的初唐士人，展现出来的是不甘沉沦、不惧艰险的盛唐精神。评论家们可以批评他们还缺少浑融的意蕴和秀美的风神，但是那种"健全的欲望"却推动了一个盛世的到来。[1] 在文学创作上，他们虽然仍在堆砌辞藻、排列典故，没有走到"轻薄为文"的时代前沿，但是，在那样一个中国历史上前

---

① 闻一多．唐诗杂论．长沙：岳麓书社，2010：14.

所未有的着力表达功名与理想追求的时代，他们在失意的人生旅途中依然豪迈地喊出了时代强音。

到了开元中后期，参与中枢政治的文士出身的官员中，张说之后，当以张九龄和贺知章最具文学才华。二人的人生态度和进退出处并不相同，却一同构成了开元之治的历史底色，也是唐朝建立以后几代文士追求盛世梦想的实现者。

对外交往的世界格局

成书于开元二十六年（738 年）的《唐六典》记尚书礼部主客郎中员外郎之职，也记录了当时朝贡的四夷蕃国之数，"凡四蕃之国，经朝贡已后自相诛绝及有罪见灭者，盖三百余国。今所在者，有七十余蕃"（《唐六典·尚书礼部》）。在唐朝的天下秩序中，州县（包括羁縻州县）之外包括诸蕃与化外。诸蕃的君长接受唐朝皇帝册命，与唐朝保持藩贡关系。化外人是别立君长而不存声教的，是四夷之中除接受册命的诸蕃之外的部族和政权。化外人所在地域是没有边界的。《唐律疏议》对化外人的表述是："化外人，谓蕃夷之国，别立君长者，各有风俗，制法不同。"《新唐书·地理志下》记载：

> 唐置羁縻诸州，皆傍塞外，或寓名于夷落。而四夷之与中国通者甚众，若将臣之所征讨，敕使之

所慰赐，宜有以记其所从出。天宝中，玄宗问诸蕃国远近，鸿胪卿王忠嗣以《西域图》对，才十数国。其后贞元宰相贾耽考方域道里之数最详，从边州入四夷，通译于鸿胪者，莫不毕纪。其入四夷之路与关戍走集最要者七：一曰营州入安东道，二曰登州海行入高丽渤海道，三曰夏州塞外通大同云中道，四曰中受降城入回鹘道，五曰安西入西域道，六曰安南通天竺道，七曰广州通海夷道。其山川聚落，封略远近，皆概举其目。

唐朝对外交往视野宏阔，体现出前所未有的世界格局，具有鲜明的时代特征：

一是中外互动、多元交流。特殊的地理环境使得古代中国与外部世界的交往相对困难，但中国历史上的绝大部分时间里都未曾陷入封闭与孤立，都与外部世界有着程度不同的交往。隋唐时期中国的对外交往进入一个全新的阶段，官方与民间的对外交往都呈现出多元融合与互动的态势，在多渠道的中外交往过程中，物质贸易与文化交流皆双向展开。

二是格局宏大、态度自信。隋唐两代通过融入式的对外拓展，构建起了一个以长安、洛阳两京为中心的具有良好国际秩序的世界性帝国，树立了前近代国家对外交往的典范。在欧洲大航海开启的世界一体化进程到来之前，中国对外交往的历史出现了几个特征不同的繁荣阶段，其中唐朝的对外交往呈现出格局最为宏大和态度积极自信的鲜明时代特征。

三是民族融合、根基深厚。日本学者石见清裕指出，唐自立国起，众多部族的力量便参与其中，并且，那些中原汉族以外的力量在此后唐王朝逐渐壮大为国际性帝国的过程中仍然不可忽视。[①] 正是出于唐朝有着深厚的民族融合的根基，其对外交往中才呈现出特有的文化的包容性与制度的适应性、柔韧性。

唐朝对外交往世界格局的形成，有着特定的时代背景和历史原因。

首先，唐朝具有强大实力与对外交往的责任意识。唐朝在与世界各国交往的过程中，主动承担起维护国际秩序需要的责任和义务，在大多数情况下赢得了交往各国民众的信任与尊重。建立在相互信任和尊重基础上的交往，使得实力强盛的唐朝能够实现融入式的拓展，即在将军事和政治控制向外发展的同时，建立起不同模式的混合体制，包括纳入州县体系但不改变其部落体制的羁縻制度、介乎州县与小邦国之间的胡汉双轨制，并与

---

① 石见清裕. 唐代北方问题与国际秩序. 胡鸿，译. 上海：复旦大学出版社，2019.

新控制（并非完全通过军事征服）地区和国家的政权与民众迅速融合，达成一种全新的秩序。

唐太宗贞观十四年（640年）灭高昌，打通西域，进而连接欧亚世界体系。唐朝初年，在萨珊波斯被大食灭国后，逃到吐火罗（今阿姆河上游阿富汗北部地区）的萨珊王子卑路斯率领波斯流亡政府一直坚持与大食抗争，并不断向唐朝遣使求援。唐朝消灭西突厥势力后，于唐高宗龙朔元年（661年）答应卑路斯的出兵请求，派遣王名远到吐火罗地区设置羁縻都督府州，同时以卑路斯所在的疾陵城设波斯都督府。《通典·边防典》"吐火罗"条记载："龙朔元年，吐火罗置州县，使王名远进《西域图记》，并请于阗以西、波斯以东十六国分置都督府及州八十、县一百、军府百二十六，仍于吐火罗国立碑，以纪圣德。帝从之。"卑路斯本人连同一批波斯贵族于上元元年（674年）逃到长安，四年后病死在长安。唐朝又册立其子泥涅师师为波斯王，并派遣裴行俭为"安抚大食使"，将波斯新王护送到吐火罗地区。泥涅师师在吐火罗地区坚持抗击大食达二十余年，到中宗景龙二年（708年）再次回到长安，被唐朝任命为左威卫将军，不久病死于长安。

唐朝一路向西开疆拓土的过程中，"西域"所指地域也在发生着变化。随着安西四镇的设置及其在武则天时期的最后稳定，葱岭以东的安西地区成为唐朝军政体制内的疆域，而西域则指葱岭以西的包括吐火罗、粟特诸国在内的唐朝属国范围。甚至在葱岭以西的碎叶城（今吉尔吉斯斯坦阿克贝希姆古城）也曾经作为"安西四镇"之一。随着"西域"范围的西移，唐朝在中亚地区设置的距离长安最远的羁縻州到达了怛罗斯（今哈萨克斯坦塔拉兹市），唐朝在7至8世纪的长时间里掌握着中亚地区政治军事的控制权和丝路交通线东段的主导权。

其次，唐朝具有开放心态与对外交往的原生动力。唐朝与外部世界加强交往的动因，并非如秦汉帝国一样源于军事抵抗或征服的目的，而是具有强劲的内部原生动力。这种动力很大程度源自唐朝开放进取的社会心态。唐朝开展对外交往的前提，是此前中国南北朝多个政权的分立和隋朝的短暂统一，各个分立政权在世界舞台上相对弱小，业已完善的连接拜占庭和东亚世界的中西贸易网络是以中亚为中心的，以昭武九姓为主的中亚各粟特政权主导了这个发达的贸易网络。

唐前期几代君主对外部交往都有强烈愿望，实际上是当时开放进取社会心态的集中反映。唐代诗文创作和笔记小说反映的情况，以及大量出土的外来器物包括拜占庭和波斯的钱币、玻璃器以及粟特金银器等，都表明唐朝无论官方还是民间都对外来事物具有强烈的好奇心。正是这种开放进取的心态，使得唐朝迸发出强劲的对外交往原动力。

最后，唐朝具有多元社会结构与对外交往的世界主义胸怀。中国之所以在唐朝时期出现如此博大恢宏的世界主义胸怀，与其经过长期民族融合和剧烈阶层升降而形成的多元社会结构和包容社会心态密切相关。

《旧唐书·西戎传》记载，开元初，大食遣使来朝，"进马及宝钿带等方物。其使谒见，唯平立不拜，宪司欲纠之。中书令张说奏曰：'大食殊俗，慕义远来，不可置罪。'上特许之"。担任宰相之职的张说主张对四夷使者"当接以礼乐，示以兵威，虽曰戎夷，不可轻也"（《新唐书·张说传》），同样体现出对四夷使者与外国文化的尊重与包容。

文献资料和出土文物都在表明，唐朝对外来文化具有极大的包容心，在唐朝生活的外国人数量众多且融入深广，使之成为真正意义上的"世界性帝国"。

尽管由于文献记载的缺失，唐朝通过海路与阿拉伯世界的联系还难以得到清晰的描述，但考古文物资料足以证明这种海上的贸易往来非常发达。在中世纪波斯湾著名港口尸罗夫港发现的陶瓷之中，长沙窑外销瓷格外引人注目。"黑石号"沉船上装载的 6 万多件文物，大都是具有西亚风格的唐朝瓷器，这些瓷器应该是阿拉伯人在唐朝定制的。唐人李肇在《唐国史补》中记载，广州南海舶"有蕃长为主领，市舶使籍其名物，纳舶脚，禁珍异，蕃商有以欺诈入牢狱者"。

　　唐前期对外关系呈现出相当宏大的世界格局，一个重要原因是唐朝对西域的有效统治以及阿拉伯大食的崛起，两个帝国内部的有效治理与发达的交通系统，使得双方的直接交往表现为对整个欧亚世界的涵盖与连通。而且，陆路交往促进了海上的交往。随着城市和商业的繁荣、农业商品化程度的提高以及南方地区天然港口在新的经济地理格局中重要性的提高，到了唐朝中后期，海外贸易尤其是与东南亚、印度和波斯湾地区之间的大量新兴海上贸易活动得到了发展，中国开始通过海上大宗商品贸易与一个新生的世界经济体系发生关联。

　　据出土《杨良瑶神道碑》碑文可知，唐朝于贞元元年（785年）四月，以宦官杨良瑶为聘国使，出使黑衣大食（巴格达）。杨良瑶一行带着国信、诏书，先到南海（即广州），从该地登舟出发，经过漫长的海上旅行，到达黑衣大食。至少在贞元四年（788年）六月之前，使团回到长安。杨良瑶出使大食的背景是安史之乱后吐蕃占领河陇和西域，唐朝有意联系大食从西边进攻吐蕃。

唐朝对外交往的繁荣，体现了一种世界主义的胸怀，不仅在交往的地域上跨越亚欧大陆和东西洋，在交往的原则上也能做到无论什么种族与文化均能一视同仁、互相尊重。尤其是在文化交流中做到有出有进，双向互动，在输出自身律令礼仪与文化典籍的同时，大量吸收世界各国的宗教文化与艺术。中外文化在唐朝交融互动，迸发出绚烂夺目的时代光辉。

承前启后的历史地位

中华文明从远古走来，历经不断的朝代更迭，却未曾因政治动荡和民族纷争而中断，而是持续进行着因革损益，可以将其划分出若干历史单元。南北朝隋唐之际的变革，更多是一种更新，是同一趋势的不断推高和完善。唐中期已明显呈现新一轮变革趋势，其最终落定于两宋之际。不同的单元之间存在着套环。唐前期可以是南北朝变革的延伸期，又是宋代新面貌的成长期。由唐到宋，既有更新，也有创新，属于不同形态的文明高峰，而不是欧洲历史上那种走出中古时代的历史方位。即使在时间属性上唐代属于中世纪，那也是开放包容、自信昂扬的中世纪。

唐前期伴随着走向盛世的历史进程，总结历史、立足现实而完善起来的各项制度，具有很大的开放性和延展性。无论是从严控逃亡到允许就地落籍的民户管理制度、从以丁身为本的租庸调制到以土地财产为本的两税法、从兵农合一的府兵制到职业兵化的募兵制、从朝廷分区控御州县的监察道制到以节度观察使为地方首领的藩镇体制，还是国家政务运行中三省六部制向使职差遣制和中书门下体制的整体转型，唐代前后期制度的变化都具有划时代的意义。但是这些转变大都是在政治社会的演进过程中随着政策的调整逐渐发生和完成的，并未形成大的变法改制运动。换言之，划时代的制度调整是在此前制度体系的辐射下完成的。

唐代以后中国历史的发展依然经历着不同的转折，在所谓宋元明转型的视野下，唐代特殊历史地位的意义尤其突出。某种意义上，可以说唐朝开启了中国历史的新进程：第一，疆域的南北兼跨，农耕文明与游牧文明的统合。北京成为中国帝制时代后期的政治中心，实质上是巩固了地域扩大、民族增加的大一统格局。这个历史格局，并非由宋朝的历史延伸而出，而是辽金元继承了唐朝的统治格局，并被明清两朝发扬光大。第二，政治体制和政务运行机制的基本格局，为辽金所继承，并影响到元朝的制度建设。元人富大用编辑《事文类聚》"新集"，显示出对唐辽金制度延续的高度重视。

诚如钱穆在《中国历代政治得失》中所说的，"罗马帝国灭亡，以后就没有罗马了。唐室覆亡后，依然有中国，有宋有明有现代，还是如唐代般，一样是中国"①。唐朝树立了中华文明的新高度，对中国和世界历史的影响都是深远的。

---

① 钱穆．中国历代政治得失．3版．北京：生活·读书·新知三联书店，2012：74-75．

12 宋代家礼的书写者

作为制礼者、注礼者，家礼文本书写者从古礼中汲取资源以阐述"礼之所当然"，但他们并不隐身于礼规之下，而是在书写中表明自己的立场、态度与偏好。

作者简介

陆敏珍，浙江大学历史学院教授，主要致力于宋史研究。在《历史研究》等刊物上发表学术论文多篇，出版专著四部、译著一部，承担国家社科基金课题等十余项。获浙江省哲学社会科学优秀成果奖等。曾在美国普林斯顿大学等访学。

宋代是中国家礼书写史上最繁荣的时期，司马光《书仪》、朱熹《家礼》等经典文本曾引起学界的广泛探讨。当我们将"家礼"这一名词作整体观照时会发现，它是一个众所周知的词语，似乎一提起，人人便能意会其中所涵盖的内容及可能的架构。它具有可识别的文化指向性，既包含细碎零散的行为规范，又是群体行为的指南。但是，当它作为一个分析性范畴使用时，人们所相信的那些关于家礼的熟悉事实却包含着不完全被了解的复杂性，它具有经验性的概念特征，却不是一个结构性的理论框架。换言之，当试图去探讨家礼是什么、为什么书写家礼等问题时，许多模棱两可的答案只具有描述性，而无法将家礼当作一种行之有效的结构。这里，我们试着从书写者的角度，探讨他们书写家礼时的立场，以观察家礼作为一种集体写作规范时的历史场景。

书写者的角色：隐身的与在场的

家礼是什么？对这个问题，现代学者在各自的研究领域做出了相应的回答。在概论性的研究中，李晓东提出，家礼是"家庭内部各成员之间的等级区分与行为规定"；陆益龙认为，"家礼是一个社会中人们调节家庭人际关系的价值标准和行为规范，以及这些价值和社会规范意识在社会生活中的具体体现"。^① 在不同朝代的家礼研究中，谷川道雄指出，六朝家礼"反映着特定家族内部遵循的规约"；张文昌说，唐宋时期"儒学士族门第为维持家教门风，亦发展出专门制约家族成员之礼仪规范，此即所谓'家礼'"；同样立足于唐宋时期，王美华认为，"家礼是指针对家族内部的礼文仪制、伦理规范，是中国古代社会治家、教家的重要法则"；林春梅则以宋代家礼、家训为研究对象，认为"家礼指家庭仪节，家训则泛指任何形式上的教导、训诫、规则、约定等"。^② 那些以家礼作为选题的学位论文，尽管在用词与取意上不脱前人的说法，但也在尝试梳理、表述家礼的概念。^③

与此同时，学者还从文本类型的角度概括家礼的范

① 李晓东.中国封建家礼.西安：陕西人民出版社，1986：26；陆益龙.中国历代家礼.北京：北京图书馆出版社，1998：12.

② 谷川道雄.六朝士族与家礼：以日常礼仪为中心//高明士.东亚传统家礼、教育与国法（一）：家族、家礼与教育.台北：台湾大学出版中心，2005：4；张文昌.制礼以教天下：唐宋礼书与国家社会.台北：台湾大学出版中心，2012：387；王美华.承古、远古与变古适今：唐宋时期的家礼演变.辽宁大学学报（哲学社会科学版），2013（4）：127；林春梅.宋代家礼家训的研究.新北：花木兰文化出版社，2010：1.

③ 罗小红.唐代家礼研究.西安：陕西师范大学，2006；翟瑞芳.宋代家礼的立制与实践.上海：上海师范大学，2007；陆睿.中国传统家礼文献叙录.杭州：浙江大学，2012；杨逸.宋代四礼研究.杭州：浙江大学，2016.

畴。有些学者主张以"家礼"这一词语来涵括家规、世范、家礼、乡约、家诫等传统文献，有些学者则主张以"家训""家法"等词语来指称包括家礼在内的历史材料。比如，李茂旭认为，"广义的家训，还包括家规、家范、家礼、家约、世范、教子诗、示儿书、家书等等"；刘欣认为，写作家礼的目的是规范家庭中的冠、婚、丧、祭礼节，因此，宋代的家礼亦可视为广义的家训。① 至于从法律史角度，以"家法"一词包含家礼，将之定性为习惯法、民间法的解释亦不少见。②

以上各种说法，或对家礼的概念作总结性陈述，或描述其范畴与功能，虽然使用的文字略有差异，但细加比较，其实并不存在质的区别。在某些层面上似乎有了定论，以至于有人总结道："关于'家礼'的功用这一问题，学者们形成了一定的共识，即家礼主要是在家族内部用来明确家庭成员权利与义务、协调家族成员伦常关系与等级秩序的一系列礼仪规范和伦理观念。"③ 这种共识是否已经形成，此处存而不论。不过，即便从经验

---

① 李茂旭. 中华传世家训. 北京：人民日报出版社，1998：前言3；刘欣. 宋代家训与社会整合研究. 昆明：云南大学出版社，2015：12.

② 张中秋. 家礼与国法的关系、原理、意义. 法学，2005（5）：45-53.

③ 陈延斌，王伟. 传统家礼文献整理、研究的学术史梳理与评析. 广西师范大学学报（哲学社会科学版），2018（3）：2.

的角度出发，关于家礼是什么的问题，仍然存在可以讨论的空间。比如，众所周知，实际生活中的家礼与作为文献的家礼之间的差别是相当明显的；作为礼仪表演的家礼，在实际应用中产生的效果与书写时想要表达的意义亦是需要仔细区分的。因此，当研究者取用自己认可的分析范畴来阐述家礼的内涵与功能时，也可以转换视角，从家礼书写者的立场去观察他们书写家礼的层次、内涵与象征系统。

我们以"书写者"来指称家礼文本的作者，而不是文献中惯用的制礼者、注礼者，这一做法并非要否定或放弃历史所给予的角色传统。事实上，在宋代家礼文本的行文中，制礼者、注礼者的身份不断得到体现与强化。比如，司马光《书仪》所制冠礼，曰："男子年十二至二十，皆可冠。"此条下有详细的注释：

> 《冠义》曰：冠者，礼之始也。是故古之道也，成人之道者，将责成人之礼焉也，责成人之礼焉者，将责为人子、为人弟、为人臣、为人少者之行也，将责四者之行于人，其礼可不重与！……《吉礼》虽称二十而冠，然鲁襄公年十二，晋悼公曰："君可以冠矣。"今以世俗之弊，不可猝变，故且徇俗，自十二至二十皆许其冠。若敦厚好古之君子，俟其子年十五已上，能通《孝经》《论语》，粗知礼

义之方，然后冠之，斯具美矣。①

司马光引用《礼记》阐释礼意，对冠礼解码并赋予其意义。同时，厘清仪式的模糊之处，通过追溯古礼中"二十而冠"的规定与他所订立的"年十二至二十，皆可冠"的历史渊源，将遥远的礼仪与当下的情况结合起来，并区分出两种层次的冠礼：一为"徇俗"中"十二至二十皆许其冠"；一为"通《孝经》《论语》，粗知礼义之方"语境之下的"年十五已上者冠之"。显然，司马光对这两种层次的冠礼有自己的价值判断，但他仍然选择了"男子年十二至二十，皆可冠"作为礼文。而"斯具美"、唯有"敦厚好古之君子"才能执行的后一层次，则为朱熹《家礼》所采纳：朱熹定冠礼"男子年十五至二十，皆可冠"②。可见，注礼者对礼文的范导作用不容忽视。

不过，宋代家礼的书写者不只固守于制礼者、注礼者的身份，而是多种角色并存。有时候，他们是时俗与时礼的观察者和评论者，批评、嘲笑着那些在他们看来不合"理"的礼文。

---

① 司马光．司马氏书仪：卷 2//丛书集成初编．北京：中华书局，1985：19.

② 家礼：卷 2//朱熹．朱子全书：第 7 册．上海：上海古籍出版社，2002：889.

司马光在《婚仪·亲迎》中讲道:"壻复入室脱服,妇从者受之;妇脱服,壻从者受之。烛出。"① "脱服"一节虽与《仪礼》略有不同,但"烛出"的礼文却是一致的。郑玄在此条下作注,称:"昏礼毕,将卧息。"而司马光在此条下的注文,既没有注释"脱服""烛出",也没有讲解婚礼进程,反而调转笔锋,对时俗中的结发礼进行评说。在"烛出"条下,他作注道:"古诗云:'结发为夫妇。'言自稚齿始结发以来即为夫妇,犹李广云:'广结发与匈奴战也。'今世俗有结发之仪,此尤可笑。"②

司马光通过引证,强调所谓"结发"不过是一个时间节点,而非一种仪式,并毫不掩饰对这种不知礼、乱解诗行为的嘲笑。后来,程颐再论结发之礼意道:"昏礼结发无义,欲去久矣,不能言。结发为夫妇者,只是指其少小也。如言结发事君,李广言结发事匈奴,只言初上头时也,岂谓合髻子?"③ 关于结发之仪的评价同样

① 司马光. 司马氏书仪:卷3//丛书集成初编. 北京:中华书局,1985:37. 考虑到若将引文改为现代通用的写法可能流失了文献中所表达的礼意,故引文中所用的"昏""卓""壻"等字,一依文献原本原字。

② 司马光. 司马氏书仪:卷3//丛书集成初编. 北京:中华书局,1985:37.

③ 河南程氏遗书:卷10//程颢,程颐. 二程集. 2版. 北京:中华书局,2004:113.

出现在吕祖谦《家范》与朱熹《家礼》之中，两人不仅接受了司马光关于"结发"一词的引证与解释，而且继承了他对时俗的评论。吕祖谦完全照录司马光的原话，称"今世俗有结发之仪，此尤可笑"①。朱熹则追加道："今世俗昏姻，乃有结发之礼，谬误可笑，勿用可也。"②在另一个场合，朱熹与学生关于结发的对谈，也被记录下来："直卿举今人结发之说为笑。先生曰：'若娶用结发，则结发从军，皆先用结了头发后，方与番人厮杀耶?'"③这一调侃十足的回答为结发之礼的可笑之处作了一个小小的注脚。不可否认，很可能存在这样的社会事实，即从司马光到朱熹的近百年间，结发礼的习俗代有传承④，但几代家礼书写者对同一个"世俗"之仪表达了相同的态度、立场与观点，值得回味。

---

① 东莱吕太史集：卷2//吕祖谦全集：第1册．杭州：浙江古籍出版社，2008：312.

② 家礼：卷3//朱熹．朱子全书：第7册．上海：上海古籍出版社，2002：899.

③ 黎靖德．朱子语类：第6册：卷89．北京：中华书局，1986：2275.

④ 南北宋均有关于结发礼的记载。据孟元老记载："男左女右，留少头发，二家出匹段钗子、木梳头须之类，谓之合髻。"参见邓之诚．东京梦华录注：卷5．北京：中华书局，1982：145. 又据吴自牧记载，"男左女右结发，名曰'合髻'"。参见吴自牧．梦粱录：卷20．杭州：浙江人民出版社，1984：189.

当然，嘲笑与批评时俗和时礼并不是家礼书写者一贯的基调，有时，他们又成为时俗与时礼的拥护者。同样以《婚仪·亲迎》为例，司马光在"壻立于东席，妇立于西席，妇拜，壻答拜"下注曰："古者，妇人与丈夫为礼则侠拜……古无壻妇交拜之仪，今世俗始相见交拜。拜致恭，亦事理之宜，不可废也。"①

"侠拜"在《仪礼》中既用于《士昏礼》中妇人与丈夫为礼，亦见于《士冠礼》中母亲与儿子之拜礼。宋代文人对"侠拜"亦有较多讨论，它依然是实际生活中的行用之礼。② 然而，司马光在此处却舍古礼而循"今世俗"，由"侠拜"而为"交拜"。朱熹则将司马光制订的"妇拜，壻答拜"干脆写为"壻妇交拜"，并注曰："妇从者布壻席于东方；壻从者布妇席于西方。壻盥于南，妇从者沃之，进帨；妇盥于北，壻从者沃之，进帨。壻揖，妇就席。妇拜，壻答拜。"③

朱熹将更多的细节写入交拜礼中，于侠拜则不置一词。至于为什么要循俗，司马光给出了一个模棱两可的

---

① 司马光．司马氏书仪：卷3//丛书集成初编．北京：中华书局，1985：36.

② 赵与时．宾退录：卷8. 上海：上海古籍出版社，1983：105－106；黎靖德．朱子语类：第6册．卷89. 北京：中华书局，1986：2274.

③ 家礼：卷3//朱熹．朱子全书：第7册．上海：上海古籍出版社，2002：899.

理由，称"拜致恭"，由礼文而及礼意，合乎事理，因此"不可废"。在其他一些循时俗的礼文中，司马光同样给出了"不可废"的判语。比如，《婚仪·亲迎》中"前期一日，女氏使人张陈其婿之室"条下讲："俗谓之铺房，古虽无之，然今世俗所用，不可废也。"又如，对于婿妇于影堂阶下的祭拜，司马光也说："古无此礼，今谓之拜先灵，亦不可废也。"[①] 在"不可废"的话语下，司马光有时给出了时俗与时礼不可废的原因，有时则纯粹用于强调个人主张。

由上可见，如果将家礼简单描述为家庭规范，容易造成一种刻板印象，即家礼只是条框式的礼文规定。这样的视角往往忽略了家礼文本书写者强烈的在场感。作为制礼者、注礼者，他们从古礼中汲取资源以阐述"礼之所当然"，但他们并不隐身于礼规之下，而是在书写中表明自己的立场、态度与偏好。他们在时俗与时礼中折中去取，丰富着"礼之所当然"的内容，同时，这些礼文亦反映着他们对社会秩序、文化惯习及知识语境的思考。

书写者的立意：情感的与有序的

引入书写者的角色来观察家礼文本，用"书写"一

---

① 司马光. 司马氏书仪：卷3//丛书集成初编. 北京：中华书局，1985：33，36.

词来表示家礼文本的生产，并非为了强调宋代文人的创造。事实上，没有一种家礼文本是完全原生的，它们是书写者在既有的礼文规制与社会时俗的对话中不断修订与完善的，如司马光所言，"参古今之道，酌礼令之中，顺天地之理，合人情之宜"①。这里，"参""酌""顺""合"等词无疑是对书写者的描述，强调了他们如何在既有的家礼书写传统中根据人情之宜折中夫取、如何确立合乎礼制的仪式规范，以展现新的家礼书写者的立意。

从书写者的视角出发，家礼从来不是静态的条框规定，而是动态的过程。他们在书写中选择礼仪的用词、斟酌礼范的动作，以及演礼时颇具象征意义的对话，以制定指导行动的文本。

在礼仪的规定中，书写者整合了情感、价值和道德，使用"报""尊""敬""和""睦""哀"等词语，又以"哭""哭答""哭答无辞"等动作来安排演礼者的情感表达。这里，作为礼文动作的"哭"并非只用于表达情感，而是情感与仪式进程的结合。比如，司马光《书仪·丧仪》中有"反哭""卒哭"两个仪程；朱熹《家礼·丧礼》中将"朝夕奠"更为"朝夕哭奠"。在具

---

① 司马光．司马氏书仪：卷3//丛书集成初编．北京：中华书局，1985：29.

体演礼过程中，哭是有序有时的，既不允泛滥，亦不许不达。《家礼·丧礼》中，初终时，既绝乃哭；复时，男女哭擗无数；讣告亲戚僚友，以书来吊者并须卒哭；设奠后，主人以下为位而哭；待灵座、魂帛安置后，执友亲厚之人，至是入哭可也，此时，主人相向哭尽哀、主人以哭对无辞；小敛时，主人主妇凭尸哭擗，哭时方向不同，主人西向凭尸哭擗，主妇东向亦如之，迁尸床于堂中后，主人以下哭尽哀，乃代哭不绝声；成服日，五服之人各服其服，入就位，然后朝哭；每日晨起，朝夕哭奠，"尊长坐哭，卑者立哭"，食时上食，"哭无时"，在这一环节，"哀至则哭于丧次"。此后，还柩、遣奠、发引、反哭、卒哭、小祥、禫时均行哭礼。①

对那些不在家的亲友而言，另设奔丧与不奔丧两种不同的哭礼。始闻亲丧，"以哭答使者，又哭尽哀"；奔丧时，"道中哀至则哭"，在道中哭时，需"避市邑喧繁之处"，以免有"饰诈"之嫌，临近家门时，"望其州境其县境其城其家皆哭"；入门诣灵柩前，拜后变服，"就位哭"。若不奔丧者，"齐衰三日中朝夕为位会哭……大功以下，始闻丧为位会哭"，此后"每月朔为位会哭，

---

① 家礼：卷 4//朱熹. 朱子全书：第 7 册. 上海：上海古籍出版社，2002：902-929.

月数既满，次月之朔乃为位会哭而除之，其间哀至则哭"。这里，哭成为重要的礼仪进程。[1]

在礼的展演过程中，任何一个动作都是规定好的，有其需要表达的礼意。对于"哭擗"，司马光说："古者哭有擗踊。擗，拊心也；踊，跃也。问丧曰：恻怛之心，痛疾之意，悲哀志懑气盛，故袒而踊之，所以动体安心下气也。妇人不宜袒，故发胸击心爵踊，殷殷田田，如坏墙然，悲哀痛疾之至也。"[2] 另外，作为礼的举动，每一个动作的次数也是设定好的，既不可多亦不可少，依序而动、依礼而行，否则便失了礼意。以祭礼中常见的"拜"这一动作而论，程颐道：

> 家祭，凡拜皆当以两拜为礼。今人事生，以四拜为再拜之礼者，盖中间有问安之事故也。事死如事生，诚意则当如此。至如死而问安，却是渎神。若祭祀有祝、有告、谢神等事，则自当有四拜六拜之礼。[3]

显然，拜礼的次数不仅要视事生、事死的礼仪内容而

---

① 家礼：卷4//朱熹．朱子全书：第7册．上海：上海古籍出版社，2002：913-914.

② 司马光．司马氏书仪：卷5//丛书集成初编．北京：中华书局，1985：53.

③ 河南程氏遗书：卷1//程颢，程颐．二程集．2版．北京：中华书局，2004：6.

定，还与礼仪的仪程详细与否有关。

最能体现动态描画的部分，莫过于书写者为家礼展演中的讲话者配上的独白与对白。所谓独白，是指演礼者需独自完成的祝词、祝文，对白则是几位演礼人共同合作完成的对话内容。演礼并非默剧，从古至今，礼文中的讲话始终是仪程的重要组成部分。

以程颐《祭礼》为例。[1] 该篇列四时祭、始祖祭（冬至祭）、先祖祭（立春祭）、祢祭（季秋祭）四部分，占幅不多，却有详细的独白内容。四时祭中，焚香时需有请辞："孝孙某，今以仲春之祭，共请太祖某官、高祖某官、曾祖某官、祖某官、考某官，降赴神位。"祭祀毕，亦需焚香告知"祭事已毕"。始祖祭中，需读祝词："维年月日，孝远孙某，敢昭告于某氏之祖妣，今以阳至之始，追惟报本，礼不敢忘，谨备清酌庶羞之奠，尚享！"先祖祭中，则曰："维年月日，孝远孙某，今以生物之始，恭请先祖祖妣以下降居神位。"祢祭中曰："孝子某，今以成物之始，恭请考君某官，妣某官某封某氏，降居神位。"[2] 又如，司马光《书仪》祭礼中

---

[1] 需要指出的是，程颐《祭礼》因只见于罗氏本，"诸本皆无之"，因此自宋代以来，就有"恐未必为先生所著"的说法。参见河南程氏文集：卷10//程颢，程颐. 二程集. 2版. 北京：中华书局，2004：628.

[2] 河南程氏文集：卷10//程颢，程颐. 二程集. 2版. 北京：中华书局，2004：628-629.

有关于祝词的内容。告祭时，需跪读祝词曰："孝孙具官某，将以某日祇荐岁事于先祖考妣。"祭日时，同样跪读祝词："维年月日，孝子曾孙具位某，敢用柔毛嘉荐普淖，用荐岁事于曾祖考某官府君、曾祖妣某封某氏配，尚飨!"①

家礼文本中的这些祝文用词简短，格式化倾向明显，并非为了表达情感而作。不过，在实际演礼场景中，独白部分为祭者、祝者与祷者留下了很多自由写作与表达的空间。

古代演礼时，没有拍摄、录像等现代技术条件将礼仪复杂的场景留存下来以供分析，而那些擅长用文字来表达的人又缺乏记载礼仪细节的兴趣，因此，要了解演礼的过程十分困难。尽管如此，在仪式上宣读的祭文、祝文、祷辞等作为文人的重要作品，在文集中被保存下来。现代研究者对这些文献的关注，主要集中于文体演变和文学技巧，这样的研究无疑是重要的。但是，作为仪式的重要组成部分，祭文、祝文、祷辞等在礼仪进程中还有文学性之外的其他功能。就文章体例而言，个人撰写时多样的表现手法与丰富的文学技巧和家礼文本中提供的文辞是有差别的。以婚礼告庙祝文为例，司马光

---

① 司马光.司马氏书仪：卷10//丛书集成初编.北京：中华书局，1985：114，117.

订立的文辞为:"某以令月吉日,迎妇某婚,事见祖祢。"① 但在实际演礼中,韩元吉将他的大儿妇告知祖先时,是这样讲的:"淳熙四年,十一月丙申朔,二十七日壬戌,具位云云,某之男滮,娶妇晁氏,朝奉郎新通判庐州子阖之女,盖以道舍人之孙也。爰以嘉日,归见于庙。契谊既厚,子孙其宜之。"②

韩元吉的祝文虽未脱离格式化的叙事,但他在祝词中详列告祭时间、人物等具体信息,并将新妇的亲属关系细化罗列,又添加了祝愿辞。显然,在作者看来,祝文中只讲明一些事实是不够的,它还需要唤起情感反应,需要通过祝愿等方式帮助仪式产生情感影响力。

与独白中的简洁相比,在对白环节,由于需要多人通力合作,家礼书写者往往写得相当仔细。比如,司马光《书仪·冠礼》"戒宾"中,主人与宾客之间的对话:

> 曰:"某有子某,将加冠于其首,愿吾子之教之也。"宾对曰:"某不敏,恐不能供事,以病吾子,敢辞!"主人曰:"某愿吾子之终教之也。"宾

---

① 司马光.司马氏书仪:卷3//丛书集成初编.北京:中华书局,1985:36.

② 韩元吉.南涧甲乙稿:卷18//丛书集成初编.北京:中华书局,1985:361.除此篇《滮纳妇祝文》外,韩元吉尚有《元谅纳妇祝文》《纳婿祝文》,参见同书第362页。

对曰："吾子重有命，某敢不从。"①

行礼前一日，"宿宾"，曰："某将加冠于某之首，吾子将莅之，敢宿宾。"对曰："某敢不夙兴。"②

上引对白显然改写自《仪礼》。后朱熹在《家礼·冠礼》"戒宾"中则又改写了司马氏《书仪》，语词上稍有增加。而"宿宾"则作了调整，将《书仪》中的"遣人宿宾"改为"遣子弟以书致辞"，措辞更为详细：

曰："来日，某将加冠于子某，若某亲某子某之首，吾子将莅之，敢宿。某上某人。"答书曰："某敢不夙兴？某上某人。"③

这些对白或文字往来的用辞同样具有礼意而不可任意替改。比如，礼辞环节，约定的语言为："一辞而许，曰敢辞；再辞而许，曰固辞；三辞曰终辞，不许也。"④对者与答者，礼序分明，不可更改。若有违例，显然会妨碍演礼的进程与意义象征。

需要指出的是，书写语言与口头语言存在着差异，

---

① 司马光．司马氏书仪：卷2//丛书集成初编．北京：中华书局，1985：20.

② 同①.

③ 家礼：卷2//朱熹．朱子全书：第7册．上海：上海古籍出版社，2002：890.

④ 同①.

宋代家礼文本对古礼的推崇，导致较多对白以古语写成。那么，在实际演礼中该如何处理？朱熹的弟子曾论及此问题：

> 问："冠、昏之礼，如欲行之，当须使冠、昏之人易晓其言，乃为有益。如三加之辞，出门之戒，若只以古语告之，彼将谓何？"曰："只以今之俗语告之，使之易晓，乃佳。"①

如何让演礼者讲出充满奥义的古礼辞？学生的提问与朱熹的对答均强调对礼辞的理解比礼辞本身更为重要。这里，提问者例举的三加之辞、出门之戒，司马光与朱熹所写的礼文均出自《仪礼》。比如，冠礼中三加之辞，始加祝词："令月吉日，始加元服。弃尔幼志，顺尔成德。寿考惟（维）祺，介尔景福。"再加辞："吉月令辰，乃申尔服。敬（谨）尔威仪，淑慎（顺）尔德。眉寿万年，永受胡福。"三加辞："以岁之正（受），以月之令，咸加（知）尔服。兄弟具（俱）在，以成厥德。黄耇无疆，受天之庆。"② 换言之，尽管朱熹强调

———————————

① 黎靖德. 朱子语类：第 6 册：卷 89. 北京：中华书局，1986：2272.

② 郑玄，等. 仪礼注疏：卷 3. 上海：上海古籍出版社，2008：69-70；司马光. 司马氏书仪：卷 2//丛书集成初编. 北京：中华书局，1985：22；家礼：卷 2//朱熹. 朱子全书：第 7 册. 上海：上海古籍出版社，2002：891-892.

"只以今之俗语告之，使之易晓，乃佳"，但作者在落笔时，仍借助了古语来表达礼辞。礼辞与演礼时的哭擗、跪拜等动作一样，已具有了秩序化的特质，不可轻易更改。

仪式：意义的与重复的

从意义界定礼的功能，是中国传统文化中的一贯洞见。《左传》中讲："礼，经国家、定社稷、序民人、利后嗣者也。""夫礼，天之经也，地之义也。""礼，上下之纪、天地之经纬也，民之所以生也。"《礼记》中讲："礼者，天地之序也。"这些论断构成了宋代家礼书写的意义背景。不过，抛开这些高悬的抽象，家礼的书写者是否对每一个仪式中的每个动作、每件礼器都做了完整的阐释？仪式中的大部分形式是否有其文化意义？这些问题的答案琐碎而复杂。在宋代各类家礼呈现的礼仪规范中，礼仪的目标与意义有些被清晰地表达出来，有些能从文字中推测得知。

司马光引《冠义》来释冠礼的礼意，认为："成人之道者，将责成人之礼焉也，责成人之礼焉者，将责为人子、为人弟、为人臣、为人少者之行也。"[1] 又说："若既冠笄，

---

[1] 司马光. 司马氏书仪：卷2//丛书集成初编. 北京：中华书局，1985：19.

则皆责以成人之礼，不得复言童幼矣。"① 因此，冠礼的意义在于使演礼者明确冠者社会身份的转换。又如，程颐阐释婚礼纳采时讲："纳采，谓壻氏为女氏所采，故致礼以成其意。"② 司马光与朱熹也将纳采释为"纳其采择之礼"③。

家礼的书写者在多数礼的解释上取得了较为一致的意见，但亦有一些不同的理解与阐释。比如，婚礼纳采时用执雁，司马光沿用郑玄的解释，说："用雁为贽者，取其顺阴阳往来之义。"④ 程颐则提供了另一种说法，认为："昏礼执雁者，取其不再偶尔，非随阳之物。"⑤ 朱熹《家礼》虽未设执雁礼，但他与学生之间有一段关于执雁的讨论：

> 问："昏礼用雁，'壻执雁'，或谓取其不再偶，或谓取其顺阴阳往来之义。"曰："《士昏礼》谓之'摄盛'，盖以士而服大夫之服，乘大夫之车，则当

---

① 司马光. 司马氏书仪：卷 4//丛书集成初编. 北京：中华书局，1985：46.

② 河南程氏文集：卷 10//程颢，程颐. 二程集. 2 版. 北京：中华书局，2004：620.

③ 司马光. 司马氏书仪：卷 3//丛书集成初编. 北京：中华书局，1985：30；家礼：卷 3//朱熹. 朱子全书：第 7 册. 上海：上海古籍出版社，2002：896.

④ 司马光. 司马氏书仪：卷 3//丛书集成初编. 北京：中华书局，1985：30；仪礼注疏：卷 4. 上海：上海古籍出版社，2008：87.

⑤ 河南程氏遗书：卷 24//程颢，程颐. 二程集. 2 版. 北京：中华书局，2004：315.

执大夫之贽。前说恐傅会。"①

三人对执雁礼各作说明，各执一词，却都没有否认此礼。与此同时，那些有碍意义表达，尤其是与传统的价值观念相抵牾的仪式则是需要清理的。比如，婚礼亲迎礼中的某些礼规，司马光《书仪》曰："前期一日，女氏使人张陈其婿之室。"其下注曰：

> 俗谓之铺房，古虽无之，然今世俗所用，不可废也……夫婚姻者，所以合二姓之好，上以事宗庙，下以继后世也。今世俗之贪鄙者，将娶妇，先问资装之厚薄；将嫁女，先问聘财之多少，至于立契约云"某物若干、某物若干"以求售某女者，亦有既嫁而复欺绐负约者，是乃驵侩鬻奴卖婢之法，岂得谓之士大夫婚姻哉！其舅姑既被欺绐，则残虐其妇，以摅其忿。由是爱其女者，务厚资装，以悦其舅姑，殊不知彼贪鄙之人，不可盈厌。资装既竭，则安用汝力哉？于是质其女以责货于女氏，货有尽而责无穷，故婚姻之家往往终为仇雠矣。②

当经济行为与礼仪特质交织在一起时，社会群体更

---

① 黎靖德. 朱子语类：第 6 册：卷 85. 北京：中华书局，1986：2197.
② 司马光. 司马氏书仪：卷 3//丛书集成初编. 北京：中华书局，1985：33.

感兴趣的是经济方面的安排。因此，"将娶妇，先问资装之厚薄；将嫁女，先问聘财之多少，至于立契约云'某物若干、某物若干'"。然而，对于礼文的书写者而言，彰显礼意是书写中的重点。司马光认同作为时礼的"铺房"，却反对世俗对其意义的侵漫。他重申《礼记·昏义》中的礼意，认为婚姻的意义在于"合二姓之好，上以事宗庙，下以继后世"，但铺房礼在实际呈现中却成了"矜夸富多"的表演，将婚姻转为"求售某女""质其女以责货于女氏"的买卖关系，最终将"合二姓之好"的寄望，转为"婚姻之家往往终为仇雠"的结果。

除了清理与礼意相悖的礼文外，在书写者修订、改写、删除礼文的过程中，那些反复书写的、唯恐错失或不愿省略掉的仪式细节，显然比那些模糊的或可以忽略的仪式有更重要的意义。同样，那些被批驳之后仍在继续沿用的仪式与被轻易放弃的仪式相比，其基础也更为牢固。

宋代家礼书写者在礼文的去取中，一方面不断削繁，另一方面却又在铺细。前者如朱熹对婚礼六礼的削简："古礼有问名、纳吉，今不能尽用，止用纳采、纳币，以从简便。"[①] 后者如他所书写的"妇见舅姑"中

---

① 家礼：卷3//朱熹. 朱子全书：第7册. 上海：上海古籍出版社，2002：897.

"盥馈"一节：

> 是日食时，妇家具盛馔、酒壶，妇从者设蔬果卓子于堂上，舅姑之前，设盥盆于阼阶东南，帨架在东。舅姑就坐。妇盥，升自西阶，洗盏斟酒，置舅卓子上，降，俟舅饮毕，又拜，遂献姑进酒，姑受，饮毕，妇降，拜，遂执馔升，荐于舅姑之前，侍立姑后，以俟卒食，彻饭。侍者彻余馔，分置别室，妇就馂姑之余，妇从者馂舅之余，婿从者又馂妇之余。①

这一段描述中，有"具""设""坐""置"等动作，演礼出场的人员有舅、姑、新妇、侍者、妇从者、婿从者等，每个行礼者的每个动作均是具体的、可以落实到位的，似乎仪式越具体、越翔实，就越能把握完美社会秩序的宏观图景。

书写的仪式安排着每一位演礼者的动作，无须考虑参与者和礼文表演时的各种要素是否预先安排、参与者是否都有相同的关于礼的知识、参与者当日的心情、与仪式场面相称的背景，等等。作为一种书写的仪式，每一个人的行动成为一种类型，它是可重复的事件，而不

---

① 家礼：卷3//朱熹．朱子全书：第7册．上海：上海古籍出版社，2002：900．

是已发生的事实，而礼的社会意义就在这样的重复中展现出来。

话外之音：书写中的其他思考

家礼文本所要揭示的是道德的、仪式的、实践的社会学，当书写者积极置身于意义系统与各种象征符号的制造时，也在家族关系及性别等其他问题上进行了思考。

朱熹《家礼·祠堂》中以"报本反始之心，尊祖敬宗之意，实有家名分之守"来强调家的亲缘关系。[1] 现代研究者在界定家族与宗族时不约而同地认为，其构成的基本要素是血缘关系（有人称之为血胤、血素）[2]，在一个家族或宗族之中，人们"生相亲爱，死相哀痛"（班固《白虎通德论》），血缘基础上的个体存在着交互性的情感。宋代学者进一步阐述了这种交互性情感的媒介："族人每有吉凶嫁娶之类，更须相与为礼，使骨肉之意常相通。"[3] 换言之，除血缘外，还需要通过礼来沟

---

[1] 家礼：卷 1//朱熹. 朱子全书：第 7 册. 上海：上海古籍出版社，2002：875.

[2] 徐扬杰. 宋明家族制度史论. 北京：中华书局，1995：1；冯尔康. 中国古代的宗族和祠堂. 北京：商务印书馆，2013：21-23.

[3] 河南程氏遗书：卷 1//程颢，程颐. 二程集. 2 版. 北京：中华书局，2004：7.

通，而唯有礼，才能"致其精神，笃其恩爱，有义有数"①。反之，"骨肉之意""恩爱笃亲"也可因礼而切割。韩琦在寒食祭拜时，提到了家族葬制，他说：

> 死则托二茔，慎勿葬他所。得从祖考游，魂魄自宁处。无惑葬师言，背亲图福祐。有一废吾言，汝行则夷虏。宗族止其罪，声伐可鸣鼓。宗族不绳之，鬼得而诛汝。②

个体若不遵家礼家法，其行为不只与自身文化相背离，还会成为宗族乃至家族神灵的罪人，需解除血缘上的亲属关系。若不遵家法礼规，"鬼得而诛之，天可以谴之"这类颇似诅咒式的言论在唐宋士人中间十分普遍。韩愈曾提到其兄长的嘱咐："'尔幼养于嫂，丧服必以期！'今其敢忘？天实临之！"③包拯的家训中有："后世子孙仕宦，有犯赃滥者，不得放归本家；亡殁之后，不得葬于大茔之中。不从吾志，非吾子孙。"④邹浩父亲

① 晦庵先生朱文公文集：卷81//朱熹．朱子全书：第24册．上海：上海古籍出版社，2002：3825-3826.
② 韩琦．安阳集：卷2//宋集珍本丛刊：第6册．北京：线装书局，2004：420.
③ 马其昶．韩昌黎文集校注：卷5.2版．上海：上海古籍出版社，2014：378.
④ 吴曾．能改斋漫录：卷14.新1版．上海：上海古籍出版社，1979：404.

有意将先祖所作的一首训诫诗刻于石上传示子孙，希望"世世奉承，此心弗坠，庶几稍称前人所以垂裕之意，一有违叛，是辱其先，是大不孝，非吾子孙也"①。宋高宗绍兴十四年（1144年），赵鼎道："吾历观京洛士大夫之家，聚族既众，必立规式，为私门久远之法。今参取诸家简可而可行者付之汝曹，世世守之，敢有违者，非吾之后也。"② 绍兴二十二年（1152年），周钦若去世前六日，"索纸书字二百余，以戒其四子"，并告诫道："不能遵吾训，是谓不孝；他日或仕，不以廉自守，是谓不忠；不孝不忠，非吾子孙也。"③ 宋代的一些事例可以证明，若违家礼家法则"非吾子孙"的说法并非只是纸上的警告，而是落实于行动之中的。比如，江西人陆九韶管理大家族，"以训诫之辞为韵语，晨兴，家长率众子弟谒先祠毕，击鼓诵其辞，使列听之。子弟有过，家长会众子弟责而训之；不改，则挞之；终不改，度不可容，则言之官府，屏之远方焉"（《宋史·陆九韶传》）。

订立礼法是为了家族传承，但若不遵家内礼法，便

---

① 邹浩. 道乡先生邹忠公文集：卷31//宋集珍本丛刊：第31册. 北京：线装书局，2004：236.

② 赵鼎. 忠正德文集：卷10. 上海：上海古籍出版社，2018：169.

③ 韩元吉. 南涧甲乙稿：卷16//丛书集成初编. 北京：中华书局，1985：310.

可切断这层亲人间的自然关系。如此一来，在家礼书写者的笔下，血缘（包含姻亲）谱系下的亲属关系变为由是否遵守礼法来界定。当亲属关系由遵守礼法订立者的规定来界定而非全部源自血亲与姻亲的自然关系时，人们不仅可以切断，亦可重新选择非血缘的亲属。这个话题显然超出了我们这一次讨论的主旨，但毋庸置疑，文化中的多元性是家礼书写者未及注意却又不自觉触及的层面。

另外，在性别问题上，家礼书写者同样提出了问题。在宋代家礼文本中，书写者对男女角色的定位秉承着一直以来的传统。在礼文的书写中，男女有主次之分。男性被称为主人，是演礼时的主角，又以礼仪场合中的方位与座次来表现男主女次的差别。比如，宗族聚会时的座次，"妇以夫之长幼为序，不以身之长幼"①。丧礼中的方位，主人以尊者东位西向、主妇则西位东向。② 除了主次之分，男女又有内外之分：男治外事、

①　司马光.司马氏书仪：卷4//丛书集成初编.北京：中华书局，1985：43；家礼：卷1//朱熹.朱子全书：第7册.上海：上海古籍出版社，2002：884.

②　例如，丧礼"为位而哭"时，主人坐于床东，主妇、众妇女坐于床西；小敛毕，"主人主妇凭尸哭擗，主人西向凭尸哭擗，主妇东向亦如之"。参见家礼：卷4//朱熹.朱子全书：第7册.上海：上海古籍出版社，2002：904，907.

女治内事；男子昼无故不处私室，妇人无故不窥中门，有故出中门，必拥蔽其面。① 书写冠礼与笄礼时，详冠礼、略笄礼。在仪式进程的设计中，内外区分更为明显，女笄者既笄，拜见者"惟父及诸母诸姑兄姊而已"；男冠者先是"东向拜见诸父诸兄，西向拜赞者"，接着"入见诸母姑姊"，后出门"见于乡先生及父之执友"。②

然而，当某些礼文无法纳入男主女次或男外女内之分的关系时，应当如何书写？宋代家礼的书写者时不时地抛出一些思考。比如，司马光在"魂帛"条记载是否用影时讲道：

> 世俗皆画影，置于魂帛之后。男子生时有画像，用之，犹无所谓；至于妇人，生时深居闺阃，出则乘辎軿，拥蔽其面，既死，岂可使画工直入深室，揭掩面之帛，执笔望相，画其容貌，此殊为非礼，勿可用也。③

---

① 司马光. 司马氏书仪：卷4//丛书集成初编. 北京：中华书局，1985：43；家礼. 卷1//朱熹. 朱子全书：第7册. 上海：上海古籍出版社，2002：883－884.

② 司马光. 司马氏书仪：卷2//丛书集成初编. 北京：中华书局，1985：24－25，23－24.

③ 司马光. 司马氏书仪：卷5//丛书集成初编. 北京：中华书局，1985：54.

司马光批判世俗中用影的做法，因此，他在书写中仅置"魂帛"，并相信"束帛依神，今且从俗，贵其简易"，朱熹则认为此"亦古礼之遗意也"①。两人说法虽异，但不脱古礼与时俗的斟酌之意。画影虽为俗礼，但在书写者的视域中，它昂然会触动关于女性观念的预设，因而被排斥在书写范畴之外。然而，在实际生活中人物画像日益流行。②"生则绘其像，谓之'传神'，殁则香火奉之，谓之影堂"，士人也逐渐从社会功能的层面去认定遗像之俗的合理性，称："方其旁皇四顾，思亲欲见而不得，忽瞻之在前，衣冠容貌宛如平生，则心目之间感发深矣，像亦不为徒设也。"③明清以后，画影而祭浸益成俗，与"立主"一起成为中国传统家祭时重要的受祭象征形式。④这样一来，司马光认为"非礼勿

① 司马光. 司马氏书仪：卷5//丛书集成初编. 北京：中华书局，1985：54；家礼：卷4//朱熹. 朱子全书：第7册. 上海：上海古籍出版社，2002：905.

② 陆敏珍. 宋代文人的画像与画像赞. 浙江学刊，2019（2）：208-215.

③ 牟巘. 陵阳先生集：卷15//宋集珍本丛刊：第87册. 北京：线装书局，2004：575.

④ 吾妻重二. 朱熹《家礼》实证研究. 吴震，郭海良，等译. 上海：华东师范大学出版社，2012：159-175；彭美玲. "立主"与"悬影"：中国传统家祭祀先象神样式之源流抉探. 台大中文学报，2015（51）：41-98.

可用"的画影终于"得礼行于世"。

　　由此，家礼书写者在话题之外留下的空白，经由观念、功用、价值等一系列的社会演进，终于成为家庭礼仪规范。从这个进程来看，宋代的家礼文本显然不只是书写者制定的礼文条框，而是在情感与秩序、意义与象征、制度与文化等影响之下的社会事实的总和。

图书在版编目（CIP）数据

生生之道：中华文明宇宙观／中华文明武夷研究院
主编 . -- 北京：中国人民大学出版社，2025.3.
ISBN 978-7-300-33730-2

Ⅰ. K203-53

中国国家版本馆 CIP 数据核字第 2025HT6195 号

"道南"中华文明讲坛丛书
生生之道
中华文明宇宙观
中华文明武夷研究院　主编
Shengsheng zhi Dao

出版发行	中国人民大学出版社	
社　　址	北京中关村大街 31 号	**邮政编码**　100080
电　　话	010 - 62511242（总编室）　010 - 62511770（质管部）	
	010 - 82501766（邮购部）　010 - 62514148（门市部）	
	010 - 62515195（发行公司）010 - 62515275（盗版举报）	
网　　址	http://www.crup.com.cn	
经　　销	新华书店	
印　　刷	涿州市星河印刷有限公司	
开　　本	890 mm×1240 mm　1/32	**版　次**　2025 年 3 月第 1 版
印　　张	11.25 插页 4	**印　次**　2025 年 3 月第 1 次印刷
字　　数	186 000	**定　价**　108.00 元